Zu diesem Buch

Es ist nie zu spät für eine glückliche Kindheit: Anhand von authentischen Lebensberichten, Fallbeispielen und Interviews zeigt Katja Doubek, dass die Kraft für ein zukunftsorientiertes, zufriedenes und glückliches Leben in jedem von uns steckt – wenn wir nur zulassen, dass sie an die Oberfläche kommt. Menschen, die es geschafft haben, kommen zu Wort und machen denen, die noch unter ihren Problemen leiden, viel Mut, ihr Leben in den Griff zu bekommen.

Katja Doubek

Was uns nicht umbringt, macht uns stark

Wie man eine schwierige Vergangenheit überwindet

Rowohlt Taschenbuch Verlag

Für Justus

Lektorat Bernd Gottwald

Originalausgabe
Veröffentlicht im Rowohlt Taschenbuch Verlag GmbH,
Reinbek bei Hamburg, September 2003

Umschlaggestaltung any.way, Barbara Hanke/
Martina Kloke (Illustration: Fotex)
Satz aus der Minion PostScript
bei Pinkuin Satz und Datentechnik, Berlin
Druck und Bindung Druckerei C. H. Beck, Nördlingen
Printed in Germany
ISBN 3 499 60693 3

Die Schreibweise entspricht den Regeln
der neuen Rechtschreibung.

Inhalt

Vorwort

Lange gingen Wissenschaft und Forschung davon aus, dass Menschen, die in einer frühen Lebensphase außerordentlichen Belastungen und Schmerzen ausgesetzt waren, ein Leben lang darunter leiden und ihre Vergangenheit als Bürde mit sich herumtragen müssen. Schwierige Kindheit = schweres Leben, so lautete die Gleichung. Ich will erlittenes Leid und empfundenen Schmerz weder infrage stellen noch verleugnen. Stattdessen werde ich zeigen, dass es eine neue, ganz andere Sichtweise und konstruktive Bewertungsmöglichkeit dafür gibt.

Eine Perspektive, die es den Betroffenen ermöglicht, auch noch im Nachhinein Kraft und positive Lebensenergie aus einer traurigen Vergangenheit zu schöpfen.

Als ich mich entschied, ein Buch über Unglück und seine Bewältigung zu schreiben, war die erste Frage: Wie komme ich an die entsprechenden Lebensgeschichten?

Ich kannte einige Menschen in meinem privaten Umfeld, die mir anboten, aus ihrer Vergangenheit zu erzählen. Ich hatte einige Klienten, die mir gestatteten, sehr intime Informationen zu nutzen. Doch das alles schien mir zum einen nicht ausreichend und zum anderen nicht repräsentativ.

So entschloss ich mich, bundesweit in verschiedenen großen Tageszeitungen eine Anzeige aufzugeben. Aus der Formulierung ging deutlich hervor, dass ich auf der Suche nach Gesprächspartnern war, die trotz einer belasteten und belastenden Vergangenheit heute ein glückliches und zufriedenes Leben führen. Menschen, die trotz physischer oder psychischer Gewalt, trotz sexuellen Missbrauchs, Demütigungen, Drohungen, Kälte, Ablehnung und herben Verlusten in ihrer Kindheit heute von sich sagen: «Meine Kindheit war traurig, aber heute geht es mir gut.»

Die Resonanz war überwältigend. Tagelang brachte der Postbote Briefe über Briefe von Menschen, die mir mit beeindruckender Offenheit schrieben, welcher Kummer und welches Leid ihnen in der

Kindheit zugefügt worden waren – und vor allem, was ihnen geholfen hat, damit umzugehen und fertig zu werden. Die jüngste Absenderin war 22 Jahre alt, der älteste Herr 76. Ihnen allen gilt mein Dank und aufrichtiger Respekt!

Trotz der großen Altersunterschiede haben all diejenigen, die mir ihre Geschichten erzählten, eines gemeinsam: Die Probleme ihrer ersten zehn bis zwanzig Lebensjahre führten letztlich dazu, dass sie sich heute als stabile, belastbare Persönlichkeiten empfinden. In den folgenden persönlichen Gesprächen hörte ich immer wieder den Satz: «Was mich nicht umbringt, macht mich stark.»

Wenn Sie, die Sie dieses Buch in den Händen halten, eine schwere Kindheit hatten, dann sind Sie sicher Fachfrau oder Fachmann, wenn es um Schmerzen, Kummer, Ängste und Trauer geht. Lesen Sie weiter, und Sie werden sehen, dass Sie – vielleicht ohne es zu wissen – ebenso Expertin oder Experte in Sachen Stärke, Belastbarkeit, Tapferkeit und Lebensmut sind und dass Sie allen Grund haben, stolz auf sich zu sein.

Es ist nie zu spät für ein glückliches Leben.

Katja Doubek
München, 2003

Einleitung

Vor vielen, vielen Jahren wurde im Armenhaus eines kleinen englischen Dörfchens ein Baby geboren, dessen Leben an einem seidenen Faden hing. Die Hebamme gab ihr Bestes, die Atmung des keuchenden, zuckenden Säuglings zu stabilisieren. Als sie es endlich geschafft hatte und der kleine Junge ruhiger wurde, hob eine bleiche junge Frau ihren Kopf und flüsterte mit matter Stimme: «Lasst mich das Kind sehen und sterben.» Sie hielt ihren Sohn nur wenige Minuten im Arm, küsste ihn auf die Stirn, seufzte noch einmal auf, sank zurück in die Kissen und starb.

Die Kindheit des kleinen Jungen war hart. Mit etwa dreißig anderen Waisenkindern teilte er das Schicksal, unterernährt, nie warm genug angezogen und von niemandem wirklich geliebt, ständig herumgestoßen zu werden. An seinem achten Geburtstag wagte der blasse, schmächtige Knabe, außerhalb der kargen Mahlzeiten um etwas zu essen zu bitten, und fing sich für diesen Wunsch eine Tracht Prügel von der Aufseherin ein. Damit nicht genug, verhängte die unerbittliche Frau eine drakonische Strafe: «Den Rest des Tages verbringst du im Kohlenkeller, da vergeht dir deine Unbescheidenheit.»

Wenig später brachte man ihn als Lehrjungen zu einem Mann, der ihm als Erstes zu verstehen gab, dass er noch nie einen so dummen Burschen wie ihn unter seinem Dach beherbergt hatte. Die kommenden Wochen und Monate waren geprägt von viel Arbeit und wenig Essen. Das änderte sich auch nicht, als er seine nächste Stelle – bei einem Leichenbestatter – antrat. Sein Arbeitgeber ließ ihn zwischen den Särgen schlafen, versorgte ihn nur mit dem Nötigsten und behandelte ihn so schlecht, dass der Junge schließlich floh.

Auf der Suche nach einer Bleibe und der Möglichkeit, etwas Geld zu verdienen, fiel er Verbrechern in die Hände, die ihn zwangen, an ihren Raubzügen teilzunehmen. Bei einem dieser Einbrüche wurde er schwer verletzt von den Kriminellen zurückgelassen.

Zwei wohlmeinende Damen und ein gutherziger Gönner pflegten ihn gesund und sorgten dafür, dass aus dem kleinen geschundenen Kind ein anständiger, glücklicher junger Mann wurde – der als Oliver Twist weltweit in die Geschichte der Jugendliteratur einging.

Mit der Erfindung des kleinen Waisenjungen Oliver Twist, der sich von nichts entmutigen und unterkriegen lässt, schuf der Schriftsteller Charles Dickens eine literarische Figur, die sich wie kaum eine zweite als Beispiel für das Thema dieses Buches eignet.

Oliver verfügt weder über Pippi Langstrumpfs außerordentliche Kraft, noch kann er wie Harry Potter zaubern. Oliver ist ein ganz normaler kleiner Junge, dem sein literarischer Vater Dickens «einen gesunden Geist» verliehen hat. Wir würden heute sagen, einen «resilienten» Charakter. Dank dessen übersteht er die Gemeinheiten und Brutalitäten der Erwachsenen, und am Ende des Buches sind wir sicher: Er wird sein Leben meistern.

Die psychologische Forschung hat die amerikanische Vokabel «Resilience», die am ehesten mit «Biegsamkeit» oder «Unverwüstlichkeit» zu übersetzen ist, eingedeutscht. Mit dem Begriff «Resilienz» bezeichnen wir heute das Phänomen, dass sich Menschen, die in ihrer Kindheit starken Belastungen und emotional strapaziösen Anforderungen ausgesetzt waren, zu seelisch gesunden und stabilen Erwachsenen entwickeln. Erwachsene, die vielfach sogar traumatisierende Erlebnisse ohne bleibende Schäden überstanden haben. Diese Menschen sind der lebende Beweis dafür, dass die Schatten einer schwierigen Vergangenheit keineswegs in Gegenwart und Zukunft reichen müssen. Wir alle wachsen mit unseren Erfahrungen – und wer Hindernisse zu überwinden hat, hat besonders viele Chancen zu wachsen.

Und so zeichnen sich resiliente Menschen dadurch aus, dass sie ihre schmerzhaften Erfahrungen verarbeiten und in positive Energien umwandeln, statt sich die schlimmen Erinnerungen immer wieder ins Gedächtnis zu rufen und sie als bleischweren psychischen Ballast durch ihr Leben zu schleppen. Sie wissen und akzeptieren, dass die Wunden ihrer Vergangenheit Narben auf der Seele hinterlassen haben, und lösen sich von der Sehnsucht, diese Narben könnten irgendwann für immer verschwinden.

In diesem Bewusstsein lassen sie sich jedoch keineswegs daran hindern, gestellte Herausforderungen zu bewältigen und das Leben zu genießen. Der entscheidende Punkt ist, dass resiliente Menschen ihre Kraft und Energie in Gegenwart und Zukunft investieren, statt sich in Schuldsuche und Schuldzuweisungen zu verlieren. Sie zeigen uns überzeugend, dass die Konsequenz einer schwierigen Kindheit mitnichten ein schweres Erwachsenenalter sein muss.

Wie sich Ihre persönliche Vergangenheit auf Ihre persönliche Gegenwart und Zukunft auswirkt, hängt ganz wesentlich davon ab, aus welchem Blickwinkel Sie darauf schauen. Und ebendas ist das zentrale Thema dieses Buches.

Gemeinsam werden wir versuchen, Ihre resilienten Eigenschaften zu finden und zu mobilisieren, um eine veränderte Perspektive zu schaffen, aus der Sie die Ereignisse Ihrer Kindheit mit völlig veränderten Schwerpunkten betrachten werden:

– Sie werden erkennen, wie oft Sie aus eigener Kraft erfolgreich mit den gestellten Anforderungen umgegangen sind.
– Sie werden erkennen, wie geschickt Sie sich instinktiv gegen Übergriffe und Verletzungen zur Wehr gesetzt haben.
– Sie werden erkennen, wie gut Sie verstanden haben, das Gleichgewicht zwischen Verletzlichkeit und Überlebenskraft zu halten.
– Sie werden erkennen, wo und wann es Ihnen gelungen ist, sich mit der überlebensnotwendigen Distanz vor den gestörten Strukturen in Ihrer Umgebung zu schützen.
– Und Sie werden schließlich erkennen, dass Sie mit Fug und Recht stolz auf sich und Ihre Leistungen sein können.

Der veränderte Blickwinkel wird dazu führen, dass Sie selbst und Ihre Vergangenheit in einem neuen Licht erscheinen werden und Sie letztendlich Ihren Schmerz über die Vergangenheit durch Stolz über den Umgang damit ersetzen können.

Zugegeben, der Weg dorthin ist nicht ganz einfach, denn die rosarote Brille, die aus Ihren kindlichen Nöten und Ängsten eine glückliche, harmonische Vergangenheit macht, gibt es leider nicht. Es hat auch keinen Sinn, all das Schreckliche und Traurige, das Ihnen widerfahren ist, unter den Teppich Ihres Bewusstseins zu kehren. Im Gegenteil! Der erste Schritt, die Schäden zu beheben, besteht eindeutig darin, sie zu benennen.

Aus diesem Grund kann und werde ich Ihnen die Konfrontation mit den Schmerzen der Vergangenheit nicht ersparen. Sie ist anstrengend, aber notwendig, denn konstruktiv genutzt, ist sie das A und O der Heilung Ihrer Wunden. Es wird wehtun, Ihre Verletzungen und Enttäuschungen wieder an die Oberfläche zu holen. Es wird wehtun, wenn Sie sich erinnern,

- wie oft Sie zurückgewiesen wurden, wo Sie Nähe suchten,
- wie oft Sie verletzt wurden, wo Sie Schutz brauchten,
- wie oft Sie verraten wurden, wo Sie Vertrauen schenkten,
- wie oft Sie vernachlässigt wurden, wo Sie sich Zuwendung wünschten.

Aber Sie werden sich erleichtert und um einiges besser fühlen, wenn Sie sich unter Einsatz hilfreicher Mittel und Strategien gestatten, Ihrer Wut, Frustration, Enttäuschung und Trauer an der richtigen Stelle Luft zu machen.

Einige von Ihnen werden bereits therapeutische Hilfe gesucht und hoffentlich auch gefunden haben, andere haben vielleicht mit Personen ihres Vertrauens oder in ähnlicher Weise Betroffenen gesprochen. Doch ganz gleich, welchen Weg der Verarbeitung Sie wählen oder gewählt haben, am Schluss werden Sie immer zu dem Ergebnis kommen, dass die Lösung all Ihrer Probleme in Ihnen selbst liegt. Jetzt gilt es nur noch, sie zu finden.

Und schon bei der Suche kommt es auf den richtigen Blickwinkel an. Sie kennen sicher die Binsenweisheit: «Das Glas ist entweder halb voll oder halb leer, je nachdem, wie man darauf schaut.» Übertragen bedeutet das nichts anderes, als dass es immer zwei Möglichkeiten gibt: Sie können nach der Lösung Ihrer Probleme suchen, indem Sie eine individuell beliebig lange Liste erstellen. Auf dieser Liste können Sie entweder all die Ereignisse aufzählen, anlässlich deren Sie verletzt wurden, unglücklich waren, sich hilflos, verraten und verlassen fühlten.

Sie können aber auch die Gelegenheiten herausfiltern und aufführen, bei denen Sie Ihre resilienten Fähigkeiten mobilisiert haben, sich nicht haben unterkriegen lassen und im Rahmen Ihrer kindlichen oder jugendlichen Möglichkeiten Wege gefunden haben, auch die schwierigsten Herausforderungen zu meistern.

Und nach ebendiesen Gelegenheiten werden wir gemeinsam suchen. Denn wenn Ihre Vergangenheit schon nicht glücklich war, ist es umso wichtiger, dass Sie sich eine glückliche Gegenwart und Zukunft erschaffen.

Sie haben es vielleicht dem Inhaltsverzeichnis bereits entnommen, dieses Buch besteht aus zwei voneinander unabhängigen Teilen. Die Reihenfolge der Lektüre ist selbstverständlich Ihnen überlassen.

Der *erste Teil* enthält neben authentischen Beispielen und Erläuterungen vor allem praktische Informationen und Fragen, mit deren Hilfe Sie Ihre ganz persönlichen resilienten Fähigkeiten ermitteln und umsetzen können.

Im *zweiten Teil* präsentiere ich Ihnen eine Auswahl der Lebensgeschichten, die aus langen Gesprächen und Interviews hervorgegangen sind und ohne die das Buch nicht hätte entstehen können. Sie stellen anschaulich dar, wie sogar enorme Belastungen dank der jeweiligen resilienten Eigenschaften bewältigt und in konstruktive Energien umgewandelt wurden.

Wieder aufstehen – Resilienz

«It's never too late to be, what you might have been»
(Es ist nie zu spät, zu sein, was du hättest sein können)
T. S. ELIOT

Der Kopf in den Sternen,
die Füße auf dem Boden

Um es gleich vorneweg zu sagen: Resilienz ist keine Zauberei, die mit einem Satz all die Schrecken und Trauer der Vergangenheit auslöscht. Aber dank Ihrer persönlichen Resilienz wird es Ihnen gelingen, aus ebendiesen Schrecken und der Trauer die notwendige Energie zu ziehen, um sich aus der Position des Opfers zu befreien und voll Stolz auf das, was Sie bewältigt haben, zurückblicken zu können. Was also ist Resilienz genau? Ich möchte die Quintessenz des Begriffes zunächst in einigen Stichpunkten zusammenfassen:

- Resilienz ist die Fähigkeit, Ihren Kummer zu kanalisieren, statt zu explodieren.
- Resilienz ist die Fähigkeit, negative Gefühle in positive Emotionen umzugestalten.
- Resilienz ist die Fähigkeit, sich zu wehren.
- Resilienz ist die Fähigkeit, Schwierigkeiten zu meistern.
- Resilienz ist die Fähigkeit, Rückschläge auszuhalten.
- Resilienz ist die Fähigkeit, die Wunden der eigenen Seele zu heilen.
- Resilienz ist der Wille zu überleben.
- Resilienz ist die Disziplin, Herausforderungen anzunehmen.
- Resilienz führt schließlich dazu, dass Sie am Morgen im Spiegel Ihr fröhliches und kein verbittertes, trauriges oder zorniges Ich sehen.

Wie das Spielzeug-Stehaufmännchen sich immer wieder aufrichtet, steht auch ein kleines Kind immer wieder auf, wenn es bei den ersten Gehversuchen stolpert und stürzt. Ebenso steht auch die kindliche Seele immer wieder auf, wenn ihr Böses widerfährt. Kinder sind sehr widerstandsfähig und haben ein großes Kraftpotenzial, wenn es darum geht, Krisen zu überstehen.

Sie werden erstaunt sein, wie viel verborgene Kraft seit jeher in Ihnen schlummert.

Alle Kinder, die in ihrer Kindheit missbraucht, misshandelt, abgelehnt, vernachlässigt und gedemütigt wurden, leiden unter dem, was ihnen angetan wurde – aber sie leiden nicht alle gleich. Wenn Sie ein so genanntes Krisenkind sind, werden Sie sich gut an die unangenehmen Begebenheiten in Ihrer Kindheit und Jugend erinnern. Wenn Sie allerdings zu den Stehaufmännchen unter den Krisenkindern gehören, haben Sie immer einen Weg gefunden, sich so mit den Belastungen zu arrangieren, dass Sie sie überstehen konnten, ohne schweren Schaden an Leib oder Seele zu nehmen. Sie waren und sind gewissermaßen Ihr eigener Schutzengel.

Untersuchungen haben gezeigt, dass die Stehaufmännchen unter den Krisenkindern in der Lage sind, eine ganze Reihe von Fertigkeiten zu mobilisieren, mit denen sie auch schwere häusliche Belastungen relativ unbeschädigt überstehen:

> **Einsicht und Reflexion:** die Gabe, sich selbst harte Fragen bezüglich der eigenen familiären Realität zu stellen und darauf ehrliche Antworten zu suchen und zu geben.

> **Beziehungsfähigkeit:** enge, stabile und erfüllende Beziehungen zu anderen Menschen. Aber auch große Nähe und Affinität zu Tieren.

> **Eigenantrieb und Selbständigkeit:** sich der eigenen Probleme bewusst werden und aktiv an deren Lösung arbeiten. Sich den Herausforderungen des Lebens stellen und an ihnen messen, statt ihnen aus dem Weg zu gehen.

> **Kraft, Entschlossenheit und Verantwortungsbewusstsein:** Verantwortung nicht nur für das eigene Leben und die Lösung der eigenen Probleme übernehmen, sondern auch und vor allem für jüngere oder schwächere Geschwister, möglicherweise sogar für kranke oder gestörte Eltern. Der Versuch, damit Kontrolle auszuüben und Ordnung ins Chaos zu bringen.

> **Mut und Aufrichtigkeit:** mit Ehrlichkeit die Scham überwinden und die Andersartigkeit, das Abnorme der eigenen Familienrealität formulieren und aussprechen lernen.

> **Unabhängigkeit und Distanz:** Grenzen zwischen sich selbst und den Eltern/Verursachern ziehen. Emotionale und später physische Distanz zu den Eltern/Verursachern wahren. Den Schwerpunkt darauf setzen, nach Möglichkeit die eigenen Bedürfnisse zu erfüllen.

> **Humor:** durch beobachtenden Abstand die Komik in der eigenen und familiären Tragik erkennen und artikulieren können.

> **Phantasie und Kreativität:** durch künstlerische, musische, kreative Tätigkeit Ventile für Belastungen finden und emotionale Verwirrung in konstruktiv-produktive Prozesse umsetzen.

> **Glaube und Hoffnung:** sich an einer klaren Vision sowohl vom eigenen als auch vom allgemein besseren Leben orientieren.

Wie stark die einzelnen resilienten Fähigkeiten individuell ausgeprägt sind, hängt natürlich unmittelbar damit zusammen, was für ein Mensch Sie sind und welches Temperament Sie haben. Wer gesellig und extravertiert ist, wird eine andere Kombination von Fähigkeiten entwickeln als jemand, der eher still und zurückgezogen veranlagt ist.

Kaum ein Stehaufmännchen kann und wird alle Resilienzen auf sich vereinen. Doch ganz gleich, wie die einzelnen Begabungen und Kräfte bei Ihnen verteilt sind, eines ist sicher – sie stecken in Ihnen. Vielleicht waren Sie sich bis heute Ihres Schmerzes, des Zorns und der Trauer viel bewusster als Ihrer Fähigkeiten, all das zu überwinden? Vielleicht ahnen oder wissen Sie sogar schon, dass im Verborgenen Stärken sind, die nur darauf warten, abgerufen zu werden? Machen Sie sich also mit mir auf die Suche nach Ihren resilienten Kräften und wecken Sie das Stehaufmännchen in sich.

Bereits in dem Augenblick, in dem Sie sich zu diesem Schritt entschließen, setzen Sie einen heilsamen Prozess in Gang. Bis dieser abgeschlossen ist, werden Sie allerdings einige Turbulenzen erleben. Sie sollten damit rechnen, dass eingefrorene und längst vergessene Gefühle auftauen und in Ihr Bewusstsein zurückkehren. Lassen Sie es zu, auch wenn Sie sich ein wenig davor fürchten, denn erst wenn diese Gefühle geschmolzen sind, können sie abfließen und damit für immer verschwinden.

Für die Mehrheit unter den Krisenkindern gilt: Kraft und Verletzlichkeit führen einen ständigen Kampf in der Psyche miteinander. Das eine richtet Sie auf, während das andere Sie herunterzieht. Diesen Kampf gilt es aus dem Unterbewusstsein in Ihr Bewusstsein zu holen und damit den positiven Kräften – nämlich Ihren persönlichen Resilienzen – ein für alle Mal die Oberhand zu verschaffen.

Noch sehen Sie vielleicht die Distanz nicht, die Sie bereits zwischen sich und die Verursacher Ihres Leids gebracht haben? Noch wünschen Sie sich vielleicht manchmal sehnsuchtsvoll – trotz vieler Schritte in Ihre emotionale Freiheit –, in die Kindheit zurückkehren und alles noch einmal von vorn – aber richtig – erleben zu können? Noch fühlen Sie sich vielleicht um vieles betrogen? Oder Sie leiden unter der Furcht, einem Partner oder Kind nicht die Liebe geben zu können, die Sie selbst nie erhalten haben? Noch haben Sie vielleicht Angst, eine Lüge zu leben? Oder graut Ihnen bisweilen vor der schrecklichen Entdeckung, früher oder später wird sich herausstellen, dass Sie Ihren Eltern im Verhalten viel mehr ähneln, als Sie jemals wollten und je für möglich hielten? Und noch sind Sie vielleicht manchmal – wie fast alle Krisenkinder – neidisch auf das Glück, das andere Kinder und Familien in Ihrem Umfeld genossen haben?

Das ist ein Teil der Konflikte, die vermutlich in Ihrem Inneren toben. Das Innenleben eines typischen resilienten Krisenkindes ist oft ein Schlachtfeld, auf dem die Kräfte der Entmutigung mit den Kräften der Entschlossenheit miteinander ringen. Doch trotz aller damit verbundener Strapazen gibt es eine sehr gute Nachricht:

Bei den Stehaufmännchen gewinnt letztendlich immer die Entschlossenheit, ein anderes, besseres Leben zu führen.

Auf dem Weg dorthin mag uns in diesem Kapitel genügen, einen ersten Stand Ihrer aktuellen eigenen Resilienz zu erhalten. Dazu möchte ich Sie bitten, die weitere Lektüre einen Moment zu unterbrechen und anhand der folgenden Fragen etwas genauer zu betrachten, wie Sie sich selbst und Ihre Ursprungsfamilie sehen und einordnen. Nehmen Sie sich Zeit, über folgende Fragen nachzudenken:

> Haben Sie Ihre eigene und ganz persönliche Bewertung und Interpretation der Vergangenheit bereits gefunden?
> Oder ist Ihre Sichtweise eher geprägt von dem, was Ihnen in der Kindheit suggeriert und vorgelebt wurde?
> Empfinden Sie sich als ein Mensch mit vielleicht schwierigen, aber doch durchaus lösbaren Problemen und Belastungen?
> Oder geraten Sie von Zeit zu Zeit in die so genannte Opferfalle und fühlen sich entweder für die Probleme der Vergangenheit mitverantwortlich oder leiden unter den seinerzeit verursachten Wunden?

Je ausgeprägter Sie das Gefühl der Selbstbestimmtheit haben, je kleiner Anteil und Einfluss Ihrer Vergangenheit erscheinen, umso resilienter sind Sie schon jetzt. Doch keine Sorge, auch wenn Sie subjektiv den Eindruck haben, dass Sie noch nicht am Ziel sind, kann ich Ihnen versichern, dass dieses Ziel viel näher liegt, als Sie vielleicht denken. Dank Ihrer persönlichen Resilienz, dank des Stehaufmännchens in Ihnen, werden Sie zukünftig in der Lage sein,
– Ihre schmerzhaften Erinnerungen zu verarbeiten,
– sich aus dem Würgegriff Ihrer vergangenen Belastungen zu befreien,
– sich den Schaden, den Sie genommen haben, nicht immer wieder ins Gedächtnis zu rufen,
– nicht mehr immer wieder in die Opferfalle zu tappen,
– zu akzeptieren, dass Ihre Vergangenheit Narben auf Ihrer Seele hinterlassen hat,
– zu akzeptieren, dass diese Narben niemals ganz verschwinden,

- die Fehler Ihrer Eltern zu vermeiden,
- der Spirale Ihrer familiären Probleme zu entkommen,
- keine Energie mit Schuldsuche und Schuldzuweisungen zu verschwenden,
- ein glückliches Leben zu führen,
- der Vergangenheit ein für alle Mal den Platz in der Vergangenheit zuzuweisen!

Ganz gleich, was Ihnen angetan wurde, im Kern sind Sie ein gesunder Mensch. Je schneller Sie zu Ihrem gesunden Kern vorstoßen, umso schneller können die alten Wunden heilen.

Sie werden feststellen, wie geschickt Sie bereits in früher Kindheit Ihre Seele zu schützen wussten, wie gescheit Sie in Ihrer Jugend die destruktiven Mechanismen in Ihrer Umgebung durchschauten und wie Sie Ihre entsprechenden Veranlagungen für eine glückliche Gegenwart nutzen können.

Sie werden vielleicht mit Erstaunen sehen, wie oft Sie
- auf den Flügeln Ihrer Phantasie in eine gesunde Welt geflogen sind,
- sich unabhängig von den Problemträgern in Ihrer Umgebung gemacht haben,
- innerlich und äußerlich auf Distanz zu den Verursachern Ihrer Probleme gegangen sind,
- mutig die gestellten Anforderungen gemeistert haben,
- Erfolge in Sport oder Schule zur Bildung eines positiven Selbstbildes nutzen konnten,
- verantwortlich mit sich und Ihrer Umgebung umgegangen sind,
- ehrlich blieben, auch wenn es wehtat,
- in der Hoffnung auf eine bessere Zukunft die Vergangenheit ertragen lernten.

All das sind Ansätze oder Ausprägungen resilienter Eigenschaften, die, richtig eingesetzt und bewertet, dazu führen, dass Sie – aus den Klauen der Vergangenheit befreit – Ihre eigene Gegenwart in den Griff bekommen.

Um von Anfang an die entsprechende Perspektive zu schaffen, möchte ich Sie an dieser Stelle mit einer vielleicht überraschenden These konfrontieren:

Ihre Kindheit muss keineswegs Ihr Schicksal sein. Eine schwierige, schwere oder belastete Kindheit muss nicht zwingend zu einem schwierigen, schweren oder belasteten Erwachsenenleben führen. Ich stehe vielmehr auf dem Standpunkt, dass man das Aufwachsen in einer Familie mit gestörten Strukturen durchaus als Chance für außergewöhnliches seelisches Wachstum und ausgeprägte innere Reife begreifen kann. Wir alle entwickeln uns ständig weiter, und in ebendieser Entwicklung steckt die Möglichkeit, das Leben eigenverantwortlich zu gestalten. Natürlich lässt sich die Zeit nicht zurückdrehen, und niemand kann ändern, was geschehen ist, aber Sie können ganz erheblichen Einfluss darauf nehmen, wie Sie Ihre Vergangenheit bewerten und was die Ereignisse heute für Sie bedeuten.

In den entsprechenden Kapiteln werde ich Ihnen eine Reihe resilienter Erwachsener vorstellen und beschreiben, mit welchen Strategien und Eigenschaften es ihnen gelungen ist, die Schatten ihrer Vergangenheit zu überwinden:

Will, Kurt und Petra waren sexuellem Missbrauch ausgesetzt.

Barbara und Stefan wurden von ihren Eltern geschlagen, eingesperrt und angekettet.

Sabrina und Georg mussten die verbalen Demütigungen ihrer Eltern über sich ergehen lassen.

Iris, Erika, Astrid und Vera wuchsen in einer von Kälte und Ablehnung geprägten Atmosphäre auf.

Katrin wurde erst Zeugin des qualvollen Siechtums und Todes ihrer geliebten Adoptivmutter und verlor wenig später auch den Adoptivvater.

Nathan wurde bereits als Siebenjähriger mit seinen beiden jüngeren Geschwistern mehrere Tage allein gelassen und musste in den Kneipen der Umgebung das Essen für sich und die Kleinen zusammenbetteln.

Tina und Cecilie kamen nicht umhin, sich schon in frühester Kindheit mit der Alkoholkrankheit eines Elternteils auseinander zu setzen.

Felix hatte für seine beiden jüngeren Brüder und den depressiven Vater zu sorgen.

Sie und all diejenigen, für die ihre Geschichten stellvertretend stehen, sind so genannte Krisenkinder. Sie kommen fast ausnahmslos aus Familien, die vordergründig und meist auch in den Augen von Verwandten und Nachbarn als mehr oder weniger normal galten. Was sich hinter den verschlossenen Haus- und Wohnungstüren wirklich abspielte, konnte oder wollte niemand sehen. Von den Eltern allein gelassen oder gar verraten, waren sie als Kinder auf sich selbst und ihre innere Stärke angewiesen, denn auch wenn es von außen so wirkte – die Strukturen ihrer Familien waren nicht gesund.

Wie Stehaufmännchen haben diese Krisenkinder ihre inneren Anlagen zu nutzen gewusst, um mit den großen Belastungen ihrer Kindheit umgehen zu lernen und fertig zu werden. Und mit der unzerstörbaren Energie von Stehaufmännchen wurden sie zu Erwachsenen, die heute und in Zukunft so leicht nichts umwirft.

Familienmodelle
Wie es sein sollte – und wie es sein kann

«Es gibt Eltern, die, umhergetrieben in einem beständigen Wirbel von Zerstreuungen, ihre Kinder kaum ein paar Stunden des Tages sehen, ihren Vergnügungen nachrennen und indes Mietlingen die Bildung ihrer Söhne und Töchter überlassen, oder wenn diese schon erwachsen sind, mit ihnen auf einem so fremden, höflichen Fuße leben, als wenn sie ihnen gar nicht gehörten. Wie unnatürlich und unverantwortlich dieses Verfahren sei, das bedarf wohl keines Beweises.

Es gibt aber andere Eltern, die von ihren Kindern eine so sklavische Ehrerbietung und so viel Rücksicht und Aufopferung fordern, dass durch den Zwang und den gewaltigen Abstand, der hieraus entsteht, alles Zutrauen, alle Herzensergießung wegfällt, sodass den Kindern die Stunden, welche sie an der Seite ihrer Eltern hinbringen müssen, fürchterlich und langweilig vorkommen. …

Das alles sollte nicht so sein. Ehrerbietung besteht nicht in feierlicher, strenger Entfernung, sondern kann recht gut mit freundschaftlicher Vertraulichkeit bestehen. Man liebt den nicht, an welchem man kaum hinaufzuschauen wagen darf; man vertraut sich dem nicht, der immer mit steifem Ernste Gesetz predigt; Zwang tötet alle edle und freiwillige Hingebung.»

Das wusste der berühmte Adolf Franz Friedrich Ludwig Freiherr von Knigge schon gegen Ende des vorletzten Jahrhunderts. Ganz gleich, in welche Kultur wir schauen oder wie weit wir in der Geschichte zurückgehen, seit jeher war und ist es Aufgabe der Eltern, ihre Kinder zu erziehen und ihnen einen gesicherten Hintergrund zu bieten. Es versteht sich von selbst, dass dies individuell sowohl von den Mitteln der Zeit als auch von den persönlichen Gegebenheiten bestimmt war und ist.

In einer gut strukturierten Familie fungieren die Eltern nicht nur als Versorger bezüglich der lebensnotwendigen ökonomischen Belange, sondern auch als Vorbilder. Im optimalen Fall führen und prägen sie ihren Nachwuchs mit ihren ethischen und moralischen Vorstellungen, vermitteln das Gefühl von Sicherheit und Geborgenheit und nehmen die Bedürfnisse ihrer Kinder je nach Entwicklungsstand ernst.

Kompetente Eltern sind sich im Klaren darüber, dass ihre Kinder nicht nur die unveräußerlichen Grundrechte haben, ernährt, gekleidet, beschützt und versorgt zu werden. Sie wissen auch, dass Kinder ein Anrecht haben auf Zuwendung, Respekt und einen Umgang, der es ihnen ermöglicht, ein gesundes Selbstbild zu formen und ein ebenfalls gesundes Selbstbewusstsein zu entwickeln.

In gesunden Familien gibt es Regeln, die bei Bedarf jederzeit infrage gestellt und neu definiert werden können. Ist die familiäre

Struktur hingegen gestört, sind die Reglements starr und inflexibel.

In gesunden Familien dürfen Kinder ihre Meinung sagen, können Fragen stellen, Ängste und Nöte äußern und Fehler machen, ohne dass sie dafür verhöhnt, gedemütigt oder gescholten werden. Eltern schenken ihnen die notwendige Aufmerksamkeit und schaffen mit ihrer Zuwendung einen festen, sicheren Rahmen, innerhalb dessen die Kinder sich und ihre Gefühle erproben können. Ob Erziehung dabei nach autoritären oder nichtautoritären Prinzipien gestaltet wird, spielt überhaupt keine Rolle, solange sie grundsätzlich liebevoll ist. Wenn es Probleme gibt – und die gibt es überall –, helfen Eltern, diese Probleme zu definieren und günstigstenfalls zu lösen. Schwierigkeiten bedingen kein Stigma, keine bedrohlichen Strafen und werden nicht als Zeichen von Schwäche gewertet. Die grundsätzliche Haltung ihrer Eltern zeigt den Kindern, dass sie jederzeit willkommen sind, geliebt werden, wie sie sind, zuverlässig beschützt werden und in ihren Entwicklungen geleitet, gefördert und unterstützt werden.

Kinder aus gesunden Familien werden in der Gewissheit groß, dass Eltern oder Verwandte ein Netz aus dicken Tauen gespannt haben, das sie fängt, wenn sie straucheln. Sie spüren, dass sie im Verbund gut aufgehoben sind, auch wenn einmal nicht alles nach Plan läuft. Sie spüren, dass sie erwünscht und geliebt sind. Sie spüren, dass die Eltern sowohl ihre Freuden als auch ihren Kummer teilen und sie bei Bedarf jederzeit unterstützen. Sie fühlen sich als Teil eines Ganzen und sind glücklich, dazuzugehören. Auf diese Weise entsteht eine geschützte und schützende Atmosphäre, in der sich Kinder gemäß ihren Anlagen gesund entwickeln können.

Wie anders sieht es in Familien mit gestörter Struktur aus!

Hier herrschen Nörgelei, Streit, Vernachlässigung, Nötigung, Missbrauch, Misshandlung, Demütigung und Schweigen. Kranke Eltern wechseln oft die Rolle und verhalten sich, als wären sie die Kinder. Sie schaffen keine stabile, sichere und unterstützende Umgebung. Sie sind keine Vorbilder, geben keine geistigen Anleitungen. Sie ignorieren oder vernachlässigen die Bedürfnisse ihrer Kinder.

Was immer sie verursacht, gestörte Familienstrukturen haben alle Unehrlichkeit, Geheimnisse, emotionale Zurückhaltung und überhöhte Wachsamkeit gemeinsam. In diesen Familien ist schwer zu sagen, was wahr ist, denn die Eltern stecken enge Grenzen, verhindern damit Offenheit und bedingen Unberechenbarkeit und Unbeständigkeit. Kinder aus solchen Familien wissen nie, womit sie rechnen müssen, oder anders formuliert, sind ständig gewahr, dass sie mit allem rechnen müssen. Sie sind oft besorgt und entwickeln vielfach Kontrollmechanismen, um ein bisschen Ordnung in das Durcheinander zu bringen. Und schlimmer noch, schleppen sie den ganzen seelischen Ballast in ihr Erwachsenenleben und verbringen unter Umständen einen wesentlichen Teil ihres Lebens damit, die inneren Nöte ihrer Kindheit wach zu halten.

Wenn Sie aus einer Familie mit gestörter Struktur stammen, war die negative Atmosphäre, in der Sie aufwuchsen, die Luft, die Sie täglich eingeatmet haben, und Teile dessen, was Sie jetzt lesen, werden Ihnen sehr bekannt vorkommen und vielleicht unangenehme Erinnerungen wecken. Lassen Sie sie zu, auch wenn es manchmal schmerzhaft ist. Sie brauchen diese Erinnerungen später für die Suche nach Ihren resilienten Eigenschaften:

«An Unterstützung, Schutz oder Sicherheit kann ich mich im Zusammenhang mit meinen Eltern nicht erinnern.»

«Ich musste meinen Vater versorgen und nicht umgekehrt.»

«Ich konnte nie sagen, was ich fühle oder denke.»

«Bei uns waren gemeinsame Mahlzeiten selten und verliefen entweder schweigend oder mit Streit.»

«An schöne Ferien mit der Familie kann ich mich eigentlich nicht erinnern.»

«Das Haus war ein Schweinestall.»

«Der einzige körperliche Kontakt, an den ich mich mit meinem Vater erinnere, waren die Abreibungen, die ich als Kind von ihm bekam.»

«Ich glaube nicht, dass jemals jemand zu einem Fußballspiel oder einer Schulaufführung kam.»

«Egal, was ich versucht oder getan habe, es war nie ausreichend – oder gar gut.»

«Einmal haben sie sogar meinen Geburtstag vergessen.»

«Ich habe mich nie getraut, Freunde mit nach Hause zu bringen. Ich wusste ja nie, ob sie wieder betrunken war, wenn ich aus der Schule kam.»

«Am schlimmsten waren die nächtlichen Kräche und Prügeleien. Manchmal habe ich vor Angst ins Bett gemacht.»

Sowohl in Familien mit gesunder als auch in Familien mit gestörter Struktur treten Belastungen, Probleme und Schwierigkeiten auf. Menschen verlieren ihre Arbeit, erleiden Fehlgeburten, schaffen Schulabschlüsse nicht oder werden krank und sterben vielleicht sogar. Der wesentliche Unterschied besteht darin, wie mit den Problemen umgegangen wird. Während gesunde Familien über einen Fundus an konstruktiven Strategien zur Bewältigung verfügen, reagieren gestörte Familien auf diese Schwierigkeiten meist überfordert und nicht angemessen. Auch wenn es im Zuge dieser unangemessenen Reaktionen «nur» zu Auseinandersetzungen der Eltern kommt, sind die Kinder immer diejenigen, die am meisten darunter leiden.

Hinzu kommt, dass in Familien mit gestörter Struktur zumindest ein Teil der essenziellen Bedürfnisse der Kinder grundsätzlich nicht erfüllt wird. Und trotz alledem gilt: Wenn Sie bei alkoholkranken, psychisch gestörten, labilen oder gewalttätigen Eltern aufgewachsen sind, haben Sie ganz sicher eine schwere Zeit hinter sich, doch in dieser Zeit haben Sie ebenso sicher Eigenschaften und Stärken entwickelt, die Ihnen Ihr ganzes Leben lang von Nutzen sein werden.

Schwierige Kindheit
Schweres Schicksal?

Im Jahre 1955 starteten die beiden Kulturanthropologen Emmy Werner und Ruth Smith auf der hawaiianischen Insel Kauai ein ebenso ehrgeiziges wie langfristiges Projekt. Sie nahmen sich vor, die Lebenswege aller in diesem Jahr geborenen Insulaner etwa drei Jahrzehnte lang zu beobachten und zu dokumentieren. Zu dieser Zeit hatten die einheimischen Bewohner des luxuriösen Ferienparadieses mit enormen Armuts- und Suchtproblemen zu kämpfen. Entsprechend litten viele der Kinder unter den schwierigen Verhältnissen, in denen sie aufwuchsen. Nach Werner und Smith waren sie als so genannte «Hochrisiko-Kinder» einzustufen. Zwei Drittel dieser Kinder wuchsen dann auch zu «Hochrisiko-Jugendlichen» heran. Doch etwa um das 30. Lebensjahr hatten es wiederum zwei Drittel dieser Gruppe geschafft, sich zu erfolgreichen und kompetenten Erwachsenen zu entwickeln, die sowohl ihren beruflichen als auch den persönlichen und privaten Anforderungen vollkommen gewachsen waren. Die Forscher fassten die Ergebnisse ihrer Studie zusammen* und brachten sie auf einen einfachen Nenner:

Drei von vier ehemaligen Hochrisiko-Kindern hatten als Erwachsene allen früheren Schwierigkeiten zum Trotz ihr Leben gut im Griff.

Es gibt inzwischen eine ganze Reihe von Untersuchungen, die Ähnliches belegen und damit deutliche Hinweise dafür liefern, dass eine belastete oder schwierige Kindheit nicht notwendigerweise auch zu einem belasteten oder schwierigen Erwachsenendasein führen muss.

Zunächst möchte ich präzisieren, was genau wir unter den Schwierigkeiten und Problemen verstehen, von denen wir hier sprechen.

* Werner, Emmy/Smith, Ruth: Overcoming the Odds: High-Risk Children from Birth to Adulthood. Cornell University Press, Ithaca, NY, 1992

Als ich mit der Recherche für dieses Buch begann, sprach ich mit einer 75-jährigen Dame, deren Vater im Zweiten Weltkrieg dem Widerstand angehörte und von Hitlers Schergen im Konzentrationslager hingerichtet worden war. «Nun, wenn Sie so wollen, hatte meine ganze Generation eine schwere Kindheit», sagte sie mir. «Schließlich haben viele von uns jahrelang unter furchtbaren Bedingungen mit furchtbaren Ängsten leben müssen. Wir haben unsere Väter verloren, und oft waren auch unsere Mütter inhaftiert.»

Natürlich hat diese Dame vollkommen Recht, dennoch sind die Belastungen, denen sie und ihre Leidensgenossen ausgesetzt waren, andere als die, die Thema dieses Buches sind. Der Grund dafür liegt ganz einfach in der Tatsache, dass alle Menschen, die unter den Gräueltaten des Naziregimes oder anderer Terrorregierungen zu leiden hatten und haben, ein legitimes Recht darauf spüren, die Verursacher ihrer Schmerzen zu hassen. Sie können ihren «Feind» beim Namen nennen und je nach Mentalität ihren Kummer herausschreien oder -weinen. Sie können mit anderen Menschen, denen Ähnliches widerfahren ist, ihre Erlebnisse austauschen und gemeinsam wüten oder trauern.

Kleine Kinder, die von ihren Eltern psychisch oder physisch verletzt oder vernachlässigt wurden, haben genau diese Möglichkeit nicht. Ihre Abhängigkeit von den Eltern lähmt sie ebenso sehr wie die tief empfundene Sehnsucht, von ebendiesen geliebt und geachtet zu werden. Sie können den Vater, der schlägt, nicht hassen. Sie können die Mutter, die sie erniedrigt, nicht ablehnen, denn sie brauchen sie trotz allem zum Überleben. Dabei geht es nicht nur um das rein körperliche Überleben, sondern auch und vor allem um emotionales Überleben.

Verantwortungsbewusste, fähige Eltern sorgen dafür, dass ihr Kind satt und sauber ist, dass es keinen vermeidbaren Gefahren ausgesetzt wird, dass es vor Schaden bewahrt und gemäß Anlagen und Reifegrad gefördert und gefordert wird. Fähige Eltern geben ihren Kindern das Gefühl, sie zu lieben und anzunehmen, so wie sie sind – auch wenn sie etwas ausgefressen haben –, das Gefühl, sicher und geborgen zu sein, die Gewissheit, sich um sie zu kümmern, sie nicht zu verlassen oder im Stich zu lassen. Damit erfüllen sie ihre elterliche Funktion und die Grundbedürfnisse ihrer Kinder.

Das wesentliche Merkmal einer schwierigen Kindheit ist, dass gestörte und damit unverantwortliche und unfähige Eltern dieser Aufgabe ganz oder zumindest in wichtigen Teilbereichen nicht nachkommen. Die Grundbedürfnisse der Kinder bleiben jedoch unverändert bestehen. Unablässig auf der Suche nach Versorgung, Liebe, Wärme und Sicherheit, werden ihnen genau diese essenziellen Voraussetzungen für gesundes Reifen vorenthalten. So wachsen diese kleinen Menschen in einem seelischen Zwiespalt auf. Ihr Instinkt sagt ihnen, dass Mutter und oder Vater für ihr Wohl verantwortlich sein sollten, doch die tägliche Wirklichkeit zeigt ihnen, dass die Eltern eher für ihr Wehe verantwortlich sind. Und obwohl sie deutlich wahrnehmen, dass das so ist, scheint es unmöglich, die Schuld dorthin zu weisen, wo sie liegt.

Um diesen Konflikt auszuhalten, psychisch zu integrieren und nicht daran zu zerbrechen, wählt das Kind unbewusst den einzig gangbaren Weg: Es nimmt die Schuld für alles, was geschieht, auf sich. Und so gedeiht auf dem Nährboden der Misshandlungen, Schmerzen und Vernachlässigungen eine tiefe Überzeugung. «Wenn mich die Eltern so behandeln, dann muss das an mir liegen. Irgendetwas ist mit mir ganz sicher nicht in Ordnung. Vielleicht bin ich wirklich so dumm und hässlich, wie sie sagen. Vielleicht bin ich wirklich so schmutzig, wie ich mich fühle. Vielleicht bin ich wirklich wertlos, unwichtig und unzulänglich, wie sie mich behandeln.»

Aus dieser Überzeugung entwickelt sich bei fast allen Krisenkindern ein in fataler Weise belastendes Symptom: Ob sie geschlagen, verlassen, missbraucht, verraten oder gedemütigt wurden, all dies führt beinahe unweigerlich zu einem Gefühl der eigenen Wertlosigkeit und der Gewissheit, nicht liebenswert zu sein. Die Folge solcher Überlegungen ist ein angeschlagenes Selbstwertgefühl, oft gepaart mit Angst, Unsicherheit und mangelnder Selbstachtung.

Experten kindlicher Entwicklungen sind sich einig, dass wir alle geboren werden ohne eine Ahnung davon, wer wir sind. Wir setzen unser Selbstbild zusammen aus dem, was wir aus der Reaktion auf uns reflektieren. Kinder, die grundsätzlich Liebe, Anerkennung, Freude und Bewunderung in den Gesichtern ihrer Eltern sehen, entwickeln entsprechend eine Selbstwahrnehmung, die besagt: Ich bin liebenswert und gut.

In gestörten Familien läuft diese Entwicklung falsch. Wenn Eltern immer wieder signalisieren: Du bist nicht in Ordnung, so wie du bist, birgt das die Gefahr, dass die Kinder ein Selbstbild formen, dem sie entnehmen: Ich bin so, wie ich bin, nicht akzeptabel.

Auch resiliente Kinder oder Erwachsene kennen diese Gefühle und haben darunter gelitten. Doch dank ihrer Fähigkeiten und Strategien ist es ihnen gelungen, sie erst zu verarbeiten und sich dann davon zu befreien.

Kinder sind verletzlich, hilflos und eingesperrt in ihr Familienkonstrukt, das ist die gängige Version. Wie gut sich viele Kinder zu helfen wissen, wird jedoch oft übersehen.

Sie helfen sich, indem sie nicht die Vergangenheit und den Schaden, den sie genommen haben, beklagen.

Sie helfen sich, indem sie ihre Eltern nicht für ihr jetziges Leben verantwortlich machen. Sie finden ihre eigene Kraft, bauen sie auf und entwickeln sie weiter.

Sie entscheiden sich freiwillig und methodisch, sich vom Lebenswandel ihrer Eltern wegzuentwickeln.

Sie bekämpfen Horrorvisionen von Horrorbeisammensein, indem sie als Erwachsene gemeinsam Mahlzeiten, Ferien und Feiertage nach ihren eigenen Regeln und Ritualen Glück bringend gestalten.

Und sie vermeiden ganz gezielt, in die Opferfalle zu tappen.

Selbsterkenntnis ist der Anfang

Test:
Wie geht es Ihnen?

Bevor ich Ihnen in den nächsten Kapiteln die einzelnen Resilienzen präsentiere und wir gemeinsam versuchen, Ihre individuellen Kräfte zu finden, möchte ich Sie um eine kleine Bestandsaufnahme bitten.

Das amerikanische Psychologenpaar Steven J. Wolin und Sybil Wolin beschäftigt sich seit langem sowohl theoretisch als auch empirisch mit dem Thema Resilienz. Im Zuge ihrer wissenschaftlichen Untersuchungen haben die beiden einen umfangreichen Fragenkatalog* entwickelt, der sich nach meinem Dafürhalten ausgezeichnet dazu eignet, unseren individuellen Stand bezüglich der Verarbeitung unserer Kindheit zu ermitteln.

Der Test ist in zwei Teile untergliedert. Teil 1 beschäftigt sich mit unserer Kindheit und Jugend, in Teil 2 geht es um unser erwachsenes Leben. Die folgenden Aussagen beziehen sich also zunächst auf Ihre Kindheit und Jugend. Lesen Sie die Sätze sorgfältig und entscheiden Sie dann, wie zutreffend diese Ihre Befindlichkeiten während der entsprechenden Lebensphase beschreiben.

Links von jeder Aussage finden Sie die Ziffern 1–4. Markieren Sie die **4**, wenn die Feststellung immer oder sehr oft zutraf, die **3**, wenn sie häufig zutraf, die **2**, wenn sie manchmal zutraf, und die **1**, wenn die Aussage Ihre Gefühle selten oder gar nicht beschreibt. Am Ende eines jeden Fragenblocks addieren Sie bitte die Summe Ihrer Wertungen und schreiben Sie sie in das dafür vorgesehene Kästchen. Wenn Sie alle Fragen des ersten Teils beantwortet haben,

* Wolin, Steven J., M. D./Wolin, Sybil, Ph. D.: The Resilient Self: How Survivors of Troubled Families Rise above Adversity, Villard Books, NY, 1993

zählen Sie bitte Ihre Zwischenergebnisse zusammen und multiplizieren Sie die Summe mit 2, dann tragen Sie das Ergebnis wiederum in das dafür vorgesehene Kästchen ein.

Teil 1 – Kindheit und Jugend

A. Gedanken und Gefühle

Während ich aufwuchs:

1 2 3 4 1. ich war eher furchtsam

1 2 3 4 2. ich war in bestimmten Situationen ängstlich, panisch oder phobisch

1 2 3 4 3. ich habe Angst vor Fremden, Tieren, neuen Situationen oder ungewohnten Orten gehabt

1 2 3 4 4. ich habe mir oft Sorgen um meine Familie oder mich selbst gemacht

1 2 3 4 5. ich hatte häufig Schuldgefühle

1 2 3 4 6. ich machte mich für die Probleme meiner Familie verantwortlich

1 2 3 4 7. ich hatte Angst, etwas könne grundsätzlich mit mir nicht in Ordnung sein

1 2 3 4 8. ich fühlte mich wertlos oder minderwertig

1 2 3 4 9. ich konnte es nicht ertragen, Fehler zu machen

1 2 3 4 10. ich genügte meinen eigenen Ansprüchen nicht

1 2 3 4 11. ich fühlte mich einsam, vernachlässigt und nicht zugehörig

1 2 3 4 12. ich empfand mich als lebendiges Täuschungsmanöver

1 2 3 4 13. ich dachte, mein Körper wäre hässlich

1 2 3 4 14. ich war befangen, gehemmt und leicht in Verlegenheit zu bringen

1 2 3 4 15. ich war mir meiner Gedanken nie sicher und wenig selbstbewusst

1 2 3 4 16. ich wälzte immer wieder dieselben Gedanken in meinem Kopf

1 2 3 4 17. ich war scheu und zurückhaltend

1 2 3 4 18. ich fürchtete mich vor Erfolg oder positiver Aufmerksamkeit

1 2 3 4 19. ich war unglücklich, traurig oder deprimiert

1 2 3 4 20. ich war reizbar, mürrisch, stur oder zornig

[ ] ***A. Zwischensumme***

B. Verhaltenweisen

Während ich aufwuchs:

1 2 3 4 1. ich benahm mich zu kindlich für mein Alter

1 2 3 4 2. ich habe mich produziert und zum Clown gemacht

1 2 3 4 3. ich hatte Wutanfälle

1 2 3 4 4. ich war ruhelos oder überaktiv

1 2 3 4 5. ich war impulsiv und handelte, ohne nachzudenken

1 2 3 4 6. ich war grausam zu Menschen oder Tieren

1 2 3 4 7. ich zerstörte Gegenstände

1 2 3 4 8. ich log oder betrog

1 2 3 4 9. ich war leichtsinnig oder unfallgefährdet

1 2 3 4 10. ich neigte zu körperlicher Selbstverletzung

1 2 3 4 11. ich unternahm Selbstmordversuche oder -drohungen

1 2 3 4 12. ich hatte ernsthafte Schulprobleme

1 2 3 4 13. ich war unaufmerksam oder neigte zu Tagträumen

1 2 3 4 14. ich litt unter Albträumen oder Schlafstörungen

1 2 3 4 15. ich war übertrieben ordentlich oder sauber

1 2 3 4 16. ich litt unter einer Essstörung wie Magersucht, Fresssucht, Bulimie

1 2 3 4 17. ich missbrauchte Alkohol oder Drogen

1 2 3 4 18. ich hatte zwanghafte Angewohnheiten

1 2 3 4 19. ich hatte psychosomatische Probleme wie Kopfschmerzen oder Verdauungsstörungen

1 2 3 4 20. ich hatte körperliche Beschwerden ohne erkennbare Ursache

☐ ***B. Zwischensumme***

C. Beziehungen

Während ich aufwuchs:

1 2 3 4 1. ich bevorzugte es, allein zu sein

1 2 3 4 2. ich war zurückhaltend

1 2 3 4 3. ich hatte wenig Freunde

1 2 3 4 4. ich kam mit meinen Altersgenossen nicht gut zurecht

1 2 3 4 5. ich stritt oder diskutierte viel

1 2 3 4 6. ich war misstrauisch und vertraute anderen nicht

1 2 3 4 7. ich beendete Freundschaften beim ersten Zeichen von Schwierigkeiten

1 2 3 4 8. ich dachte, andere würden mich ausnutzen

1 2 3 4 9. ich hatte Angst, von anderen verlassen oder zurückgewiesen zu werden

1 2 3 4 10. ich konnte mich nicht durchsetzen

1 2 3 4 11. ich klammerte oder begab mich in Abhängigkeiten

1 2 3 4 12. ich versuchte um jeden Preis, anderen zu gefallen

1 2 3 4 13. ich forderte Aufmerksamkeit über Gebühr

1 2 3 4 14. ich war zu sehr mit den Problemen von anderen beschäftigt

1 2 3 4 15. ich wurde leicht eifersüchtig
1 2 3 4 16. ich prahlte und verhielt mich angeberisch
1 2 3 4 17. ich war sexuell flatterhaft
1 2 3 4 18. ich war sexuell gehemmt
1 2 3 4 19. ich konnte negative Gefühle wie Zorn, Enttäuschung oder Ablehnung nicht ausdrücken
1 2 3 4 20. ich konnte positive Gefühle wie Zuneigung, Hoffnung, Enthusiasmus oder Stolz nicht ausdrücken

C. Zwischensumme

A + B + C Gesamtsumme, multipliziert mit 2 =

Teil 2 – Erwachsenenalter

Die folgenden Aussagen beziehen sich auf Ihr momentanes Leben als erwachsener Mensch. Lesen Sie sie bitte sorgfältig und entscheiden Sie dann jeweils, wie gut sie Ihre Befindlichkeit heute beschreiben. Markieren Sie die Ziffern links von den Feststellungen entsprechend. Eine 4 für jede Beschreibung, die immer oder sehr oft wahr ist, eine 3 für jede Aussage, die oft zutrifft, eine 2 für jeden Satz, der manchmal zutrifft, und die 1 für alles, was selten oder nie wahr ist. Wenn Sie die drei Einzelbereiche jeweils ausgewertet haben, zählen Sie die Zwischensumme zusammen und tragen Sie das Ergebnis bitte in das dafür vorgesehene Kästchen ein. Am Ende addieren Sie bitte die drei Summen und schreiben sie unter den zweiten Teil.

A. Gedanken und Gefühle

Zurzeit:

1 2 3 4 1. ich bin generell nervös oder angespannt

1 2 3 4 2. ich entwickele Ängste in bestimmten Situationen, wie auf großen Plätzen oder in engen Räumen

1 2 3 4 3. ich mache mir viele Sorgen

1 2 3 4 4. ich fühle mich schnell schuldig

1 2 3 4 5. ich wälze immer wieder dieselben Gedanken in meinem Kopf

1 2 3 4 6. ich habe immer wieder unwillkommene Gedanken

1 2 3 4 7. ich gerate leicht aus der Fassung

1 2 3 4 8. ich bin misstrauisch, skeptisch

1 2 3 4 9. ich bin wachsam, auf dem Sprung vor Gefahren

1 2 3 4 10. ich bin reizbar und empfindlich

1 2 3 4 11. ich reagiere schnell angriffslustig

1 2 3 4 12. ich halte mich für die Ursache von anderer Leute Probleme

1 2 3 4 13. ich erfülle meine eigenen Erwartungen nicht

1 2 3 4 14. ich bin perfektionistisch

1 2 3 4 15. ich fühle mich inkompetent und unfähig, erwachsene Verantwortung zu übernehmen

1 2 3 4 16. ich sehe immer nur meine schlechtesten Seiten

1 2 3 4 17. ich fühle mich schwach und entscheidungsunfähig

1 2 3 4 18. ich fühle mich indifferent und unklar

1 2 3 4 19. ich denke, dass etwas grundsätzlich nicht mit mir stimmt

1 2 3 4 20. ich fühle mich fremd und nicht zugehörig

1 2 3 4 21. ich fühle mich inauthentisch, nicht im Reinen mit mir selbst

1 2 3 4 22. ich fühle mich blockiert und phantasielos

1 2 3 4 23. ich fühle mich desillusioniert vom Leben

1 2 3 4 24. ich bin ganz von mir selbst in Anspruch genommen

1 2 3 4 25. ich habe Angst vor Erfolg

1 2 3 4 26. ich bin befangen, leicht aus der Fassung zu bringen

1 2 3 4 27. ich schäme mich für meinen Körper

1 2 3 4 28. ich fühle mich fremd in mir selbst
1 2 3 4 29. ich beobachte mich selbst von außen
1 2 3 4 30. ich bin unglücklich, traurig oder deprimiert
1 2 3 4 31. ich leide unter Stimmungsschwankungen
1 2 3 4 32. ich trage mich mit Selbstmordgedanken
1 2 3 4 33. ich fühle mich leer und bedeutungslos
1 2 3 4 34. ich bin engstirnig, inflexibel und intolerant
1 2 3 4 35. ich dramatisiere über, verhalte mich theatralisch oder exhibitionistisch
1 2 3 4 36. ich kann keine tiefen Gefühle empfinden
1 2 3 4 37. ich fühle mich einsam, freudlos und emotionslos
1 2 3 4 38. ich habe Angst, all meine Kraft zu verlieren
1 2 3 4 39. ich bin lässig, überselbstbewusst und mitteilsam
1 2 3 4 40. ich bin besonders starrköpfig, konkurrenzorientiert

A. Zwischensumme

B. Verhaltensweisen

Zurzeit:

1 2 3 4 1. ich bin unruhig
1 2 3 4 2. ich leide unter Schlafstörungen
1 2 3 4 3. ich fühle mich lethargisch, wenig aktiv, träge
1 2 3 4 4. ich neige zu körperlicher Selbstzerstörung
1 2 3 4 5. ich versage mir Vergnügen oder Freude
1 2 3 4 6. ich habe unangenehme oder merkwürdige Angewohnheiten
1 2 3 4 7. ich vermeide bestimmte Menschen, Orte oder Situationen
1 2 3 4 8. ich bin vorsichtig und misstrauisch
1 2 3 4 9. ich zögere, meine Standpunkte zu vertreten
1 2 3 4 10. ich bin sanftmütig und passiv
1 2 3 4 11. ich ordne mich freiwillig unter

1 2 3 4 12. ich habe Schwierigkeiten, Projekte und Zusagen fertig zu stellen und einzuhalten

1 2 3 4 13. ich zögere häufig und habe deshalb Probleme bei der Arbeit

1 2 3 4 14. ich kann nicht gut mit Geld umgehen

1 2 3 4 15. ich leide unter einer Essstörung wie Magersucht, Fresssucht, Bulimie

1 2 3 4 16. ich bin stur und voller Widerspruchsgeist

1 2 3 4 17. ich missbrauche Alkohol oder Drogen

1 2 3 4 18. ich bin spiel- oder kaufsüchtig

1 2 3 4 19. ich verhalte mich sexuell promisk

1 2 3 4 20. ich langweile mich schnell

1 2 3 4 21. ich habe eine eingeschränkte Perspektive

1 2 3 4 22. mir mangelt es an Herausforderungen

1 2 3 4 23. ich bin ineffizient und zaudernd

1 2 3 4 24. ich fühle mich schnell frustriert

1 2 3 4 25. ich bin an illegalen oder gesellschaftlich nicht akzeptierten Aktivitäten beteiligt

1 2 3 4 26. ich lege nicht die richtigen Maßstäbe an mein Leben an

1 2 3 4 27. ich verhalte mich impulsiv und rücksichtslos

1 2 3 4 28. ich missachte gesellschaftliche Konventionen und Regeln

1 2 3 4 29. ich bewerte Disziplin, Umsicht und Loyalität über

1 2 3 4 30. ich habe Probleme, meine Verpflichtungen zu begrenzen oder Nein zu sagen

1 2 3 4 31. ich bin überverantwortungsbewusst bei meiner Arbeit

1 2 3 4 32. ich bin überdiszipliniert oder zwanghaft organisiert

1 2 3 4 33. ich habe zwanghafte Angewohnheiten wie Dinge berühren, zählen oder waschen

1 2 3 4 34. ich empfinde den Zwang, Dinge sauber und ordentlich zu halten

1 2 3 4 35. ich habe Krankheiten oder Beschwerden ohne medizinisch erkennbare Ursache

1 2 3 4 36. ich spreche über Gebühr viel
1 2 3 4 37. ich gebe an
1 2 3 4 38. ich mache mich zum Clown
1 2 3 4 39. ich tue Dinge, für die ich mich später schäme
1 2 3 4 40. ich gebe Versprechen, die ich nicht halte

☐ ***B. Zwischensumme***

C. Persönliche Beziehungen

Zurzeit:

1 2 3 4 1. ich fühle mich in Gesellschaft unwohl
1 2 3 4 2. ich bin misstrauisch und schöpfe schnell Verdacht
1 2 3 4 3. ich habe keine engen Freunde
1 2 3 4 4. ich schütze meine Privatsphäre mehr als nötig
1 2 3 4 5. ich halte meine Beziehungen eher oberflächlich
1 2 3 4 6. ich beende Freundschaften, wenn sie kompliziert werden
1 2 3 4 7. ich bin zu unabhängig
1 2 3 4 8. ich bevorzuge emotionale Distanz vor Nähe
1 2 3 4 9. ich versuche, meine Ziele durch Manipulation zu erreichen
1 2 3 4 10. ich bemühe mich aktiv um das Lob oder die Aufmerksamkeit anderer
1 2 3 4 11. ich erwarte, dass andere mir behilflich sind/mir Gefallen tun
1 2 3 4 12. ich wecke Schuldgefühle in anderen bezüglich der Art und Weise, wie sie mit mir umgehen
1 2 3 4 13. ich bin in meinen Beziehungen zu anderen nicht berechenbar
1 2 3 4 14. ich genieße es, andere zu erniedrigen oder zu erschrecken
1 2 3 4 15. ich bin körperlich oder gefühlsmäßig grob

1 2 3 4 16. ich bin mir meiner selbst wenig bewusst und überrascht, wie andere mich sehen

1 2 3 4 17. ich bin über die Maßen höflich und bevorzuge formale Beziehungen

1 2 3 4 18. ich ziehe Schuld und Kritik auf mich

1 2 3 4 19. ich beschäftige mich zu sehr mit den Problemen anderer Menschen

1 2 3 4 20. ich fürchte mich vor Vernachlässigung und Trennungen

1 2 3 4 21. ich wittere schnell Zurückweisung

1 2 3 4 22. ich erwarte zu viel von einem Partner

1 2 3 4 23. ich bemühe mich sehr, anderen Menschen zu gefallen

1 2 3 4 24. ich tue viel für andere Leute und fühle es nicht genügend gewürdigt

1 2 3 4 25. mir bedeutet es viel, was andere von mir denken

1 2 3 4 26. ich bin neidisch oder eifersüchtig auf das, was andere haben

1 2 3 4 27. ich kann Zorn oder Enttäuschung nicht ausdrücken

1 2 3 4 28. ich bin zurückhaltend und scheu bei sozialen Anlässen

1 2 3 4 29. ich bin sexuell gehemmt

1 2 3 4 30. ich bin zu abhängig von anderen

1 2 3 4 31. ich verhalte mich anderen gegenüber passiv und vermeide es, mich durchzusetzen

1 2 3 4 32. ich spreche mit zwei Zungen oder sage Dinge, die ich nicht wirklich meine

1 2 3 4 33. ich übernehme Verantwortung für andere

1 2 3 4 34. ich bemühe mich zu sehr zu gefallen

1 2 3 4 35. ich prahle oder gebe an

1 2 3 4 36. mir sind die Bedürfnisse anderer Menschen gleichgültig

1 2 3 4 37. ich kann Lob, Enthusiasmus oder Zuneigung nicht ausdrücken

1 2 3 4 38. andere halten mich für arrogant und rücksichtslos

1 2 3 4 39. ich streite und diskutiere viel
1 2 3 4 40. ich bin voller Konkurrenzdenken, Widerspruchsgeist und Opposition

C. Zwischensumme

A + B + C Gesamtsumme

Jetzt addieren Sie bitte die beiden Gesamtsummen aus Teil 1 und Teil 2. Anhand der folgenden Tabelle können Sie feststellen, welchen Stellenwert die Belastungen aus Ihrer Kindheit haben. Je höher die Ziffer ist, umso intensiver ist auch der Kummer, den Sie mit sich herumtragen.

240–399	gar keine bis geringe Beschädigung
400–549	leichte Beschädigung
550–960	erhebliche Beschädigung

Bedenken Sie bitte, dass das Ergebnis nur einen etwaigen Schätzwert und keineswegs eine exakte Messung darstellt. Der Sinn aller Fragen und damit des ganzen Tests liegt vielmehr darin, dass Sie die Möglichkeit nutzen, Ihre Belastungen zu erkennen, zu benennen, um auf dieser Basis mit der Überwindung der Probleme beginnen zu können.

Darüber hinaus sollten Sie wissen, dass das Ergebnis beim ersten Mal immer eher hoch ausfällt. Menschen, die eine schwere Kindheit zu bewältigen hatten, tendieren zunächst fast immer dazu, die Schmerzen und Schäden sehr stark zu bewerten und ihre selbstheilenden Kräfte zu unterschätzen.

Um ebendiese selbstheilenden Kräfte wird es in den folgenden Kapiteln gehen. Sie stecken in jedem von uns und müssen nur gefunden und mobilisiert werden. Damit das gelingt, gilt es, ein Hindernis aus dem Weg zu räumen, indem wir es uns bewusst machen. Die Opferfalle! Sie lauert überall und für jedes Krisenkind – aber die Stehaufmännchen unter den Krisenkindern wissen sie zu vermeiden.

Die Opferfalle
So tappen Sie nicht hinein

Vor Jahren kam ein junger Mann in meine Praxis, der unter starken Minderwertigkeitsgefühlen litt, sich nichts zutraute, Schwierigkeiten im Umgang mit Frauen hatte und seine Probleme unter meiner Anleitung bearbeiten wollte.

«Wissen Sie, ich habe mich natürlich oft gefragt, warum ich so ein Versager bin, und bin inzwischen zu dem Schluss gekommen, dass das bei meiner Kindheit und Jugend gar kein Wunder ist», sagte er im Brustton der Überzeugung. Dann erzählte er, wie sein Vater ihn geschlagen und die Mutter ihn zum «Familientrottel» degradiert habe, und leitete daraus ab: «So gesehen konnte ja gar nichts aus mir werden.»

Dieser junge Mann saß tief in der Opferfalle gefangen. Er hatte sich damit abgefunden, dass er den Konsequenzen der väterlichen Schläge und mütterlichen Erniedrigungen bis ans Ende seiner Tage nicht würde entrinnen können.

Erwachsene Menschen, die nach einer Begründung dafür suchen, warum sie es im Leben so schwer haben, sind Meister im Finden von Schuldigen.

- «Meine Eltern waren hart.»
- «Ich hatte einen Säufer als Vater.»
- «Niemand hat mich geliebt.»
- «Meine Mutter hat mich im Stich gelassen.»

Und wenn all das noch so wahr und traurig ist, es hilft gar nichts, die Schuld für das Unglück der Gegenwart denen zuzuschieben, die in der Vergangenheit versagt haben. Stattdessen führt kein Weg daran vorbei, die Verantwortung für das Hier und Jetzt und vor allem die Zukunft zu übernehmen und sich aus ebendiesem Kreis von Schuldsuche und Schuldzuweisung zu lösen.

Der Weg ist zugegeben nicht immer bequem, aber auch nicht so hart, wie es vielleicht den Anschein hat.

Beginnen Sie damit, dass Sie sich gestatten, wirklich zornig zu sein. Bewerten Sie dieses Gefühl nicht, lassen Sie es einfach zu; denn Zorn ist zunächst eine Emotion wie alle anderen. Er gehört zu Ihnen wie Angst, Lust, Kummer oder Freude. Wie alle anderen Emotionen hat Zorn allerdings auch eine Funktion. Wenn Sie zornig sind, ist das immer ein Zeichen dafür, dass etwas nicht in Ordnung ist, dass etwas geändert werden sollte.

Wenn Sie Ihren Zorn deutlich spüren, lassen Sie ihn heraus. Schimpfen Sie vor sich hin, schleudern Sie ihn einer Fotografie des Verursachers entgegen, aber schlucken Sie ihn nicht länger hinunter, sonst macht er Sie langfristig krank.

Ist der Zorn erst einmal an der Oberfläche, hilft es, mit Menschen, denen Sie vertrauen, darüber zu sprechen. Erzählen Sie dem Partner/der Partnerin, einem Freund oder einer Freundin, wie wütend Sie sind und warum. Sie werden im Gespräch erkennen, dass Ihr Zorn Ihnen einiges über Sie selbst zeigen kann. Er kann Ihnen zeigen, wo Sie Ihre persönlichen Grenzen ziehen möchten und was Ihnen so gar nicht passt an der Beziehung zu Ihren Eltern oder einem Elternteil.

Horchen Sie sorgfältig in sich hinein und registrieren Sie aufmerksam, was Ihr Zorn Ihnen signalisiert. Erst wenn die ganze Botschaft in Ihrem Bewusstsein angekommen ist, ist es an der Zeit, sie umzusetzen. Sie wissen jetzt genau, auf wen Sie seit wann und warum so wütend sind. Dieses Wissen setzt innere Energie frei, die Sie für sich nutzen können. Nutzen Sie sie, um sich von Ihren Schuldgefühlen zu lösen. Befreien Sie sich ein für alle Mal von lähmenden Gedanken – stattdessen vergegenwärtigen Sie sich:

- Sie können nichts dafür, dass Sie ein unglückliches Kind waren!
- Sie können nichts dafür, dass Sie sich ungeliebt und nicht liebenswert fühlten!
- Sie können nichts dafür, dass Sie erniedrigt wurden!
- Sie können nichts dafür, dass Sie geschlagen wurden!
- Sie können nichts dafür, dass Ihre Eltern Alkoholiker waren!
- Sie können nichts dafür, dass Sie vernachlässigt wurden!
- Sie können nichts dafür, dass Sie missachtet und missbraucht wurden!

Die Verantwortung für all das liegt bei Ihren Eltern oder wer immer Ihnen übel mitgespielt hat – nicht bei Ihnen! Weisen Sie sie dorthin und beschäftigen Sie sich nicht mehr damit. Stehaufmännchen, die ihren gestörten Familien innerlich entronnen sind, sehen sich nicht als Opfer und denken vor allem nicht ständig darüber nach, was ihnen Böses angetan wurde.

Die Erkenntnis ist hart, aber wahr: Sie können die Uhr nicht zurückdrehen, und niemand kann rückgängig machen, was geschehen ist. Nehmen Sie zur Kenntnis, dass vieles nicht so gelaufen ist, wie Sie es sich gewünscht hätten, aber hören Sie auf, sich als Opfer zu betrachten. Damit stärken Sie nur die Fesseln Ihrer Vergangenheit.

Nur indem Sie diese Fesseln lösen, sind Sie in der Lage, die vor Ihnen liegende große Aufgabe zu meistern – sich in Gegenwart und Zukunft von den Bürden der Vergangenheit zu befreien. Die heilenden Kräfte dafür, Ihre Resilienz, stecken in Ihnen.

Der entscheidende Schritt, diese heilenden Kräfte zu mobilisieren und die eigene innere Stärke zu nutzen, verlangt Ihnen einiges ab. Es ist ein Prozess, der anfangs unter Umständen anstrengend und vielleicht auch zeitaufwendig ist, doch je weiter er fortschreitet, umso stärker fühlen Sie sich, und umso leichter fallen Ihnen die notwendigen Schritte.

Das Durcharbeiten des Tests hat vermutlich dazu geführt, dass das eine oder andere traurige Erlebnis aus Ihrer kindlichen Vergangenheit wieder an die Oberfläche kam. Dinge und Ereignisse, die Sie sorgfältig in den Schubladen Ihrer Seele weggeräumt und verstaut glaubten, tauchten auf diese Weise plötzlich schmerzhaft wieder auf und bringen unangenehme Gefühle mit sich. Ganz gleich, wie unangenehm die hochgespülten Emotionen sind, sie müssen an die Oberfläche, wenn Sie sich vom Ballast Ihrer Vergangenheit befreien wollen.

Viele Krisenkinder verstecken ihren Schmerz in sich, indem sie ihn verdrängen. Stehaufmännchen holen früheres Leid aus den dunklen Ecken heraus und stellen sich dem damit verbundenen akuten Schmerz. Der geht vorbei, aber zunächst bedeutet es:

- Sie spüren den Kummer über Ihre verlorene Kindheit.
- Sie sind wütend über Erniedrigungen, die Sie erleiden mussten.
- Sie empfinden Verlustgefühle wegen all der Liebe und Zuneigung, die Sie entbehren mussten.
- Sie haben Angst, denn ganz gleich, wie weit Sie sich zu entfernen versuchten, Ihre Vergangenheit lässt sich nicht abschütteln.
- Sie fühlen Scham für das, was Sie in Kindheit und Jugend erdulden mussten.

Niemand, der es ernst und aufrichtig mit Ihnen meint, kann und wird Ihnen versprechen, dass diese Gefühle jemals ganz verschwinden. Ihnen sind tiefe Verletzungen zugefügt worden, und die Narben dieser Wunden werden Sie ein Leben lang begleiten. Wie sich das äußert, hat viel mit Ihrer individuellen Persönlichkeit zu tun. Vielleicht haben Sie regelmäßig mit wiederkehrenden Ängsten, Zweifeln oder Sorgen zu kämpfen, vielleicht treten die unguten Gefühle aber auch nur ganz scharf umrissen in bestimmten Situationen auf. Wie etwa bei Cecilie: «Ich halte es bis heute nicht aus, in Restaurants oder anderen fremden geschlossenen Räumen ohne Fluchtmöglichkeit mit fremden Menschen konfrontiert zu sein, die betrunken sind. Das kann nur daran liegen, dass ich mich der alkoholbedingten Unberechenbarkeit meiner Mutter als Kind so beängstigend hilflos ausgeliefert gefühlt habe, dass ich unter solchen Umständen nur einen Gedanken habe – nichts wie weg hier.»

Oder wie bei Tina: «Ausgesprochen schlecht fühle ich mich, wenn ich an meinen alten Heimatort komme.»

Auch ich verfüge über kein Geheimrezept, das es Ihnen ermöglicht, Ihre Vergangenheit rückgängig zu machen, aber ich will versuchen, Ihnen einen Weg zu zeigen, der Ihrer Vergangenheit die Macht über Ihre Gegenwart und Zukunft nimmt. Sie können Ihr Leben zwar nicht anhalten, aber Sie können es gestalten. Sie sind stark und mutig, zeigen Sie es! Übernehmen Sie die Verantwortung für sich selbst. Stellen Sie sich der Wahrheit über Ihre Kindheit, auch wenn sie traurig ist. Überprüfen Sie Ihre Beziehung zu Ihren Eltern und, wenn nötig, lösen Sie sich von den Verursachern Ihres Leids.

Lassen Sie sich nicht in die Opferfalle locken, weil Sie denken, dass es Ihnen besser geht, wenn Sie Ihren Kummer immer und immer wieder analysieren. Das hält lediglich die Vergangenheit lebendig und verstärkt den Schmerz. Hören Sie auf, Ihre Eltern immer wieder für das schuldig zu sprechen, was sie Ihnen angetan haben. Das verhindert nur das Heilen Ihrer Wunden und bindet Sie enger als nötig an Ihre einstigen Probleme. Verwerfen Sie Rachegedanken, und versuchen Sie nicht, Ihre Eltern zu bestrafen, zu verletzen oder zu demütigen. Sie werden sie nicht ändern.

Tun Sie den entscheidenden Schritt nach vorne und begraben Sie den Traum von der heilen, glücklichen Familie, die Sie nie hatten. Nutzen Sie stattdessen die entscheidende Alternative und verändern Sie Ihre Perspektive.

Treten Sie innerlich einen Schritt zur Seite und versuchen Sie, sich und Ihre Vergangenheit aus einem anderen Blickwinkel zu betrachten. Wenn Sie sich weit genug von sich selbst entfernen, werden Sie feststellen, dass Ihre Verletzungen, die bis jetzt der Mittelpunkt Ihrer Betrachtungen waren, auf einmal Teil eines Ganzen werden. Eines Ganzen, das nicht nur den Schmerz und die Misshandlungen beinhaltet, sondern auch die Stärke und Kraft, die Sie diesem Schmerz schon als Kind oder Jugendlicher entgegenzusetzen hatten.

So gelingt Ihnen eine gedankliche Wende, und Sie werden erkennen, mit welchen Mechanismen Sie seit jeher mit den Problemen Ihrer Vergangenheit umgegangen sind. Es kann gut sein, dass Sie dabei Stärken in sich entdecken, deren Existenz Ihnen bis heute gar nicht bewusst gewesen ist. Diese und die Kräfte, die Sie bereits als solche erkannt haben, sind die Ressourcen, die Sie zu einem resilienten Menschen machen.

Der Perspektivwechsel ist allerdings nicht ganz einfach und braucht ein wenig Zeit. Nach all den Jahren, die Ihr tiefer, stechender Schmerz Sie im Griff hatte, lässt er sich jetzt nicht von einem Tag auf den anderen abschütteln. Es ist sogar möglich, dass Sie sich anfangs tatsächlich noch wohler fühlen mit Ihrer bisherigen Sichtweise Ihres Lebens. Sie haben sich schließlich über einen langen

Zeitraum damit arrangiert und sind irgendwie zurechtgekommen. Verzweifeln Sie also nicht, wenn es nicht auf Anhieb gelingt, negative Gefühle durch positive zu ersetzen.

«Gut Ding will Weile haben», sagt der Volksmund. Bleiben Sie geduldig mit sich selbst, und bedenken Sie: Die Schrecken der Vergangenheit und die Erinnerungen an frühes Leid sind Ihnen im Moment vielleicht noch vertrauter als Gedanken an Ihre selbstheilenden Kräfte. Und genau das sind die engen Fesseln der Opferfalle. Sie werden sich davon befreien, wenn Sie beginnen, die Verantwortung für Ihr Leben im Hier und Jetzt zu übernehmen, und sich auf die Suche nach Ihren individuellen resilienten Kapazitäten begeben:

- Einsicht und Reflexion,
- Beziehungsfähigkeit,
- Eigenantrieb und Selbständigkeit,
- Kraft, Entschlossenheit und Verantwortungsbewusstsein,
- Mut und Aufrichtigkeit,
- Unabhängigkeit und Distanz,
- Humor,
- Phantasie und Kreativität,
- Glaube und Hoffnung.

Stellen Sie sich Ihr Leben wie eine Geschichte oder wie das Drehbuch für einen Film vor. Es gibt so viele Geschichten oder Drehbücher, wie es Leben gibt. Jede dieser Geschichten hat einen Verfasser, und der Verfasser Ihrer Geschichte sind Sie.

Als Autor oder Autorin haben Sie die freie Wahl der Gestaltung. Aus allen Ereignissen und Begebenheiten Ihres Lebens können Sie die heraussuchen, die Ihnen besonders prägnant und wichtig erscheinen, um sie dann so zu beschreiben, dass sie zu Ihrer Persönlichkeit und in Ihr Selbstbild passen.

Ein Beispiel ist der kleine Nathan, der verlassen von der Mutter für seine Geschwister zu sorgen hatte. Eine Perspektive, seine Kindheit zu betrachten, könnte wie folgt klingen: Ein verlassener, kleiner Junge voller Ängste und Zweifel wurstelt sich irgendwie durch und schafft es mit Glück und Hilfe anderer, Situationen, die ihn eigentlich überfordern, durchzustehen.

Aus einem anderen Blickwinkel angeschaut, hört sich die Sequenz entsprechend anders an: Ein kleiner Junge wird vor eine sehr schwere Aufgabe gestellt, beweist ein hohes Maß an Verantwortungsbewusstsein und Selbständigkeit und meistert die Probleme mit Bravour.

So wie Sie Ihre Geschichte gestalten, gestaltet Ihre Geschichte Ihr Selbstbild und damit Ihre Persönlichkeit.

Wenn Sie sich mit Blick auf Ihre Vergangenheit als hilfloses Etwas empfinden, werden Sie sich auch in Gegenwart und Zukunft nicht sehr anders sehen können. Erkennen Sie jedoch, mit welcher Stärke und welchen Fertigkeiten Sie bereits damals im Rahmen Ihrer Möglichkeiten Ihren Schwierigkeiten begegnet sind, können Sie daraus ein kraftvolles Selbstbild für heute und morgen ableiten.

Beginnen Sie damit, sich eine besonders prägnante Szene aus Ihrer Kindheit ins Gedächtnis zu rufen. Wenn Ihnen nichts einfallen will, nehmen Sie Fotos, Briefe, das einst geliebte Stofftier oder die Puppe zur Hand.

Sie haben etwas gefunden? Dann verändern Sie jetzt bitte die Perspektive:

Denken Sie nicht daran, wie elend oder verletzt Sie sich fühlten, sondern erinnern Sie sich an das, was Sie taten, um mit den Gegebenheiten klarzukommen.

- Was genau haben Sie unternommen, um die Probleme in den Griff zu bekommen?
- Wo sind Sie hingegangen, um Schutz zu finden?
- Mit wem haben Sie gesprochen, um einen Rat zu erhalten?
- Wo haben Sie Hilfe gesucht?
- Wer oder was hat Ihnen geholfen?
- Wie haben Sie sich getröstet?
- Woher wussten Sie, was Ihnen Erleichterung verschaffen würde?

Wenn Sie den Schwerpunkt Ihrer Betrachtung auf diese Details legen, wird sich die Perspektive automatisch verändern. Nutzen Sie den veränderten Blickwinkel, um die Geschichte zu verändern. Erkennen Sie, wie erfolgreich Sie sich selbst geholfen haben, und denken Sie nicht daran, wie sehr man Sie zuvor verletzt hat. Gestalten Sie auf diese Weise Ihre Vergangenheit Stück für Stück um. Sie werden feststellen, dass es verschiedene Eigenschaften und Strategien sind, die Sie eingesetzt und die Ihnen geholfen haben: Zusammen ergeben sie alle Ihr persönliches Resilienz-Potenzial, mit dem Sie sich aus der Opferfalle befreien und sie für die Zukunft vermeiden können.

Eigenschaften, die stark machen

Einsicht und Reflexion

Verstehen ist der erste Schritt

Eine wesentliche Voraussetzung für das Verändern der Perspektive besteht darin, zu begreifen und zu verstehen, was um Sie herum geschieht oder in der Vergangenheit geschehen ist. Dazu gehört die Gabe, Fragen zu stellen und nach den richtigen und vor allem ehrlichen Antworten zu suchen. Nur wirklich ehrliche Antworten führen zu klaren Einblicken und zum Verstehen Ihrer Umgebung. Das ist die Einsicht.

Die Reflexion führt Sie noch einen Schritt weiter. Sie bedeutet, dass Sie das, was Sie verstanden haben, einer genaueren Prüfung unterziehen, darüber nachdenken und einzelne Gedanken vertiefen, bis Sie auf den Grund der Dinge stoßen. Dabei werden Sie auch mit Ihrer eigenen Persönlichkeit konfrontiert werden. Sie werden sich selbst und Ihre verschiedenen Verhaltensmuster genauer kennen lernen. Je tiefer Sie vordringen, umso besser werden Sie sich selbst und Ihre Aktionen begreifen und damit schützende Mechanismen entdecken. Wer sich selbst wirklich kennt, ist nicht so anfällig für Verletzungen von außen.

Einsicht und Reflexion liegen eng beieinander und bedingen sich gegenseitig. Wer reflektieren kann, gelangt zu Einsichten, und wer Einsicht hat, kommt nicht umhin, sie zu reflektieren.

Die Entwicklung zur Einsicht vollzieht sich altersbedingt in mehreren Schritten. Kleine Kinder können noch nicht über Einsicht verfügen, aber sie können fühlen und beobachten. Auf der Suche nach Ihrer Resilienz sollten Sie so früh wie möglich einsetzen.

Versuchen Sie bitte mit Hilfe der folgenden Fragen, sich zu erinnern, wie das in Ihrer Kindheit war:

> Haben Sie das Verhalten Ihrer Eltern beobachtet?
> Konnten Sie irgendwann Muster in ihrem Verhalten entdecken, die auf drohende Probleme deuteten?

> Hat Ihnen diese Wachsamkeit bisweilen geholfen, rechtzeitig aus dem Weg zu gehen?
> Spürten Sie, dass bei Ihnen zu Hause etwas nicht in Ordnung war?

Die Stehaufmännchen unter den Krisenkindern fühlen meist sehr früh, dass etwas bei ihnen zu Hause nicht stimmt. Wachsam beobachten sie das Verhalten ihrer Eltern und erkennen ganz jung die bedrohlichen Veränderungen.

Cecilie beschreibt frühe Erinnerungen: «Ich war keine fünf Jahre, das weiß ich genau, da konnte ich am Gang und an der Stimmlage meiner Mutter erkennen, ob Gefahr im Verzug war. Dass ihre Veränderung mit Alkohol zusammenhing, wusste ich damals nicht, aber dass ich mich vor ihr in Acht nehmen musste, das stand außer Frage. Wenn sie diese spezielle Stimme hatte, zog ich mich zurück und versuchte, sie nicht zu reizen, denn dann konnte sie sehr böse werden.»

Schon ganz kleine resiliente Kinder entwickeln ein Gespür für drohenden Ärger. Das gibt ihnen zwar nicht die Position, etwas zu verändern, aber sie sind auf der Hut und entwickeln Strategien, sich nach Möglichkeit vor einer Eskalation des beängstigenden Verhaltens ihrer Eltern zu schützen. Auf der Basis dieser Gefühle gelingt es ihnen, das Problem dort zuzuordnen, wo es hingehört. Sie verlassen sich auf ihre Sensoren, bringen sich möglichst aus der «Schusslinie» und reduzieren damit die eigenen Ängste.

Je älter Kinder werden, umso deutlicher formieren sich die Gefühle aus der Zeit der frühen Kindheit zu Gewissheiten. Es kommt der Zeitpunkt, an dem die Stehaufmännchen nicht mehr auf Ahnungen angewiesen sind, sondern klar und deutlich benennen können, was sie sehen. Sie spüren nicht nur, dass «Gefahr im Verzug ist», sondern sie wissen auch ganz genau, warum. Dieser Schritt, der aus dem kindlichen Fühlen das reifere Wissen macht, kommt von ganz alleine mit den normalen Entwicklungen, die ein junger Mensch durchmacht.

Cecilie: «Als ich etwas älter war, bekam ich dann mit, dass meine Mutter sich immer dann veränderte, wenn sie trank. Ich habe nicht lange gebraucht, um die verschiedenen Phasen zu durchschauen. Erst war sie gut gelaunt, dann wurde sie aggressiv, dann traurig, und dann schlief sie ein. Ich konnte immer ganz genau sagen, in welcher Phase sie sich befand. Solange sie gut gelaunt war, hielten mein Bruder und ich uns in ihrer Nähe auf, wenn sie böse wurde, verzogen wir uns in den Garten oder in unser Zimmer und warteten, bis sie eingeschlafen war. Meistens schlief sie zwei bis drei Stunden, in denen wir machen konnten, was wir wollten, bis sie wieder aufwachte und der Kreislauf von vorne begann. Ich war sehr stolz darauf, dass ich immer voraussagen konnte, welche Laune als nächste kam, denn damit konnte ich uns eine Menge Ärger ersparen.»

Je älter Sie wurden, umso weniger waren Sie auf Ihre Eltern angewiesen, und umso selbstverständlicher wurde eine gewisse Distanz zu Ihren Eltern. Und ebendiese Distanz ist es, die Ihnen ein vielschichtigeres Bild und dessen veränderte Bewertung möglich macht. Schon Jugendliche verfügen über die Fähigkeit, unabhängige Gedanken zu fassen und die Welt außerhalb ihrer Familie sehr genau zu beobachten. So sammeln sie Informationen und ordnen sie in ihr Weltbild ein. In diesem Stadium bewerten sie natürlich auch das neu, was sie als kleine Kinder lediglich gefühlt haben, und können so die Eindrücke, die sie in ihrer Kindheit begleitet und geprägt haben, im Nachhinein wie Teile eines Puzzles zusammenfügen.

Je deutlicher Ihnen Ihre verminderte Abhängigkeit bewusst war, und je unerschrockener Sie Ihr Umfeld infrage stellen konnten, umso resilienter waren Sie. Wer ehrlich fragen kann: Was ist eigentlich los bei mir zu Hause? Was läuft da falsch? Und dann den Mut hat, eine ebenso ehrliche Antwort darauf zu geben, ist bereits auf dem Weg, sich innerlich zu befreien.

Erika: «Ich sah mich um und erkannte, dass das, was bei uns üblich war, nicht normal war. Bei anderen Leuten ging es anders zu als bei uns. Dort sprach man mit den Kindern, dort lachte man, dort war Freundlichkeit und Güte. Man redete miteinander und verhielt sich anders.»

Durch diese Beobachtungen und deren Bewertung koppeln sich die Kinder oder Jugendlichen innerlich immer weiter ab. Noch haben sie keine Möglichkeit, ihrem gestörten Elternhaus zu entkommen, aber sie können sich auf eine Art inneren Rückzug begeben, der das Ausmaß ihrer inneren Verletzungen reduziert.

Wenn Stehaufmännchen verletzt werden, beginnen sie irgendwann nachzudenken. Sie versuchen, die Situation zu verstehen und einen Weg zu finden, sie zu beurteilen. Über kurz oder lang führt sie das zu der Vermutung, dass das eigentliche Problem vielleicht gar nichts mit ihrem Fehlverhalten zu tun hat – so wie das von den Eltern möglicherweise behauptet wird –, sondern dass das Problem vielmehr in den Eltern selbst liegt.

Iris: «Ich wusste schon damals, dass eine Mutter, die ihre Kinder liebt, sich nicht so verhalten würde, wie sie es getan hat. So kam es, dass ich sie immer weniger als Mutter akzeptieren konnte, denn sie war in meinen Augen keine.»

Neugierig machen sich die Stehaufmännchen in der Folge daran, ihre Hypothese zu überprüfen, und suchen in der familiären Umgebung nach Beweisen für ihren Verdacht. Aus den Eltern, die sie eigentlich lieben, achten und bewundern wollten, werden auf diese Weise Verdächtige, die genauestens beobachtet werden. Das und der Vergleich, mit dem, was das Kind oder der Jugendliche außerhalb der eigenen Familie erlebt, führten im nächsten Schritt dazu, das es sich eine eigene Meinung bildet und eine eigene Wertung vornimmt.

Stefan: «Ich kannte ja die Verhältnisse, in denen meine Freunde lebten. Und da waren auch welche dabei, die durchaus mal eine Ohrfeige bekamen, aber die Schläge, wie ich sie einstecken musste, das gab es sonst nirgends. Mir war irgendwann klar, dass das etwas mit der Unfähigkeit meiner Eltern zu tun hatte und nichts mit mir.»

Auf der Basis dieser Einsicht entwickelte Stefan eine sehr wirksame Strategie, sich den Übergriffen seines Vaters so gut wie möglich zu entziehen:

«Wesentlich geholfen hat mir ganz sicher, dass ich im Rahmen meiner begrenzten Möglichkeiten früh begriffen habe, wie ich mich schützen konnte, wenn ich mich schon nicht wehren konnte. Und dazu gehörte eben, dass ich viel Zeit mit meinen Freunden verbrachte. Wenn sie bei uns waren, schlug mein Vater mich nicht. Ich habe das ganz gezielt eingesetzt, auch wenn ich vielleicht sogar manchmal lieber alleine gewesen wäre. Also sah ich zu, dass ich so oft wie möglich Kinder zu Gast hatte oder eben selbst außer Haus war.»

Nachdem Stefan sehr jung durchschaut hatte, dass es nicht seine Schuld war, wenn er verprügelt wurde, sondern dass der Fehler im Verhalten seines Vaters lag, zog er den richtigen Schluss. In aller Kindlichkeit gelang es ihm festzustellen, dass der Grund für den familiären Stress nicht in ihm, sondern außerhalb seiner Person lag. Damit gelang es ihm, der Opferfalle zu entkommen, indem er nicht folgerte: Ich bin schlecht, sondern die Ursache für die Probleme dahin delegierte, wo sie ihren Ursprung hatten – bei seinen Eltern, insbesondere bei seinem Vater.

Cecilie brauchte nicht lange nach der Ursache für das häusliche Ungleichgewicht zu suchen:

«Meine Mutter versteckte ihre Flaschen zwar, aber es waren so viele Flaschen, dass sie uns beinahe aus jedem Schrank und jeder Ecke entgegenpurzelten. Ich hatte keine Schwierigkeiten, das Problem zu erkennen, das lag auf der Hand. Die Schwierigkeit für mich als Jugendliche bestand darin, dass damals niemand wusste, dass Alkoholismus eine Krankheit ist. Meine Mutter galt nicht als kranker Mensch, sondern als ein Mensch, der sich schuldhaft weigerte, eine destruktive Angewohnheit aus seinem Leben zu entfernen. Das machte den Umgang damit so schwer, denn wer gibt schon gerne zu, dass die eigene Mutter böse oder schlecht ist? Mein größter Wunsch war lange Zeit, eine Mutter zu haben wie alle anderen.»

Wenn Kinder oder Jugendliche die Probleme ihrer Eltern erkennen und in der Lage sind, sie klar zu benennen, kann das wie in Cecilies Fall durchaus Probleme aufwerfen. Manche Krisenkinder schämen sich für das, was sie verstanden haben. Es auszusprechen, verstärkt ihren Schmerz vielleicht sogar für einen Moment. Langfristig führt jedoch genau das zu dem notwendigen Abstand, der einen heilsamen Umgang mit den Verletzungen erst möglich macht. Stehaufmännchen, die diesen Abstand früh gewinnen konnten, weisen eine Reihe von Merkmalen auf, die ihnen das erwachsene Leben erleichtern:

- Sie empfinden sich als eigenständige Personen und legen Wert auf das, was sie von ihren Eltern unterscheidet.
- Sie fühlen sich fast immer unschuldig an den Problemen ihrer Eltern.
- Sie prüfen und bewerten auch nebensächliche Äußerungen ihrer Eltern.
- Sie formen ein Selbst- und Weltbild, das sich positiv von dem ihrer Eltern abhebt.

Auf dieser Basis sind sie dem gewachsen, was aus dem Fühlen der Kindheit und dem Wissen der Jugend folgt: Sie lernen zu verstehen, gewinnen an Einsicht.

Das Leben mit dem Wissen, dass es eine dunkle, traurige oder schmerzhafte Seite im Familienleben gibt, ist auch für Erwachsene nicht einfach. Die Belastungen enden fast nie mit dem Auszug aus dem Elternhaus.

Barbara: «Ich kann gar nicht sagen, wie sehr ich andere Kinder um ihre harmonischen Verhältnisse beneidet habe. Die Angst vor dem Zorn meines Vaters und das Gefühl, von meiner Mutter im Stich gelassen worden zu sein, haben mich immer begleitet. Noch heute gibt es Gelegenheiten, wo mich der Neid überkommt. Neulich hat eine Kollegin erzählt, dass sie anlässlich des 75. Geburtstages ihrer Mutter eine gemeinsame Reise als Überraschungsgeschenk plant. Die liebevolle Art, wie sie die Vorbereitung beschrieb, und die Gewissheit, mit der sie davon sprach, dass es sicher eine wunderschöne Woche werden würde – ich dachte, sie müsste sehen, dass ich regelrecht gelb vor Neid wurde.»

Barbara fühlt noch immer den Schmerz, aber sie verharrt nicht darin: «Auf der anderen Seite weiß ich natürlich, dass ich in der Auseinandersetzung mit meinen Eltern eine Stärke und Selbständigkeit erreicht habe, um die mich viele Menschen in meinem Umfeld beneiden. Wer so aufwächst wie ich, entwickelt große Belastbarkeit und eine Reihe von Sensoren, die ein ganzes Leben lang hilfreich sind.»

Barbara hat ihre eigenen Maßstäbe gefunden und kann dank Einsicht und Reflexion aus ihrer Vergangenheit sogar positive Konsequenzen für Gegenwart und Zukunft ziehen.

Verstehen, die erwachsene Phase auf dem Weg zu Einsicht und Reflexion, resultiert aus einer Kindheit voller Suche nach der Wahrheit und voller Widerstand gegen ein trügerisches Umfeld. Ein familiäres Umfeld, in dem schmerzliche Dinge geschahen:

- Ihre Eltern hielten gegebene Versprechen nicht.
- Die Welt, in der Sie aufgewachsen sind, war voller Widersprüche und Verwirrungen.
- Die Aussagen Ihrer Eltern waren nicht verlässlich.
- Sie waren unberechenbaren Launen und Aggressionen ausgesetzt.

Resiliente Kinder, die mit diesen oder ähnlichen Mechanismen konfrontiert werden, lernen, schnell zu denken und zu sortieren, um einen klaren Kopf und den Überblick zu behalten.

Sie werden skeptisch und lernen, keine voreiligen Schlüsse zu ziehen. Sie verlassen sich lieber auf ihre eigenen Gedanken und Urteile als auf das, was ihnen andere Menschen sagen, und legen viel Wert auf die Wahrheit und ehrliches Miteinander-Umgehen. Als Erwachsene neigen sie dazu, Menschen und Ereignisse in ihrer Umgebung nicht oberflächlich zu bewerten, sondern suchen nach den Gesichtern hinter der Maske, der Bedeutung hinter der Tat.

Stefan: «Ich merke immer wieder, dass ich bewusst oder unbewusst sehr häufig Vergleiche anstelle. Wie verhalte ich mich in bestimmten Situationen, wie haben sich meine Eltern verhalten? Je größer der Unterschied ist, desto wohler und sicherer fühle ich mich. Ich möchte auf keinen Fall in ähnliche Verhaltensmuster verfallen, und wo ich das befürchten muss, hinterfrage ich mich und arbeite ich an mir.»

Hinterfragen und Arbeit an sich selbst sind zwei Schlüsselbegriffe, wenn es darum geht, die eigene Geschichte so umzugestalten, dass sich die Perspektive, aus der Sie Ihre Vergangenheit betrachten, wirklich verändert. Beginnen Sie mit der Suche nach Ihrer persönlichen Einsicht und Reflexion. Wie und wann haben Sie was erkannt?

Versuchen Sie, Ihre Erinnerungen so früh wie möglich einsetzen zu lassen. Noch einmal: Fotos, Tagebücher, Briefe, Kinderzeichnungen, alte Schulhefte oder eine Skizze Ihrer damaligen Wohnung, alles ist dazu angetan, Ihrem Gedächtnis auf die Sprünge zu helfen. Kramen Sie in den letzten Winkeln Ihres Herzens und Gedächtnisses, um lange Vergrabenes und vermeintlich Vergessenes an die Oberfläche zu befördern. Achten Sie dabei bitte auf den konstruktiven Ansatz! Es geht nicht darum, Ihren Schmerz, Ihre Verletzungen zu rekapitulieren, es geht vielmehr darum, wie Sie gedanklich und aktiv in Ihrer Kindheit und Jugend mit Ihren Belastungen umgegangen sind. Benutzen Sie die unangenehmen und traurigen Anlässe aus der Vergangenheit, um sich über Ihre Stärken klar zu werden.

Die folgenden Fragen sollen Sie dabei unterstützen, den Schwerpunkt Ihrer Erinnerungen zu modifizieren. Sie zielen vor allem auf Ihre Gefühle, Ihr Wissen und Ihr Verstehen. Bitte nehmen Sie sich ausreichend Zeit für die Beantwortung und versuchen Sie, sich sowohl an prägnante Ereignisse als auch an kleinere, vermeintlich unwichtigere Begebenheiten zu erinnern.

Kindheit:

> Können Sie sich erinnern, das Verhalten Ihrer Eltern kritisch beobachtet zu haben?
> Haben Sie Muster entdeckt, die Sie als Warnsignale für Bedrohliches oder Beängstigendes deuten konnten?
> Ist es Ihnen manchmal gelungen, anhand dieser Signale Ärger zu vermeiden?
> Hatten Sie ein Gefühl dafür, dass in Ihrem Umfeld etwas nicht in Ordnung war?

Jugend:

- Konnten Sie formulieren, dass es Störungen in Ihrer Familie gab?
- Haben Sie sich bemüht, die Ursachen für das Verhalten Ihrer Eltern zu finden?
- Haben Sie sich innerlich von Ihren Eltern distanziert und sich im Gegensatz zu ihnen als gesund empfunden?
- Haben Sie widersprochen, wenn das bestehende Problem innerhalb der Familie verleugnet oder verschwiegen wurde?

Erwachsensein:

- Vergleichen Sie Ihre Verhaltensweisen mit denen Ihrer Eltern?
- Sind Sie auf der Hut vor Mechanismen, die Sie in Ihrem Verhalten an Ihre Eltern erinnern?
- Fühlen Sie sich in der Lage, die Verantwortung für Ihre heutigen Schwierigkeiten zu übernehmen, oder weisen Sie anderen die Schuld zu?
- Sind Sie der Meinung, dass die Probleme in Ihrer Kindheit zu Ihrer heutigen Stärke geführt haben?

Beziehungsfähigkeit

Geteiltes Leid ist halbes Leid

Ganz gleich, wie unglücklich, verlassen und verraten Sie sich in Ihrer Kindheit und Jugend vielleicht gefühlt haben, wenn Sie genau darüber nachdenken, wird Ihnen sicher einfallen, dass es auch in Ihrer Vergangenheit mindestens einen Menschen oder auch ein geliebtes Tier gab, dem Sie Ihr Vertrauen und Ihre Liebe geschenkt haben.

Krisenkinder, die trotz der gestörten familiären Strukturen das Wagnis eingehen, einem anderen Menschen ihr Herz zu schenken, sind mutig und haben einen emotional gesunden Kern. Instinktiv erfüllen sie sich den Wunsch nach Liebe, Zuwendung und Anerkennung außerhalb ihrer Familie und finden damit einen Ersatz für das, was ihnen zu Hause nicht gewährt wird.

In der allerersten Phase Ihrer Kindheit hatten Sie – wie alle anderen Kinder auch – kaum eine andere Möglichkeit, als Ihr Bedürfnis nach Wärme, Bestätigung und Liebe an Ihre Eltern zu koppeln. Wenn Sie ein Krisenkind waren, wurden Ihre Wünsche vermutlich nie wirklich ausreichend befriedigt. Wenn Sie nach dieser ersten Phase der Abhängigkeit allerdings in der Lage waren, sich einen wie auch immer gearteten Ersatz zu suchen, reichte das, was Sie von Ihren Eltern bekamen, zumindest aus, um eine gesunde Basis zu etablieren. Wo diese vorhanden ist, können Freunde, Lehrer, Verwandte, Nachbarn oder andere Bezugspersonen das auffangen, was zu Hause fehlt.

Stehaufmännchen, die sich dergleichen außerfamiliäre Zuwendung suchen, verschaffen sich damit die Bestätigung, liebenswert und liebesfähig zu sein. Dadurch machen sie Erfahrungen, die wie Balsam für ihre verletzten Seelen wirken und bei der Heilung und Vernarbung der Wunden helfen.

Heute halten Sie den Menschen oder das Tier, dem Sie Ihre Liebe schenkten, vermutlich für den Strohhalm, den rettenden Anker, ohne den Sie untergegangen wären. Diese Interpretation basiert auf dem Gefühl, dass es da jemanden gab, der in schweren Zeiten für Sie da war. Der ein offenes Ohr hatte, sich Zeit für Ihren Kummer, den Zorn und die Trauer nahm. Vielleicht sogar hoffnungsvolle Perspektiven eröffnete, wenn es gar nicht mehr weiterzugehen schien. So ist es auch gewesen, und daran gibt es nichts zu rütteln.

Rütteln möchte ich vielmehr daran, dass Sie dieser Person oder der Beziehung alle Verdienste für Ihr «Überleben» zusprechen, denn das ist ein Irrtum! Das Verdienst gebührt Ihnen. Ihnen, der oder die Sie in der Lage waren, sich in schweren Zeiten ein Ventil für Ihre Sorgen zu suchen, eine Fluchtmöglichkeit zu finden und sich damit innerlich oder äußerlich vor den Bedrohungen, denen Sie zu Hause ausgesetzt waren, zurückzuziehen und so gut wie möglich zu schützen.

Vera, die Tochter eines strengen, lieblosen Kapitäns, erinnert sich: «Mein Vater heiratete anderthalb Jahre nach dem Tod meiner Mutter eine Frau für uns Kinder. Man hatte sie gewarnt, ihn zu heiraten. Er war zwar gerecht, aber sehr streng und unbeliebt bei seinen Untergebenen. Diese Frau, die zu uns kam, war für mich das ganz große Glück! Vom ersten Tag an mochte ich sie! Später hat sie mir erzählt, sie sei entsetzt gewesen, als sie mich gesehen hat.

Klein, zart, und ich ließ mich nicht berühren. Ich war für sie ein sehr interessantes Kind, das nach allem fragte: nach Mond und Sternen, Ebbe und Flut – und immer wieder: ‹Was ist Tod?› Sie konnte mir auf fast alles eine Antwort geben, und sie nahm sich die Zeit dazu. Für mich war sie der beste Mensch, der mir je im Leben begegnet ist! Sie war im guten Sinn eine gläubige Christin. Unendlich vielen Menschen hat sie in ihrem Leben geholfen … Ich habe viele Begegnungen mit wundervollen Menschen gehabt, ‹Seelenverwandte›, von denen ich lernen konnte. Ich hatte das Glück, vielen Menschen helfen zu können, wie meine Stiefmutter es mir vorgelebt hat.»

Niemand würde wagen, daran zu zweifeln, dass diese liebevolle Stiefmutter viel für Vera getan hat, doch Vera selbst war es, die die eigentliche Leistung vollbracht hat. Das kleine unglückliche Mädchen war in der Lage, trotz aller schlechten Erfahrungen, die es bis dahin mit Erwachsenen gemacht hatte, noch einmal zu wagen, einem fremden Menschen zu vertrauen. Und diesmal wurde sie nicht enttäuscht. Vera ist wie viele andere resiliente Menschen, die einen Rettungsanker gefunden haben, bis heute dankbar für das, was ihre Stiefmutter für sie getan hat. Doch weil sie noch so jung war, als sie der zweiten Frau ihres Vaters begegnete, konnte sie nicht wissen, welchen aktiven Anteil sie an dem Zustandekommen der «rettenden Beziehung» hatte.

Anders Erika: «Ich suchte mein Leben lang nach Menschen, die mir etwas zu geben hatten. Die mir Zuneigung entgegenbrachten und vor denen ich mich nicht verstellen musste. Warmherzige Menschen, vernünftige Menschen. (Kant sagt: Vernunft ist Weisheit.)

Menschen, die einen ehrlichen, zuverlässigen Charakter mitbrachten. Solche Menschen gibt es in allen Bevölkerungsschichten. Sie waren oftmals ungebildet und hatten, was man ein ‹einfaches Gemüt› nennt. Aber sie sind das Beste, was ein Volk hervorbringen kann, und das Salz der Erde. Solche Menschen haben mich, immer älter als ich, jahrzehntelang begleitet.»

Erika hat erkannt, dass es ihre Aktivität war, die sie hilfreiche Menschen suchen und finden ließ, auch wenn es manchmal so schien, als habe ein wohlmeinender Schutzengel in Gestalt des Schicksals ein wenig die Finger mit im Spiel gehabt:

Erika: «Meine junge, tüchtige Lehrerin nutzte eine sich bietende Gelegenheit, mich in eine neu zusammengestellte Parallelklasse abzuschieben, was sich als mein späteres Glück herausstellte. Ich bekam einen gütigen, freundlichen Lehrer, bei dem ich auflebte. Die gesamte Kinderschar war aus verschiedenen Schulen gekommen, sodass sich immer nur wenige Kinder kannten und sich ein fester Klassenverband erst langsam bildete. Ich fand eine Freundin und hatte jetzt einen Lehrer, der Kinder liebte, auch die schwachen, ungepflegten. Herr Wenzke war Baptist, der seinen Glauben lebte, und nach einigen Tagen begann er morgens vor dem Unterricht mit uns Mädchen zu beten. Wir Kinder fühlten uns in seiner Klasse geborgen … Die ersten Zweien tauchten auf, und langsam wich die Angst. Ich träumte zwar noch immer schrecklich, aber ich nässte nicht mehr ein.»

Auch hier kein Zweifel an den Qualitäten des Lehrers, doch es war Erika, die ihr Herz öffnen und vertrauen musste, sonst hätte auch er keine Chance gehabt, ihr zu helfen.

Wenn sich Kinder aus Familien mit gestörten Strukturen öffnen und es riskieren, sich auf andere Beziehungen einzulassen, schaffen sie sich damit die Möglichkeit, ihr Selbstbild positiv zu korrigieren. Durch Menschen, die ihnen einen wohlwollenden Spiegel entgegenhalten, können sie sich endlich als liebenswert betrachten und sind nicht mehr auf die negativen Reflexionen angewiesen, mit denen sie im häuslichen Umfeld konfrontiert waren.

Die Stehaufmännchen unter den Krisenkindern beginnen meist

relativ früh, nach diesen positiven Kontakten zu suchen, und finden sie in der Regel auch – so die zehnjährige Iris:

«Ich hatte damals eine ganz liebe Freundin. Da ich in ihrer Familie immer willkommen war, habe ich mich immer mehr dort aufgehalten und auch oft dort übernachtet.»

Etwa drei Jahre später zog Iris um und war gezwungen, die Freundin und deren liebevolles Elternhaus zurückzulassen. Das junge Mädchen begab sich erneut auf die Suche und war wiederum erfolgreich:

«An unserem neuen Wohnort hatte ich sehr schnell Anschluss an eine neue Clique gefunden. Die Jungen waren alle schon etwas älter und bereits in der Ausbildung. Soviel ich konnte, war ich mit ihnen zusammen. Ich erinnere mich sehr gut daran, es war, als führte ich zwei Leben. Zu Hause das unerwünschte Kind, meist traurig, aber wenn ich die Wohnung verließ, erwachte die andere Iris. Dann war ich fröhlich, aufgeschlossen und ausgelassen. Ich fühlte mich in dieser Clique geliebt und verstanden.»

Wieder gelang es Iris, Menschen zu finden, die ihr mit Sympathie und Wohlwollen entgegentraten und ihr so die Möglichkeit gaben, dem verzerrten Bild, das ihr Zuhause bestimmte, ein positives Selbstbild entgegenzusetzen.

Auch Kurt suchte und fand Menschen, die ihm die Möglichkeit eröffneten, sich von einem Teil der häuslichen Schrecken zu befreien:

«Nach einer Weile habe ich mich im Internat eingelebt und einen Freund gefunden … Die Beziehung zu diesem Jungen war ein Geschenk des Himmels … Bei ihm zu Hause habe ich zum ersten Mal gesehen, wie das ist, wenn man Eltern vertrauen kann, es wurde wie eine zweite Familie für mich. Ganz viele Werte und Maßstäbe, an denen ich mich heute orientiere, habe ich dort vorgelebt bekommen und verinnerlicht.»

«Geteiltes Leid ist halbes Leid», weiß der Volksmund, und das Sprichwort stimmt sogar dann, wenn die Stehaufmännchen unter den Krisenkindern ihr Leid mangels eines verständnisvollen Menschen oder zusätzlich einem geliebten Tier anvertrauen. Im harten

Kampf gegen die innere Verlassenheit ist Teilen und Mitteilen eine wirksame Waffe. Wer ein offenes Ohr für seinen Kummer findet und den Mut hat, sich mitzuteilen, fühlt sich meist schon nach den ersten Sätzen erleichtert und getröstet – selbst wenn er in ein Hunde-, Pferde- oder Katzenohr geflüstert hat.

Cecilie: «In meiner näheren Umgebung gab es keine Erwachsenen, denen ich mich hätte anvertrauen können oder wollen. Eine Nenntante vielleicht, aber die kam nur sehr sporadisch und immer nur für kurze Zeit zu Besuch. Sie wohnte weit weg, in Düsseldorf in einem sehr schönen Haus, direkt am Rhein. Zwei- oder dreimal durften wir die Ferien bei ihr verbringen. Ich werde nie vergessen, wie selig wir jeden Morgen waren, wenn wir an den wundervoll gedeckten Frühstückstisch kamen und sie uns mit dem Messer Muster in die Butter auf unseren Broten machte. Es war jedes Mal ein schrecklich tränenreicher Abschied, wenn wir wegfahren mussten.

Zu Hause hatten wir einen großen Hirtenhund, den ich über alles liebte. Pelo musste draußen in seiner Hütte bleiben, auch wenn es stürmte und schneite. Ich fand das entsetzlich und war sicher, der Hund musste genauso einsam sein, wie ich mich fühlte. Mein Zimmer hatte eine Tür zum Garten, und so holte ich Pelo jede Nacht, wenn alles schlief, in mein Zimmer. Wenn das Wetter besonders schlecht war, legte ich eine große Wolldecke über mein Laken und ließ Pelo im Bett schlafen, damit er sich aufwärmen konnte. Das schmale Kinderbett war für uns beide zu klein, deshalb zog ich mir dann einen dicken Pullover und Socken an und legte mich auf den Fußboden. In diesen Nächten erfuhr Pelo alles, was mich als Kind bedrückte und belastete. Er sparte nicht mit feuchten verständnisvollen Küssen, die mich trösteten.»

Psychologen und Psychiater wissen es längst, Tiere können eine große und heilsame Rolle bei seelischen Belastungen und Problemen spielen. Resiliente Kinder ergreifen, so die Möglichkeit besteht, auch diese Chance mit beiden Händen und trösten sich mit Hilfe von Vierbeinern über die emotionalen Defizite hinweg:

Erika: «Meine ganze Liebe und Zuneigung verschenkte ich als

Kind an Tiere. Wir hatten zu meinem Glück immer Katzen. Tiere sind mir heute noch meine ‹Geschwister›, egal, ob Spinne, Elefant oder unser Hund. Es kann nur an meiner Kindheit und Jugend liegen, dass immer zuerst die Tiere meine Zuneigung und Fürsorge erfahren.»

Die emotionale Zuwendung, die Erika selbst als Kind entbehren musste, «verschenkte» sie an ihre Tiere. Ein Paradebeispiel für die These, dass wir alles, was wir anderen Gutes tun, auch ein bisschen uns selbst schenken.

Auch Sabrina fand ein Ventil für ihre Gefühle im Umgang mit einem Tier:

«Sehr geholfen hat mir in dieser Zeit meine kleine Araberstute, die ich in Pflege hatte. Ich habe sehr viel Zeit mit ihr verbracht. … Aus heutiger Sicht denke ich, dass ich mit Sicherheit sehr viel mehr Probleme gehabt hätte, wenn ich dieses Tier nicht gehabt hätte.»

Sabrina geht bis heute so weit zu sagen, dass es das Pferd war, das sie auf dem rechten Weg hielt. Dahinter steckt jedoch ein starkes junges Mädchen, das die Kraft hat, sich in ihrer Verzweiflung der Fürsorge eines Tieres zu widmen, statt vielleicht Drogen zu konsumieren.

Resiliente Kinder beginnen ihre Suche nach der Liebe, die sie zu Hause entbehren müssen, mit der Suche nach Wesen, denen sie sich anschließen oder an die sie sich binden können. Dabei fühlen sie sich instinktiv dahin gezogen, wo ihre kleinen wunden Seelen Trost erhalten können. Mit magnetischer Sicherheit finden Stehaufmännchen Menschen oder Tiere, um ihren Kummer zu lindern.

Tina: «Ich wurde Mitglied einer Mädchenbande – ich wurde geachtet und respektiert. Dadurch fühlte ich mich stark und gewann wieder Selbstvertrauen.» So wie Stehaufmännchen fühlen, wenn im Elternhaus Gefahr im Verzug ist, so fühlen sie auch, wenn ihnen etwas gut tut, und versuchen, in dessen Nähe zu kommen. Diese Krisenkinder lassen sich weder durch die Verletzungen noch durch die Zurückweisungen ihres familiären Umfeldes grundsätzlich irritieren. Sie bewahren sich ein gesundes Bedürfnis nach Zuneigung, Bestätigung und positiven Gefühlen und verstehen es, dieses Bedürfnis zu befriedigen. Sie werden aktiv und suchen außerhalb des Elternhauses nach ebendieser Bestätigung – geleitet von der inneren Gewissheit, dass es irgendwo da draußen reichere Pfründe an emotionaler Zuwendung gibt. Sie suchen so lange, bis sie einen befriedigenden Ausgleich für ihre emotionalen Defizite erkennen. Wenn sie dann endlich gefunden haben, was sie suchen, sind sie ausgesprochen erfindungsreich in ihren Methoden, sich zu etablieren. Mit Engagement und Verve werben sie um den oder die Menschen, von denen sie sich Trost versprechen:

Georg: «In meiner Klasse war ein Mädchen, Isabella, das mir sehr gut gefiel, noch besser allerdings gefiel mir ihr Vater. Isabella war eine von denen, die immer ihre Poesiealben verziert haben wollten und mich mit den kleinen Büchern regelrecht verfolgten. Eines Tages lud sie mich zu sich nach Hause ein, ich musste dafür allerdings versprechen, ihr und ihren Freundinnen ein paar Zeichnungen zu machen. Der Nachmittag verflog, und Isabellas Mutter lud mich ein, zum Abendessen zu bleiben. Sie rief bei meiner Mutter an, und die war so überrumpelt, dass sie ohne weiteres zustimmte. An diesem Abend lernte ich Isabellas Vater kennen. Noch nie hatte sich ein Erwachsener so für mich interessiert, noch nie hatte sich jemand so mit mir beschäftigt wie dieser Mann. Er eroberte mein Herz im Sturm, und ich nahm mir fest vor, das seine ebenfalls zu erobern. Das war gar nicht so schwer. Als Isabella ihrem Vater zeigte, was ich am Nachmittag gezeichnet hatte, lobte er mich überschwänglich, und plötzlich hörte ich mich sagen: Das kann man lernen, wenn Belli will, kann ich ihr das beibringen. Beide Eltern waren begeistert, meine Flamme auch, und ich hatte die offizielle Genehmigung, mindestens zweimal in der Woche dort aufzutauchen. Fast immer durfte ich zum Abendessen bleiben, wo mich der Vater ‹von Mann zu Mann› in die Gespräche einbezog und ich mich zum ersten Mal in meinem Leben so richtig ernst und für voll genommen fühlte.»

Stehaufmännchen beginnen in der Regel dann, aktiv um andere Bindungen zu werben, wenn sie sehr genau erkannt haben, was zu

Hause nicht in Ordnung ist. Die Folge ist, dass sie sich anders fühlen als ihre Eltern und sich nach einer Umgebung umschauen, die ihrem Selbstbild angemessener ist, mit der sie sich besser identifizieren können. Ist diese Umgebung einmal gefunden, bemühen sich resiliente Kinder, immer mehr Zeit dort zu verbringen. Was am Anfang vielleicht als Fluchtmöglichkeit vor akuten familiären Krisen gebraucht wurde, bekommt auf diese Weise zunehmend mehr die Qualität eines Lebensmittelpunktes. Aus der flüchtigen Aufmerksamkeit, die Isabellas Vater Georg schenkte, entwickelte sich eine regelmäßige Beziehung, die nicht zuletzt die Hoffnung implizierte, dass es irgendwo außerhalb der eigenen Familie eine Zukunft mit Menschen gibt, die ihn angemessen sehen und behandeln.

Diese freiwillig gewählte Umgebung spendet Trost, gibt das Selbstvertrauen und die Sicherheit, die Krisenkinder zu Hause nicht erhalten. Im Laufe der Zeit resultiert dann in der Regel aus der physischen Distanz zum Elternhaus ein wachsender emotionaler Abstand, der das Maß der Verletzlichkeit deutlich reduziert.

Dennoch bleiben auch resiliente Kinder verwundbar, und zwar gerade auf dem Gebiet ihrer zwischenmenschlichen Beziehungen. Als Kinder haben sie jeden Tag die häuslichen Probleme erleben müssen. Streit, Feindseligkeiten, böses Schweigen, Traurigkeit und Einsamkeit. Hervorragend darin ausgebildet, wie man einander verletzen kann, wünschen und verdienen Stehaufmännchen nichts so sehr wie aufrichtige Beziehungen und wahrhaftige Zuneigung. Ungeachtet aller schlechten Erfahrungen glauben sie daran, dass Bindungen an andere möglich sind und sicher sein können. Gleichzeitig wissen sie natürlich nur zu gut um die dunkle Wahrheit, dass Beziehungen sehr leicht zerbrechen und kaputtgehen und das Gegenteil einer Quelle von Trost und Sicherheit sein können.

Sie haben früh lernen müssen, dass Bindungen, die sicher und verlässlich sein sollten, das Gegenteil waren, und sich fest vorgenommen, anders zu leben. Die Beobachtungen aus ihrer Kindheit sitzen tief in ihren Herzen, die Regeln, nach denen sie ihr Leben gestalten wollen, sollen sich deutlich von denen ihrer Eltern unterscheiden.

Die Folge aus diesen Kindheitserfahrungen ist meist, dass die Beziehungen im Erwachsenenleben besonders genau überprüft werden. Resiliente Menschen suchen sich sehr sorgfältig aus, wen sie nah an sich heranlassen. Sie bemühen sich in der Regel um ihre Freundschaften, pflegen sie und stabilisieren ihre engen Beziehungen oft durch liebevolle Rituale. Im Bestreben, die zerstörerischen Mechanismen der Vergangenheit zu vermeiden, gelingt es resilienten Erwachsenen oft, Partner aus stabilen, gesunden Familien zu finden. Häufig heiraten sie diese Familien gleich mit, machen Ferien mit den Schwiegereltern und halten aktiv überdurchschnittlich engen Kontakt zu der Familie des Partners. Auf diese Weise gelingt es ihnen, die gestörten Familienstrukturen ihrer Kindheit durch gesunde Bindungen zu ersetzen.

Die gleiche Funktion können natürlich auch Freunde und Freundinnen einnehmen, in deren Nähe und Familien sich Menschen mit schwieriger Kindheit geborgen und wohl fühlen.

Allen Bemühungen und dem guten Willen zum Trotz lauern jedoch manchmal Schwierigkeiten und Gefahren beim Aufbau gesunder Beziehungen. Menschen, die als Kinder etwa vernachlässigt oder mit Kälte und Ablehnung behandelt wurden, haben oft das Bedürfnis, die eigenen Batterien gewissermaßen aufzuladen, indem sie sich um andere kümmern – manchmal zu sehr! Wie Händler auf einem Bazar bieten sie die Aufmerksamkeit und Fürsorge feil, die sie sich als Kinder so sehr gewünscht und nie erhalten haben:

- Sie hören endlos zu, wenn Freunde Probleme haben.
- Sie sind immer bei den freiwilligen Helfern, auf die jede Gemeinde angewiesen ist.
- Sie waschen nachts noch die Wäsche und machen die Steuererklärung, während der Partner selig schläft.
- Im Beruf machen sie nicht nur ihre eigene Arbeit, sondern greifen stets auch den Kollegen unter die Arme.
- Sie sind zu jedem Opfer bereit, um ihren Kindern eine psychologisch perfekte Umgebung zu schaffen.

Resiliente Menschen, die unter dem «Endlos-geben-und-sich-um-alles-kümmern-Syndrom» leiden, müssen nicht weit in sich gehen, um festzustellen, dass sie sich damit eine Falle stellen, wenn nicht Eigentore schießen. Unerschöpfliche emotionale Großzügigkeit erschöpft schließlich den Geber und führt dazu, dass die Mitmenschen sich geradezu überschwemmt und verschlungen fühlen.

Wer das an sich bemerkt und erkannt hat, wird sich schon aus Selbstschutz darum bemühen, die Taktik zu ändern. Felix, der durch den frühen Tod seiner Mutter und die Depressionen seines Vaters sehr jung große Verantwortung zu tragen hatte, erinnert sich: «Zunächst war es so, dass die Entwicklungen zu Hause mir ja gar keine andere Wahl ließen, als mich zu kümmern. Wenn es meinem Vater schlecht ging, fiel er aus, und die Kleinen konnten nicht leisten, was da zu leisten war. Später allerdings pappte dieser Aspekt meiner Kindheit und Jugend wie mit Pattex geklebt an mir. Ich brauchte nur zu riechen, dass jemand Hilfe brauchen könnte, und stand auf der Matte. Und zwar in jedem Bereich, ob das nächtliche Telefonate bis in den Morgen waren, weil jemand Liebeskummer hatte oder ob irgendwo eine Wohnung renoviert werden musste, ich war immer zur Stelle. Heute muss ich sagen, dass ich mir über diese Aktionen ganz sicher einen Teil dessen zurückgeholt habe, was mir als Kind fehlte. Das wurde mir aber erst in der Zeit meines Referendariats bewusst. Damals hatte ich es mit einer achten Klasse zu tun, sehr nette Kinder, teilweise schon mitten in der Pubertät. Ich wollte eben nicht nur der Lehrer sein, ich wollte auch Ansprechpartner für Probleme sein. Das wurde ich dann allerdings in einem Ausmaß, dass meine damalige Freundin in regelmäßigen Abständen die Wut bekam. Mein Engagement führte zu mehreren ernsthaften Krisen, bis sie mich schließlich verließ. Das war ein schwerer, aber vermutlich heilsamer Schock. Heute habe ich gelernt, mich abzugrenzen. Ich bin immer noch Ansprechpartner für die, die das möchten, aber es geht nicht mehr auf Kosten meines Privatlebens. Das weiß ich heute gut zu schützen.»

Wenn Sie feststellen, dass Geben und Kümmern bei Ihnen eine Form angenommen haben, die weit über das normale Maß hinausgeht, ist das ein Zustand, den Sie in Ihrem eigenen Interesse verändern sollten. Dazu bedarf es als Erstes einer genauen Überprüfung:

> Tun Sie das, was Sie für andere tun, wirklich für die anderen, oder tun Sie es, um sich selbst das zu geben, was Ihnen in der Kindheit gefehlt hat?
> Werden Sie eher von anderen um Rat oder Hilfe gebeten, oder drängen Sie Ihren Rat und Ihre Hilfe bisweilen auf?
> Fühlen Sie sich manchmal ausgenutzt von anderen Menschen?
> Haben Sie das Gefühl, dass Ihre Freunde und Bekannten Ihnen zurückgeben, was sie von Ihnen bekommen?

Ihre Antworten zeigen Ihnen, ob es richtig für Sie ist, wenn alles so bleibt, wie es ist, oder ob es Ihnen besser geht, wenn Sie sich ein wenig mehr um sich selbst statt um andere Menschen kümmern.

Die Kehrseite der eben beschriebenen Medaille ist das genau gegenteilige Verhalten. Ein Teil der Menschen, die in der Kindheit nicht genug Zuwendung und Zärtlichkeit erhalten haben, leidet so sehr unter dieser Vergangenheit, dass sie sich mit Beziehungen zu anderen Menschen schwer tun, weil sie das Gefühl haben, nicht geben zu können, was sie nie bekommen haben.

Tina: «Noch heute bin ich vorsichtig, was das Thema Familie betrifft. Ich möchte keine Familie mehr haben, meide Familien von Freunden. Ich bin tatsächlich neidisch, wenn es harmonisch zugeht …»

- Sie möchten die verlorene Kindheit zurückholen und wollen, dass man sich um sie kümmert, und können sich nicht vorstellen, jemals selbst Kinder großzuziehen.
- Voller ängstlicher Aufmerksamkeit, dass sich bestimmte Mechanismen fluchtartig wiederholen, beobachten sie voller Sorge jede Schwäche ihrer Kinder.
- Sie verwechseln gesunde Bindung mit Abhängigkeit, Hilflosigkeit und Kontrollverlust und bauen Mauern, um Freunde und Partner nicht an ihr Innerstes heranlassen zu müssen.
- Sie fühlen sich schnell vernachlässigt und zurückgewiesen, wer-

den leicht zornig und haben große Schwierigkeiten, Enttäuschungen zu verkraften oder Fehler zu verzeihen.
- Wachsam gegen jede Art von Missbrauch, haben sie ständig Angst, zu kurz zu kommen, und achten penibel darauf, dass sie immer den ihnen zustehenden Anteil in voller Höhe bekommen.

Als Barbara merkte, «dass ich mit vielen Dingen einfach nicht normal umgehen konnte, verkrampft versuchte, mich in meiner Beziehung zu Klaus für das zu entschädigen, was zu Hause gefehlt hatte, und ihn dabei mit Argusaugen unter Kontrolle zu halten versuchte, habe ich eine Therapie angefangen».

Menschen wie Barbara wissen nur zu genau um den Schmerz, den andere und auch sie selbst verursachen können. Ihre Einsicht und Reflexion äußern sich unter anderem darin, dass sie sich bemühen, gegen die Bitterkeit und den Zynismus, auf die sie jedes Recht dieser Erde haben, anzugehen. Dass sie nicht aufgeben, einen Weg zu finden, der es ihnen allen Erfahrungen zum Trotz möglich macht, an Liebe und funktionierende Nähe zu glauben. Immer wieder aufs Neue versuchen sie das Gleichgewicht zwischen Geben und Nehmen, zwischen Investition und Anspruch herzustellen. All das ist im Bewusstsein der eigenen Bindungsfähigkeit um einiges leichter zu leisten.

Wir befinden uns jetzt an dem Punkt, an dem Sie mit Hilfe der folgenden Fragen bezüglich Ihrer Beziehungen und Bindungen neue Schwerpunkte in der Erinnerung an Ihre Vergangenheit setzen können.

Wieder möchte ich Sie bitten, sich an prägende Verhaltensmuster zu erinnern, an Streit, Schweigen und Feindseligkeiten. Versuchen Sie jedoch bitte auch hier, nicht Ihren Schmerz und Ihr Unwohlbefinden in den Vordergrund zu stellen, sondern rekapitulieren Sie die Momente, in denen Sie aktiv geworden sind, um sich Trost, Zuspruch und emotionale Zuwendung zu suchen.

Kindheit:

- Haben Sie sich bemüht, positive Aufmerksamkeit von Ihren Eltern zu bekommen?
- Haben Sie außerdem nach positiver Aufmerksamkeit von anderen Erwachsenen gesucht, die zu Besuch kamen oder nicht weit entfernt wohnten?
- Waren Sie ein offenes, zutrauliches Kind, das keine Scheu hatte, auf andere zuzugehen?
- Hatten Sie ein Haustier?

Jugend:

- Haben Sie Ihre Fühler aktiv nach Menschen ausgestreckt, die als Ersatz für Familienmitglieder dienen konnten?
- Wenn Sie einen solchen Menschen gefunden hatten, konnten Sie dann leicht Kontakt zu ihm aufnehmen?
- Konnten Sie Beziehungen pflegen, wenn sie einmal begonnen hatten?
- Halfen diese Beziehungen Ihnen, mit familiärem Schmerz oder Enttäuschungen leichter fertig zu werden?
- Hatten Sie ein besonders inniges Verhältnis zu einem Tier?
- Konnte der Umgang mit diesem Tier Ihnen Trost und Erleichterung verschaffen?

Erwachsenenalter:

- Wissen Sie Ihre heutigen Beziehungen zu schätzen und nehmen Sie sie als einen Ausgleich für die gesunde Familie, die Sie nie hatten?
- Wählen Sie Ihre Freunde und Partner sorgfältig aus?
- Spielt bei Ihrer Wahl eine Rolle, dass Sie wissen, was Sie benötigen, um sich längerfristig auf andere Menschen einzulassen?
- Ist Ihnen bewusst, dass immer wieder Belastungen aus Ihrer Vergangenheit auftauchen können, die Ihre zwischenmenschlichen Beziehungen eventuell verkomplizieren?

Eigenantrieb und Selbständigkeit
Das Glück ist mit den Tüchtigen

Krisenkinder, die mehr oder weniger tagein, tagaus in einer belastenden Umgebung leben müssen, sind dem destruktiven, unberechenbaren Verhalten ihrer Eltern zunächst vollkommen ausgeliefert. Der Säugling kann, außer laut zu schreien, wenig dagegen unternehmen, wenn die Mutter zu betrunken ist, um daran zu denken, dass er längst gefüttert und versorgt werden müsste. Doch viel eher, als Sie vielleicht denken, sind bereits kleine Kinder in der Lage, für sich eine gewisse Ordnung in die vermeintliche Unberechenbarkeit der familiären Verhältnisse zu bringen.

In unserem Zusammenhang verstehen wir unter Eigenantrieb und Selbständigkeit die Fähigkeit, die eigenen Rechte zu behaupten und durchzusetzen und damit Schritt für Schritt Umfeld und Situationen meistern zu lernen.

Die Stehaufmännchen unter den Krisenkindern gewinnen langfristig an Stabilität und innerer Sicherheit, indem sie sich außerhalb ihrer gestörten Familien Lebensbereiche schaffen, die sie selbst kontrollieren können. Mit diesen Lebensbereichen, in denen sie bestimmen, wo es langzugehen hat, bauen sie Kompetenz und ein gewisses Machtbewusstsein auf. Dieses wiederum führt zu Selbstbewusstsein und gesteigertem Selbstwertgefühl.

Die ersten Anzeichen dieses Eigenantriebs zeigen bereits die kleinsten Stehaufmännchen unter den Krisenkindern.

Statt sich den Unberechenbarkeiten ihrer Familien wehrlos auszuliefern, folgen sie ihrer kindlichen Neugierde. Schubladen werden durchstöbert, verbotene Briefe mühsam zusammenbuchstabiert. Auf diese Weise sammeln resiliente Kinder «Beweise» für ihre Vermutungen, dass um sie herum irgendetwas nicht in Ordnung ist.

Cecilie: «Ich konnte bereits mit fünf Jahren lesen und schreiben. Wenn meine Eltern außer Reichweite waren, habe ich sowohl die Schubladen als auch die Schreibtische selbst und sogar die Papierkörbe durchstöbert. Als Erstes lernte ich die Handschrift meines Vaters zu entziffern, der schon damals Briefe und Zettel schrieb, auf denen er meine Mutter bat, ihren Alkoholkonsum einzuschränken. Später habe ich dann die Flaschenverstecke gesucht. Schränke durchforstet und Toilettenspülungen auseinander genommen – überall war Alkohol versteckt. Wenn ich etwas gefunden hatte, beruhigte mich das auf der einen Seite, weil ich sah, dass ich mit meinem Gespür Recht hatte; gleichzeitig verunsicherten mich diese Funde aber sehr, denn ich traute mich natürlich nicht, den Inhalt der Flaschen einfach wegzuschütten, und war gezwungen, mit anzusehen, wie sie Zug um Zug geleert wurden.»

Lange bevor sie es formulieren können, hegen selbständige Stehaufmännchen mit Eigenantrieb tief in sich die Ahnung, dass sie ihr Leben gestalten und beeinflussen können. Zuerst spüren sie es, dann werden die Gefühle zur Gewissheit: Wenn sie ihre Zukunft selbst in die Hand nehmen, werden sie den schmerzlichen Erfahrungen nicht mehr in gleicher Weise ausgeliefert sein. Neugierig erforschen sie die Umgebung, tun dabei durchaus von den Eltern verbotene Dinge und scheuen, wo es sein muss, auch vor Lügen nicht zurück. In einer häuslichen Welt, die sie oft genug mit emotionalen Achterbahnfahrten und schier unlösbaren Aufgaben konfrontiert, heiligt der Zweck jedes Mittel. In diesem Bewusstsein der eigenen Möglichkeiten halten sie aus, ohne zu zerbrechen.

Auch Felix erinnert sich, dass es immer Aktivität und nie Passivität war, die ihm in schwierigen Situationen half: «Es hat keinen Sinn zu glauben, dass man sich still in ein Eckchen setzen kann, und dann wird irgendwann alles gut. Ob es wirklich alles gut wird, ist ohnehin die Frage, aber man kann einiges tun, damit es zumindest besser wird. Ich erinnere mich an einen Tag, an dem ich sogar etwas völlig Verbotenes tat, um für meine Geschwister den Zustand vermeintlicher Normalität eintreten zu lassen. Meinem Vater ging es schon die ganze Woche sehr schlecht. Er lag bei heruntergelassenen Jalousien in seinem Bett, aß fast nichts und sprach kaum ein Wort. Im Ort war Kirmes, und wir wollten gerne dort hingehen. Ohne Erwachsenen war das ausgeschlossen, und mein Vater, das war klar, würde nicht in der Lage sein, uns zu begleiten. Trotz seiner Apathie brachte er die Kraft auf, den Kirmesbesuch sogar zu verbieten. Meine Brüder waren furchtbar enttäuscht.

Ich ging zu den Eltern eines Klassenkameraden und sagte, mein Vater wäre krank und könnte nicht mit uns gehen und ob sie meine Brüder vielleicht mitnehmen könnten. Die Mutter war sehr nett und sofort bereit. Dann ging ich zurück nach Hause, wartete, bis mein Vater schlief, und schlich mich zu seiner Brieftasche, um das notwendige Geld herauszunehmen. Ich ging oft an seine Brieftasche, um Geld zu nehmen, aber das war dann für Einkäufe und erlaubt. Diesmal war es etwas anderes. Ich wusste das ganz genau, aber ich wollte, dass es zumindest nach außen so aussah, als wären wir eine normale Familie, und irgendwie machte sich das an diesem Kirmesbesuch fest. Ich blieb zu Hause, um meine Brüder decken zu können, falls mein Vater aus seinem Zimmer kam und fragte, wo sie wären. Er kam aber nicht heraus, und dass ich ihm damals Geld gestohlen und ihn belogen habe, weiß er bis heute nicht.»

«Das Glück ist mit den Tüchtigen», heißt es, und als ob sie sich dieses Motto zu Eigen gemacht hätten, legen viele Stehaufmännchen hohe Maßstäbe an sich selbst. Gestellte Aufgaben zu lösen, sich zu messen und auf hohem Niveau zu beweisen, verschafft ihnen das Gefühl, aller häuslichen Probleme zum Trotz stark und unbesiegbar zu sein.

Tina: «Die Tatsache, immer neue, schwierige Herausforderungen in Angriff zu nehmen, hat mich stärker und sicherer fühlen lassen und gab mir zunehmend mehr Selbstbewusstsein und Stabilität.» Nicht selten führt die eigene Messlatte zu einem Perfektionismus, mit dem sich die Umwelt nicht immer leicht tut. Dieser Perfektionismus hilft jedoch den Stehaufmännchen, ihr Selbstwertgefühl zu steigern. Wer etwas gut, besser oder gar so gut wie nur irgend möglich erledigt hat, kann mit sich zufrieden sein und schützt sich mit diesem Gefühl gegen Anfechtungen.

Georg: «Wenn ich einen Auftrag annehme, achte ich penibel darauf, dass er fachgerecht und wirklich nach allen Regeln der Kunst ausgeführt wird. Meine Familie hält mir öfters vor, dass ich zu perfektionistisch bin, aber ich bin mit diesem Perfektionismus ein Leben lang gut gefahren.»

Eigenantrieb und Selbständigkeit führen unter anderem sehr oft zu außergewöhnlich guten schulischen Leistungen. Wenn nicht dort, glänzen viele Stehaufmännchen später meist mit überdurchschnittlichen Ergebnissen auf den Fachgebieten, die sie sich für Ausbildung und Beruf ausgesucht haben. Wie Astrid, die trotz ihrer enormen psychischen Belastung zwei Ausbildungen abgeschlossen hat, auf die sie sehr stolz ist, oder Petra, die von sich sagt: «Ich habe ein sehr gutes Abitur gemacht und lege auch jetzt großen Wert darauf, immer unter den Ersten zu sein. Es befriedigt mich, gute Ergebnisse zu erzielen, auch wenn ich dafür viel tun muss.»

Georg, Astrid und Petra gehören zu den Stehaufmännchen, die dank ihres Eigenantriebs einen Teil ihres beschädigten Selbstwertgefühls durch gute Leistungen wieder zu reparieren verstehen, doch kann diese Fähigkeit sich auf verschiedene Weise manifestieren.

Krisenkinder mit der Gabe, Eigeninitiative zu gerieren und Schritt für Schritt ihre Selbständigkeit auszubauen, behandeln viele ihrer familiären Probleme wie Hürden, die ihnen in den Lebensweg gestellt werden. Mit ihren aushäusigen Aktivitäten können sie zwar die Schwierigkeiten innerhalb der Familie nicht überwinden, aber sie haben ihnen etwas entgegenzusetzen.

Barbara: «Ich war schon als junges Mädchen eine begeisterte Tänzerin. Wenn ich irgendwo Musik hörte, wippten meine Füße unwillkürlich mit, bewegten sich meine Beine wie von selbst. Als ich 15 war, gingen alle meine Freundinnen und Klassenkameradinnen in die Tanzschule. Mein Vater verbot mir, einen Tanzkurs zu machen. Er fand es spießig und überflüssig. Ich war todunglücklich, denn der Tanzkurs war teuer, und wenn meine Eltern ihn nicht bezahlten, wo sollte das Geld herkommen. Nächtelang wälzte ich das Problem völlig ergebnislos, dann hatte ich den rettenden Gedanken. Ich war in einigen Fächern ganz gut in der Schule, so zum Beispiel in Latein und Englisch, was manchen meiner Mitschülerinnen schwer fiel. Ich bot also an, für eine gewisse Zeit gegen Geld deren Hausaufgaben zu machen, das Konzept ging auf. Ich habe meine Tanzstunde mit dem Taschengeld meiner Freundinnen finanziert. Zu Hause habe ich gesagt, dass ich lernen gehe, und bis zum Abschlussball kam es nicht heraus. Der war allerdings eine der Gelegenheiten, wo ich aus dem Fenster abgehauen und dann im Keller gelandet bin. Aber das war's mir alle Mal wert!»

Geld verdienen, Freiheiten und Anerkennung bekommen, so verhindern selbständige Krisenkinder mit Eigenantrieb, dass sie sich im Netz der häuslichen Belastungen auf Lebzeit verheddern.

Stefan: «Ich habe mir, so früh ich konnte, Jobs gesucht, mit denen ich erstens ein bisschen Geld verdienen konnte. Aber heute denke ich, das war nicht der Hauptnutzen. Wichtiger als das Geld war die Selbstbestätigung, die ich da bekam. Das hat mich ungeheuer aufgebaut.»

Stehaufmännchen entwickeln oft schon in jungen Jahren ein Gespür für die Inkompetenz ihrer Familie. Wo Mütter und Väter immer wieder versagen, wächst für die Kinder mit jedem Tag die Erkenntnis, dass sie es sind, die etwas ändern müssen, wenn etwas geändert werden soll. Und wenn ihnen dann etwas gelingt, so wie Felix der Kirmesbesuch seiner Brüder, wird das Erreichen des Zieles als große Belohnung empfunden. Felix konnte sich in seinem Erfolg und der Dankbarkeit seiner Brüder spiegeln und «hatte bei allem schlechten Gewissen wegen des Geldes das glasklare Gefühl, den depressiven Schüben unseres Vaters nicht für immer ausgeliefert zu sein».

Ein ähnliches Gefühl beschreibt Nathan, nachdem er die «erste Feuerprobe bestanden hatte. Meine Mutter war erwachsen, ich war Kind. Sie sollte für uns sorgen und übertrug diese Aufgabe auf mich – und ich war ihr gewachsen. Ich schaffte, was sie von mir verlangte. Das linderte das Gefühl von Angst und Ohnmacht ganz erheblich.»

Stehaufmännchen heilen ihre Wunden Stückchen für Stückchen, indem sie ihre Ziele erreichen und sich ihren oft schwierigen Lebensaufgaben gewachsen zeigen. Selbstheilung, indem wir Initiative und Selbständigkeit und damit Kompetenz beweisen.

Wie die kleine Erika, die ein ganzes Wochenende mit dem ehemaligen Freund ihrer Mutter in dessen Taxi durch Hamburg fuhr, nur um die gescheiterte Beziehung der Mutter nicht bei den Großeltern verraten zu müssen. Sie erreichte ihr Ziel, indem sie ihre Ängste vor der großen, fremden Stadt überwand und einen Weg fand, für sich selbst Schutz zu suchen.

Stehaufmännchen haben einen ganz eigenen Ansatz, mit ihren Problemen umzugehen, und dieser Ansatz ermöglicht es ihnen, aus Situationen, die sie eigentlich zu Verlierern hätten machen müssen, als Sieger hervorzugehen. Zu diesem Zweck

- lernen sie, die Lücken zu füllen, die ihre Eltern hinterlassen,
- lernen sie, sich nach außen zu orientieren und die entsprechenden Herausforderungen anzunehmen,
- lernen sie, Fähigkeiten zu entwickeln, auf die sie sich ein Leben lang verlassen können,
- lernen sie, ihr Selbstbewusstsein aus sich heraus zu stärken,
- lernen sie, dass es auch in jungen Jahren bereits in ihrer Macht liegt, Ereignisse zu beeinflussen.

Selbständige Stehaufmännchen, die mit großen Herausforderungen konfrontiert werden, reagieren normalerweise nicht mit Hilflosigkeit, sondern versuchen, das Problem zu lösen. Auch wenn die ersten Bemühungen scheitern, werden diese Krisenkinder keineswegs aufgeben, sondern ihre Anstrengungen eher verstärken. Sie werden Fehler auch nicht auf die eigene Unfähigkeit zurückführen, sondern nach ihren Fertigkeiten suchen, diese Fehler in Zukunft zu vermeiden. Häufig brauchen sie dafür wie Tina nicht einmal die Unterstützung anderer Menschen, denn sie haben früh lernen müssen, sich lieber auf sich selbst zu verlassen als auf Erwachsene, von denen sie oft genug enttäuscht wurden. Tina: «Positive Erfahrungen habe ich eigentlich nur durch mich allein gesammelt, da ich ja anderen Menschen gegenüber oft misstrauisch bin. Ich habe gemerkt, was ich mir selbst bedeute und was ich mir wert bin.»

So erklimmen sie angetrieben von Neugierde und Selbstbewusstsein die Berge, die sich in Gestalt von Problemen vor ihnen auftürmen, und bezwingen sie.

Stellen Sie sich vor, Sie sind ein Kind und sitzen in Ihrem Zimmer auf dem Fußboden. Jemand hat Ihnen einen Haufen Bauklötze gegeben, aus dem Sie einen hohen Turm bauen. Immer wenn Sie so weit sind, es beinahe geschafft zu haben, kommt eine Person aus Ihrer Familie und zerstört das bevorstehende Resultat Ihrer Bemühungen.

Wenn Sie sich davon nicht entmutigen lassen und in der Gewissheit, irgendwann zum Ziel zu gelangen, immer wieder von vorne anfangen, dann sind Sie ein selbständiger Mensch mit Eigenantrieb – ein Stehaufmännchen.

In Ihnen steckt eine wunderbare Eigenschaft, wenn es um die Schwierigkeiten in Ihrer Familie geht: Sie hatten schon als Kind die Gabe, sich nicht damit aufzuhalten, hinter den tagtäglichen Problemen nach den Ursachen zu suchen, die Sie ohnehin nicht hätten ändern können. Stattdessen investierten Sie Ihre Energie und Kraft in das konstruktive Management der familiären Schwierigkeiten. Wie Nathan, der heute von sich sagt: «Ganz sicher kann ich von mir behaupten, dass ich mich um meine Geschwister besser gekümmert habe, als meine Mutter jemals dazu in der Lage gewesen wäre. Dass ich dabei zu früh erwachsen werden musste, lässt sich heute nicht mehr ändern. Man kann es sich nicht immer aussuchen.»

Resiliente Menschen mit der Veranlagung zu starkem Eigenantrieb und Selbständigkeit können gar nicht anders, als nach Lösungen für ihre Lebensprobleme zu suchen. Auf ihrem Weg dahin gehen sie über Zufallsexperimente, die entweder zufrieden stellend oder im Nichts enden können, über die Planung und später Organisation und Aktivierung ihrer größtmöglichen Fähigkeiten, mit dem entsprechenden Problem umzugehen.

Diese Eigenschaft hat sehr oft eine andere im Gepäck. Stehaufmännchen, die einmal den Erfolg eines gelösten Problems oder einer erfolgreich gemanagten Situation «geschnuppert» haben, gieren förmlich nach mehr. Magisch angezogen vom Pläneschmieden, Handeln und Karren-wieder-aus-dem-Dreck-Ziehen, recken sie sich bis in den Himmel, erreichen meist viel und werden oft zum

Vorbild für andere. Da ihr Leben ohnehin nicht einfach ist, sind sie risikofreudig, wenn es um neue Situationen und ihre Bewältigung geht. Daraus resultiert eine relativ hohe Toleranzschwelle bezüglich Frustrationen.

Wer seit frühester Kindheit gewöhnt ist, gedemütigt, gepeinigt oder verletzt zu werden, hält als Erwachsener eine Menge aus – vorausgesetzt, er macht sich bewusst, was er bis heute schon alles bewältigt hat.

Diese Krisenkinder behandeln Kummer und Schmerz nicht als ein Schicksal, über das es ein Leben lang zu lamentieren gilt, sondern als Probleme, die zu lösen sind. Viele resiliente Menschen, die sich früher auch bisweilen hilflos gefühlt haben, ziehen als Erwachsene eine große Kraft und Befriedigung aus Aufgaben, die sie erfüllen, Projekten, die sie initiieren und dann erfolgreich betreuen, Berufen, die sie mit Ehrgeiz und zu ihrer Zufriedenheit ausüben. So auch Will, der in seiner Studienzeit an einer ganzen Reihe von Gruppeninitiativen teilgenommen hat und heute darüber nachdenkt, eine Selbsthilfegruppe für Menschen mit schwieriger Kindheit zu gründen.

Bevor ich zum nächsten Punkt komme, möchte ich Sie bitten, sich auf die Suche nach Ihrem Eigenantrieb und Ihrer Selbständigkeit zu begeben. Bitte versuchen Sie, sich Gelegenheiten in Ihr Gedächtnis zu rufen, anlässlich deren Sie sich hilflos und ausgeliefert fühlten.

Legen Sie bitte den Schwerpunkt Ihrer Erinnerung auf Ihr Verhalten und rekapitulieren Sie möglichst genau: Was haben Sie seinerzeit getan, um die Situation zu bewältigen? Welche Versuche, sich und Ihre Interessen durchzusetzen, haben Sie unternommen? Mit anderen Worten, lenken Sie die Perspektive weniger auf den Schmerz als auf Ihr resilientes Verhalten. Als Anhaltspunkte für die Rekapitulation mögen Ihnen die folgenden Fragen dienen:

Kindheit:

> Waren Sie neugierig und haben Sie konstruktive Aktivitäten außerhalb der elterlichen Sphäre gesucht?

- Haben Sie Freude an kreativen Experimenten – technische Baukästen, Stoff, Farben, Wolle etc. – gehabt?
- Haben Sie sich erfolgreich um Ihre eigenen Bedürfnisse kümmern können und diese Aufgabe vielleicht sogar noch für Geschwister erfüllt?
- Können Sie sich erinnern, dass Sie sich bereits als Kind wie jemand empfunden haben, der Dinge geregelt bekommt?

Jugend:
- Haben Sie sich um einen bezahlten Job oder freiwillige Aktivitäten gekümmert und sich auf diese Weise regelmäßig die Möglichkeit verschafft, Haus oder Wohnung zu verlassen?
- Können Sie auf gute schulische Leistungen zurückblicken?
- Hatten Sie Hobbys oder andere Aktivitäten, die Sie engagiert und ernsthaft betrieben haben?
- Wenn Sie mit Problemen konfrontiert wurden, war das ein Anlass für Frustration und Rückzug, oder weckte es eher Ihren Ehrgeiz, die Schwierigkeiten zu meistern?

Erwachsenenalter:
- Würden Sie sich selbst als politisch oder sozial engagiert bezeichnen?
- Nehmen Sie an Aktivitäten teil, die positive gesellschaftliche Veränderungen zum Ziel haben?
- Welche Rolle spielt berufliches Fortkommen in Ihrem Leben? Ist es eine Randerscheinung oder der dominierende Aspekt in Ihrem Arbeitsleben?
- Würden Sie sich als Führungspersönlichkeit bezeichnen?
- Gelingt es Ihnen, zwischen Ihren persönlichen Bedürfnissen und den Projekten, für die Sie sich engagieren, ein gesundes Gleichgewicht zu stabilisieren?

Kraft, Entschlossenheit und Verantwortungsbewusstsein

Es gibt nichts Gutes – außer Sie tun es

Auch wenn Sie sich als Kind oft schwach und hilflos gefühlt haben, werden Sie heute wissen, dass in Ihnen verschiedene Stärken stecken. Eine dieser Stärken ist die Voraussetzung dafür, dass Sie seit jeher in der Lage sind und waren, Problemen entschlossen und verantwortungsbewusst zu begegnen.

Stellen Sie sich ein kleines Mädchen vor, das in einem liebevollen, aber sehr armen Elternhaus aufwächst. Das kleine Mädchen muss zur Schule gehen wie alle anderen Kinder, es muss aber auch jeden Nachmittag arbeiten gehen, damit es etwas Geld verdient, das es dann zu Hause abgibt.

Das ist selbstverständlich eine große Belastung, die viel Kraft kostet, denn für einen kindlichen Alltag, so wie ihn Experten heute für die gesunde Entwicklung eines Kindes für förderlich halten, bleibt damit wenig Zeit.

Jetzt stellen Sie sich bitte einen kleinen Jungen vor, der mit seinem Vater und zwei jüngeren Geschwistern alleine lebt. Der Vater ist krank und kann deshalb nicht das Maß an Verantwortung für seine Kinder übernehmen, das er eigentlich tragen müsste. Unser kleiner Junge fühlt sich als ältester Sohn dafür zuständig, diese Lücke zu füllen, und übernimmt sukzessive die Verantwortung für die beiden anderen Kinder. Er sorgt dafür, dass sie ihre Taschen für die Schule ordentlich packen, dass sie nicht ohne Frühstück aus dem Haus gehen, dass sie immer sauber gekleidet sind und dass sie ihre Hausaufgaben machen. Auch hier bleibt kaum Zeit für einen kindlich adäquaten Alltag, aber die Kraft, die der kleine Junge benötigt, um seine Verpflichtungen zu erfüllen, hat eine andere Qualität als die, die das kleine Mädchen aus dem ersten Beispiel aufbringen muss. Beide Kinder verfügen allerdings über ein Kraftpotenzial, das durch die gestellten Aufgaben wächst, so wie Muskeln wachsen, wenn sie regelmäßig trainiert werden.

In jedem Menschen ist ein bestimmtes Maß an innerer Kraft angelegt. Wie und ob diese Stärke genutzt wird, ob sie brachliegt oder als Basis für Entwicklungen dient, hängt vom jeweiligen Lebensweg und den damit verbundenen Aufgaben ab.

Mit den gestellten Anforderungen ist auch verknüpft, wo die Schwerpunkte des jeweiligen Kraftreservoirs liegen. Auf dieser Basis reift zunächst unbewusst und mit steigendem Alter immer bewusster eine Entschlossenheit, die gestellten Lebensaufgaben anzugehen und zu meistern.

Nathan: «Ganz am Anfang habe ich Begriffe wie Entschlossenheit oder Verantwortungsbewusstein nicht im Zusammenhang mit mir gesehen, aber selbstverständlich waren das Schlüsselbegriffe für meine Kindheit. Ob es in mir angelegt ist oder ich einfach so werden musste, weil ich für meine jüngeren Schwestern sorgen musste, spielt dabei keine Rolle.»

Die Stehaufmännchen unter den Krisenkindern beginnen meist schon sehr früh, darüber nachzudenken, wie sie ihre Verpflichtungen erfüllen und deren Erfüllung vielleicht optimieren können. Sie zeigen eine Entschlossenheit, die sich unter anderem darin äußert, dass sie ihre kindlichen Prioritäten ganz bewusst verschieben. Sie haben sehr oft Verpflichtungen und Aufgaben, die vor allem bezüglich der zu tragenden Verantwortungen nicht altersgemäß sind. Um diesen gerecht zu werden, verzichten viele Stehaufmännchen auf Ablenkungen oder Vergnügen. Statt mit Freunden zu spielen, kümmern sie sich um den Haushalt, statt vor dem Fernseher zu sitzen, holen sie die kleinere Schwester oder den jüngeren Bruder vom Kindergarten ab. Je öfter sie diese Verpflichtungen übernommen und mit Erfolg bewältigt haben, umso selbstverständlicher wird im Familienverbund angenommen, dass sie es auch in Zukunft tun werden. Die Stehaufmännchen spüren das natürlich und entwickeln zwangsläufig das Gefühl, die Verantwortung dafür zu tragen, dass gewisse Dinge in einer gewissen Weise erledigt werden.

Cecilie: «Ich wusste, dass es eines Tages besser werden würde, und habe ganz bewusst versucht, die Zeit bis dahin so gut wie möglich zu überstehen. Das ging aber nur, wenn ich alles einigermaßen unter Kontrolle behielt. Deswegen habe ich die ganzen Aufgaben im Haushalt gerne übernommen, dann wusste ich wenigstens, dass es gemacht war.»

Wer bereit ist, die Verantwortung für jemanden oder etwas zu übernehmen, übernimmt gleichzeitig die Verpflichtung, für das eigene Wollen und Handeln einzustehen. Das ist eine Verpflichtung, die normalerweise niemand von einem Kind verlangen würde. Denn kein Kind ist in der Lage, die Tragweite bestimmter Entscheidungen oder Verhaltensweisen von vornherein zu überblicken. Deswegen werden Kinder in gesunden Familien behutsam und mit Bedacht erst an kleinere und später an größere Verantwortlichkeiten herangeführt.

Krisenkinder werden dieser Chance, das Privileg des langsamen Heranwachsens zu genießen, beraubt. Die gestörten Strukturen in ihren Familien führen dazu, dass sie oft sehr jung sowohl die Verantwortung für kleinere oder schwächere Geschwister als auch die Verantwortung für kranke oder gestörte Elternteile übernehmen müssen.

Die Stehaufmännchen unter den Krisenkindern reagieren mit einem sehr pragmatischen Mechanismus auf ihre Aufgaben. Die meisten von ihnen empfinden die Anforderungen keineswegs als Bürde, sondern tun einfach das, von dem sie das Gefühl haben, dass es getan werden muss. Darüber hinaus wachsen sie an ihren Aufgaben, was häufig dazu führt, dass sie sehr früh viel reifer wirken als ihre Altersgenossen. Die positive Seite an dieser Form von Verantwortung ist ganz ohne Frage, dass die Kinder oder Jugendlichen durch sie eine Art Kontrolle über das häusliche Geschehen erlangen und damit ein wenig Ordnung in das oft immense Durcheinander bringen können.

Obwohl es eigentlich Aufgabe der Eltern wäre, für ebendiese Ordnung zu sorgen, profitieren auch die Stehaufmännchen selbst davon, dass sie in der Lage sind, sie herzustellen. Die Kontrolle, die sie auf diese Weise ausüben, hilft ihnen, die eigenen Ängste und Unsicherheiten zu reduzieren.

Aus dieser Erfahrung resultiert für das Erwachsenenleben eine ausgeprägte Entschlossenheit, die Verantwortung für die eigene Zukunft zu übernehmen.

Felix: «Die Frage nach der Verantwortung stellte sich gar nicht. Ich war der Älteste, und damit war klar, dass das meine Sache war. Ich neige bis heute dazu, die Verantwortung an mich zu reißen, aber aus Erfahrung weiß ich, dass das nicht unbedingt etwas Schlechtes ist. Wäre ich nicht so angelegt, wie es meine Mentalität ist, wäre in der Kindheit ganz sicher manches beziehungsweise noch mehr schief gelaufen.»

Stehaufmännchen mit dieser resilienten Veranlagung sind als Erwachsene in höchst ausgeprägtem Maß in der Lage, die Verantwortung für ihr eigenes Leben zu übernehmen. Sie haben meist eine sehr klare Vorstellung davon, wie das auszusehen hat, und lehnen es ab, sich treiben zu lassen. Sie haben feste Ziele, die sich sowohl auf den beruflichen Werdegang als auch auf die Qualität ihrer eigenen Befindlichkeit beziehen können. Diese Ziele verfolgen sie beharrlich und mit großem Engagement. Sie erschließen sich Quellen der Unterstützung, wo immer sie solche entdecken, wie Katrin, die sich in ihrer Einsamkeit nach dem Verlust aller vier Elternteile im Alter von 22 Jahren einer Selbsthilfegruppe anschloss und plötzlich feststellte: «Innerhalb ganz kurzer Zeit wuchs durch die Gespräche, die dort geführt wurden, mein Selbstbewusstsein von null auf hundert.» Oder Astrid, die nicht weniger als zwölf Jahre Psychotherapie auf sich nahm, um die Probleme der Vergangenheit zu meistern und mit dem Borderline-Syndrom leben zu lernen.

Wer die Verantwortung für sein Leben übernimmt, übernimmt die Verantwortung für Veränderungen. So wie es Iris auf bemerkenswert mutige und erfolgreiche Weise getan hat:

«Ich war erfüllt von tiefer Traurigkeit und Schmerz. Ja, und dann traf ich 1999 die Entscheidung, nach Hamburg zu ziehen. Wie ich heute weiß, war das der erste Schritt in ein neues Leben. Zum 1. Oktober zog ich um und machte mich selbständig. Ohne Geld, dafür aber mit Schulden. Ziemlich mutig, aber es hat sich gelohnt. … Im September 2000 wurde mir dann durch ein Gespräch alles klarer. Ich erkannte, dass ich nie fähig war, mich selbst zu lieben, und auch nie für liebenswert empfand. Ich wusste, ich musste etwas tun, denn so wollte ich nicht mehr weiterleben. Gleich am nächsten Tag vereinbarte ich einen Termin. Damit begann meine Arbeit mit Hilfe einer phantastischen Frau (Heilerin). Da es finanziell zu der Zeit nicht so gut lief, wollte ich nur ein- bis zweimal monatlich zu ihr gehen. Tatsächlich war es aber so, dass ich in den ersten vier Monaten fast jede Woche bei ihr war. Ich weiß nicht, was es war, aber es war etwas in mir, was mich immer wieder antrieb weiterzumachen. Wenn ich dachte, eine kleine Pause wäre vielleicht angebracht, gab mir mein Körper wieder ein neues Zeichen. Hinzu kam, dass ich schon nach kurzer Zeit spürte, dass sich etwas veränderte. Die Traurigkeit verschwand, und ich spürte meine Stärke und Kraft. So habe ich immer weiter sehr intensiv an mir und in mir gearbeitet. Alte Wunden geheilt und Selbstvertrauen gewonnen. All das, was ich immer bei einem Mann gesucht habe, habe ich endlich gefunden. In mir! Irgendwann spürte ich, ich war angekommen. Ich hatte mich selbst gefunden. Heute bin ich voller innerer Ruhe und glücklich. Arbeite aber auch heute noch immer weiter an mir und entdecke immer wieder Neues in mir.»

Menschen sind in der Lage, fast alles zu überwinden, wenn sie sich nur darauf einlassen, erlittenes Leid und ihren Umgang damit als Quelle der Kraft zu empfinden. In diesem Sinne möchte ich Sie jetzt bitten, sich auf die Suche nach Ihrer persönlichen Kraft, Entschlossenheit und Ihrem Verantwortungsbewusstsein zu begeben. Wie zuvor finden Sie Fragen, die im Anschluss an dieses Kapitel dazu dienen sollen, dass Sie sich an Situationen aus Ihrer Vergangenheit erinnern, in denen Sie Kraft und Entschlossenheit bewiesen und Verantwortung für sich oder andere übernommen haben. Wieder bitte ich Sie, den Schwerpunkt Ihrer Rekonstruktion nicht auf Leid und Kummer, sondern auf Ihren Umgang mit der Situation zu legen.

Kindheit:

> Hatten Sie als Kind Aufgaben zu erfüllen, von denen Sie heute sagen würden, dass sie Ihnen ungewöhnlich früh oder zu früh übertragen wurden?
> Fühlten Sie sich diesen Aufgaben seinerzeit gewachsen?
> Empfanden Sie es als selbstverständlich, sie zu erledigen?
> Verschaffte Ihnen das Bewältigen Ihrer Verpflichtungen ein Gefühl von Befriedigung oder Stolz?

Jugend:

> Erinnern Sie sich an Aufgaben im Familienverbund, die Sie bewusst übernahmen, um die Gewissheit zu haben, dass sie erledigt wurden?
> Gab es irgendein Familienmitglied, das Ihre Fähigkeit dazu infrage stellte?
> Wuchsen Ihre Verpflichtungen im Laufe der Jahre?
> Verzichteten Sie gezielt auf Freizeitaktivitäten oder Vergnügen, um Ihren Verpflichtungen nachzukommen?

Erwachsenenalter:

> Sind Sie ein Mensch, der gerne Verantwortung übernimmt und trägt?
> Haben Sie feste Vorstellungen von dem, wie Sie sich Ihr Leben wünschen?
> Arbeiten Sie aktiv daran, diese Vorstellung so gut wie möglich umzusetzen?

Mut und Aufrichtigkeit
Ehrlich währt am längsten

Mut und Aufrichtigkeit sind zwei resiliente Fertigkeiten, die ganz eng miteinander verbunden sind. Wenn Sie aus einer Familie mit gestörten Strukturen stammen, werden Sie sich sehr gut daran erinnern, welche Mühe in Ihrer Kindheit und Jugend darauf verwendet wurde, die Störungen, unter denen alle litten, nicht nach außen dringen zu lassen. Und vermutlich haben auch Sie sich eine ganze Weile daran beteiligt zu vertuschen, dass zu Hause getrunken, geschlagen, missbraucht, gedemütigt oder misshandelt wurde.

Auch die Stehaufmännchen unter den Krisenkindern fühlen sich als kleine Kinder diesem Kodex des Schweigens verpflichtet. Doch obwohl sie sich den ungeschriebenen Familiengesetzen äußerlich beugen, wissen sie sehr früh, dass etwas in ihrer Familie hochgradig nicht in Ordnung ist.

Im Gegensatz zu vielen anderen Menschen versuchen Stehaufmännchen nicht, die Verletzungen und unglücklichen Emotionen aus der Kindheit zu verdrängen und die Vergangenheit zu idealisieren.

Psychiater und Psychologen gingen lange einig davon aus, dass ein Kind außer seinen Verdrängungsmechanismen wenig hat, um sich zu schützen. Es wird also – so das Fazit – Schmerzen, mit denen es nicht umgehen kann, ausklammern. Verletzungen und ungute Gefühle verschwinden auf diese Weise in einem selten geöffneten Kämmerchen der kindlichen und später erwachsenen Hinterköpfe.

Doch einmal in diesem hintersten Eckchen versteckt, geben die traurigen Emotionen in der Regel keine Ruhe. Sie revoltieren und klopfen an die Tür ihres Kämmerchens, wollen heraus und nach vorne, zurück ins Bewusstsein. Die Stehaufmännchen unter den Krisenkindern wissen das und stellen sich mutig der Herausforderung. Sie haben schon so viel in ihrem Leben ausgehalten, dass sie sich zutrauen, auch diese verdrängten Gefühle auszuhalten.

Die resilienten Fertigkeiten Mut und Aufrichtigkeit stehen also in direktem Widerspruch und Gegensatz zu dem, was wir Verdrängen nennen.

Dank ihres Mutes und ihrer Aufrichtigkeit können die Stehaufmännchen unter den Krisenkindern irgendwann gar nicht anders, als ihre Gefühle zu realisieren, ihnen mutig und aufrichtig die Stirn zu bieten und schließlich zu erkennen, was sie bedeuten.

«Eines Tages habe ich mich nicht mehr geschämt», sagt Cecilie. «Ich erinnere mich noch ganz genau an den Tag. Ich war vierzehn, und meine Mutter war völlig betrunken. Im Haus war kein Tropfen Alkohol mehr, und sie wollte, dass ich ihr welchen kaufe. Das hatte unser Vater aber verboten. Wir durften ihr nichts zu trinken kaufen. Als ich mich weigerte, torkelte sie aus dem Bett, zog sich an und wollte losgehen. Dabei stieß sie sich am Schrank und fiel. Sie rappelte sich wieder hoch und wankte auf die Straße. Ich wusste, dass sie wieder fallen würde, und bin ihr schnell hinterhergelaufen. Bis zum Laden habe ich sie gestützt, und dann auch drinnen, während sie den Wagen voll mit Flaschen packte. Die Leute haben uns angeschaut, als kämen wir von einem anderen Stern. Ich wäre am liebsten vor Scham im Boden versunken. An der Kasse fummelte meine Mutter an ihrem Portemonnaie herum und versuchte, das Geld herauszuziehen. Blau, wie sie war, gelang ihr das natürlich nicht. Die Kunden hinter uns fingen an, sich zu beschweren. Und auf einmal tat meine Mutter mir furchtbar Leid. Sie war durch den Alkohol im Begriff, auch den letzten Rest ihrer Würde zu verlieren. Ich half ihr mit dem Geld und führte sie nach Hause. Von dem Tag an habe ich nicht mehr herumgedruckst, wenn mich jemand fragte, sondern einfach das gesagt, was die Wahrheit war: Meine Mutter ist Alkoholikerin. Das hat mir sehr geholfen, damit umzugehen. Vor allem, weil sich durch meine Offenheit auch andere Jugendliche plötzlich nicht mehr genierten zuzugeben, dass ihr Vater oder ihre Mutter das gleiche Problem hatten.»

Fast alle Menschen haben Angst davor, unangenehme Dinge an- und auszusprechen, denn niemand geht gerne das Risiko ein, zurückgewiesen oder belächelt zu werden. Menschen möchten von ihren Mitmenschen geliebt oder zumindest gemocht werden. Dunkle Flecken im Lebenslauf stören dabei, so die häufige Schlussfolgerung. Aber wenn wir bezüglich unserer wahren Gefühle ein falsches Bild von uns präsentieren, wie können andere uns dann wirklich kennen lernen? Wer seine Emotionen versteckt, sein Gesicht hinter einer Maske verbirgt, kann nicht erwarten, dass andere ihn wirklich kennen lernen und unterstützen.

Wer sich jedoch seinen Problemen stellt, und wenn es noch so schmerzhaft ist, beweist auf der Basis der Aufrichtigkeit großen Mut – und das ist sicher nicht immer einfach. Aber nur so gelingt es, nach außen und nach innen ein und dieselbe Person zu sein. Nur durch den ehrlichen Umgang mit Ihren Belastungen ist es möglich, dass

- Sie Ihre wahren Gefühle formulieren,
- Sie Ihre wirklichen Bedürfnisse begreifen,
- Sie Ihre Schutzbehauptungen und Selbstbetrug erkennen,
- Sie durchschauen, warum Sie sie erzählen und aufbauen,
- Sie falsche Hoffnungen aufgeben,
- Sie lernen zu trauern, vergeben und schließlich heilen,
- Sie sich selbst so akzeptieren, wie Sie sind,
- Sie Ihr Leben frei, produktiv und glücklich gestalten.

Und am Ende gelangen Sie zu der Erkenntnis, dass Sie erstens verletzt worden sind und dass zweitens Verschweigen und Verdrängen Ihr Leiden nur verlängern. Petra: «Der erste und entscheidende Schritt war das Gespräch mit meiner Mutter. Sie und eine Therapeutin haben mir dann geholfen, alles zu verarbeiten. Heute kann ich darüber sprechen, was mein Vater mir angetan hat, aber bis es so weit war, habe ich alles durchlaufen – Scham, Wut, Angst und Trauer.»

Nun bedeutet der Mut, von dem wir hier sprechen, nicht nur, dass Sie blockierte Gefühle lösen und Verdrängtes bearbeiten, sondern kann auch ganz konkrete Gestalt haben, wie im Fall von Barbara: «Dass ich den Mut hatte, den Schritt in ein eigenes Leben zu wagen, habe ich natürlich Klaus zu verdanken. Er hat mir damals sehr geholfen. Aber den Schritt tun, das musste ich schon selbst, und darauf bin ich heute sehr stolz, denn immerhin war ich erst siebzehn und ging das Risiko ein, dass meine Eltern meine Minderjährigkeit geltend machten und mich zurück ins Haus zwangen. Meinem Vater mit Polizei und Öffentlichkeit zu drohen, ist mir sehr schwer gefallen, aber auch da bin ich stolz, dass ich den Mumm hatte, es zu tun.»

Der größte Feind jeder mutigen Handlung ist die Angst. Ängste belasten alle Menschen und ganz besonders Krisenkinder.

Lassen Sie sich durch Ihre Ängste nicht die Chancen auf heilsame Entwicklungen nehmen, sondern gehen Sie damit um, wie es die Stehaufmännchen tun. Benennen Sie sie. Fragen Sie sich, welche Ängste Sie haben, und nutzen Sie die Kraft Ihrer Aufrichtigkeit, ehrliche Antworten zu geben.

Quält Sie die

- Angst, dass Sie wieder und wieder verletzt werden?
- Angst, dass Sie nicht genug geliebt werden?
- Angst, dass Sie Chancen verschenkt haben?
- Angst, dass Sie keine Talente haben?
- Angst davor, neu anzufangen?
- Angst davor, niemals gut genug zu sein?
- Angst davor, aus der Fassung gebracht zu werden?
- Angst davor, Fehler zu machen?
- Angst davor, so zu werden, wie Sie niemals sein wollten?
- Angst, dass Ihre Schwächen erkannt und gegen Sie verwendet werden?

Mut und Aufrichtigkeit zeigen sich da, wo Sie lernen, Ihre Ängste und Schmerzen zu formulieren. Drücken Sie deswegen alte Schmerzen nicht weg, stellen Sie sich stattdessen Ihren Gefühlen und setzen Sie sich damit auseinander.

Kurt: «Am schlimmsten war für mich, zu ertragen und zuzugeben, dass mein Vater keine Rücksicht auf mich nahm, mich und meine Bedürfnisse seinen unterordnete, einfach weil ich schwächer war.»

Wenn Sie mit dem Schmerz und den Verletzungen Ihrer Vergangenheit umgehen wollen, müssen Sie den Mut haben, sie klar zu benennen. Beobachten Sie sich selbst geduldig, und vergessen Sie nicht, dass es notwendig ist, mit diesen Schmerzen umzugehen, um deren Ursachen wirklich zu verstehen und heilsam zu bearbeiten. Die entscheidende Phase der Verarbeitung beginnt in dem Moment, in dem Ihre Verdrängung so schwach oder kaum mehr vorhanden ist, dass es Ihnen möglich ist, sich mit Details auseinander zu setzen. Sie dauert an, bis die Verdrängung ganz verschwunden ist. Wenn Sie beginnen, Ihre Schmerzen und Ihre Verletzungen zu akzeptieren, beginnen Sie mit deren Verarbeitung.

Seien Sie aufrichtig und mutig:

- Sagen Sie, dass Sie verletzt wurden, auf eine Weise, die die Tiefe Ihres Schmerzes offen legt.
- Lösen Sie sich von falschen Loyalitäten, und hören Sie auf, den Verursacher zu schützen.
- Wenden Sie sich an den oder die Verursacher. Teilen Sie Ihren Schmerz der Person mit, die ihn verursacht hat – er wird sich verringern!
- Verstecken Sie nichts, relativieren Sie nichts, verleugnen Sie nichts, tun Sie nicht so, als spielte das alles heute keine Rolle mehr.
- Bestrafen Sie niemanden oder beginnen Sie keinen Kampf, nur um zu beweisen, wie stark Sie geworden sind. Sie wurden verletzt. Zeigen Sie Ihren Kummer darüber.
- Trennen Sie die Verletzungen der Vergangenheit ganz klar von den Verletzungen der Gegenwart.

Was immer die andere Person tut oder tun wird, wenn Sie ihm oder ihr sagen, wie sehr Sie verletzt worden sind, kann nicht Ihr Problem sein. Ihr einziges Anliegen ist, den Schmerz zu artikulieren. Lassen Sie sich nicht von Ihren Ängsten zum Schweigen bringen. Wenn Ihnen die Mobilisierung dieser Fähigkeiten gelingt, haben Sie einen ganz wesentlichen Schritt zu Ihrer Genesung getan. Denn einmal im Bewusstsein und angewendet, verhelfen Ihnen Ihr Mut und Ihre Aufrichtigkeit dazu, dass

- Sie sich selbst respektieren,

- Sie der Wahrheit ins Gesicht sehen können, auch wenn es wehtut,
- Sie Ihre Gefühle erkennen und benennen können,
- Sie sie an die richtige Instanz adressieren können, ob im persönlichen Gespräch, telefonisch oder per Brief spielt keine Rolle,
- Sie sich spontan äußern können, wenn Sie das Bedürfnis danach haben, und nicht auf ideale Bedingungen warten,
- Sie den Erfolg genießen, wenn die andere Person Ihnen zuhört,
- Sie bereit sind, die Situation im Hier und Jetzt so zu akzeptieren, wie sie ist,
- Sie Ihren Schmerz loslassen und letztlich vergeben können,
- Sie nach vorne schauen.

Eine wesentliche Voraussetzung für Mut und Aufrichtigkeit ist die Fähigkeit, an sich selbst zu glauben. Im Angesicht aller Fehler und Schwächen, die wir haben, ist das vielleicht nicht immer ganz einfach. Doch zeugt es von großer Stärke, wenn Sie den Mut haben, an sich zu glauben, obwohl Sie Ihre Fehler und Schwächen so gut wie niemand anders kennen.

Vielleicht denken Sie, es wäre leichter, an sich zu glauben, wenn Sie im Leben alles erreicht hätten, was Sie sich wünschen, oder wenn Sie reich und berühmt wären. Das ist ein großer Irrtum! Der Glaube an sich selbst kommt vor dem Erreichen der Ziele – nicht andersherum. Ein Mensch, der nicht an sich glaubt, wird auch nach dem Erreichen seiner Ziele nicht an sich glauben. Der Glaube an sich selbst ist eine persönliche Grundhaltung, die aus der Einschätzung Ihrer selbst als einer guten Person trotz aller Fehler und Schwächen resultiert. Und genau diese Einschätzung ist es, die als Basis für Mut und Aufrichtigkeit vor uns selbst und anderen Menschen dient.

Verstecken Sie Unglück, Kummer und Schwäche nicht. Geben Sie sie lieber – zumindest vor sich selbst – zu. Arbeiten Sie daran und lernen Sie daraus. Niemand ist perfekt, und keiner erwartet es von Ihnen. Mut beweist vor allem, wer sich traut, ehrlich zu sein. Und diese Ehrlichkeit ist ein satter Nährboden für Ihre Resilienz.

Auf dem Weg dorthin bitte ich Sie jetzt: Erinnern Sie sich an Situationen und Gelegenheiten, bei denen Sie entweder sich selbst oder anderen gegenüber ehrlich formuliert haben, was Sie bewegt und bekümmert. Wieder geht es nicht darum, den Schwerpunkt auf den vielleicht traurigen oder schmerzhaften Anlass zu legen, rücken Sie stattdessen Ihren aufrichtigen und/oder mutigen Umgang damit in den Mittelpunkt Ihrer Gedanken.

Die folgenden Fragen sollen Ihnen auch in diesem Punkt helfen, die Perspektive der Erinnerung positiv zu verschieben:

Kindheit:

> Wer oder was hat Sie verletzt?
> Wie haben Sie reagiert?
> Wie hätten Sie sich gewünscht zu reagieren?

Jugend:

> Konnten Sie die Probleme in Ihrer Familie vor sich selbst formulieren?
> Haben Sie mit Freunden oder Verwandten darüber gesprochen?
> Haben Sie bei Vertrauenspersonen Rat und Hilfe gesucht?
> Haben Sie die Scham über das Fehlverhalten Ihrer Eltern überwinden können?

Erwachsenenalter:

> Ist ehrlicher Umgang in zwischenmenschlichen Beziehungen wichtig für Sie?
> Können Sie sich und anderen Schwächen und Fehler verzeihen?
> Sind Sie in der Lage, auch unangenehme Wahrheiten zu artikulieren?

Unabhängigkeit und Distanz
Zwei Schritte vor und nicht zurück

In Familien mit gesunden Strukturen werden die einzelnen Mitglieder emotional gestärkt. Gesunde Familienstrukturen bedeuten Unterstützung, Liebe, Zuwendung, Intimität und gegenseitiges Interesse. Unter dieser Voraussetzung werden Kinder flügge und schließlich zu selbständigen Erwachsenen. Gleichzeitig bleibt ihnen jedoch eine gesunde Basis, auf der sie sich jederzeit willkommen und aufgehoben fühlen.

Als Tochter meiner Eltern und Mutter meiner Kinder bin ich fest davon überzeugt, dass von einer gesunden Familie ein starkes Gefühl der Zusammengehörigkeit ausgeht. «Blut ist dicker als Wasser», sagt der Volksmund, und wie so oft hat er Recht. Und weil die Bindungen so stark sind, ist es schon innerhalb einer gesunden Familie eine große Herausforderung, sie zu lockern und sich gegebenenfalls sogar zu lösen. In gestörten Familien gestaltet sich dieser Prozess meist noch viel komplizierter.

Wenn Sie ein Krisenkind sind, wissen Sie, wie schwer es war und ist, stabile und sichere Grenzen zwischen sich und Ihrer Familie zu ziehen und zu etablieren. Während Ihr Unterbewusstsein Ihnen signalisiert, dass Sie ein Recht darauf haben, ein glückliches Leben ohne die Verursacher Ihres Kummers zu führen, hegen Sie gleichzeitig den Wunsch nach einer gesunden, liebevollen, funktionierenden Familie. Längst haben Sie erkennen müssen, dass dieser Zustand sich nicht erzwingen lässt. Ein Weg, mit dieser Erkenntnis umzugehen, ist, sich unabhängig zu machen und Distanz zwischen sich und die Eltern zu bringen.

Schon die kleinsten Stehaufmännchen unter den Krisenkindern finden Mittel und Wege, sich belastenden familiären Situationen zu entziehen. Dann gehen sie zu Freunden, ziehen sich in ihre Zimmer zurück oder verschwinden im Garten. Diese Art des Rückzugs ist das erste Zeichen der resilienten Eigenschaft, sich distanzieren zu können. Da kleine Kinder naturgemäß nur einen sehr begrenzten Bewegungsradius haben, sind sie auf ihren Erfindungsreichtum angewiesen, um immer wieder Plätze zu finden, an denen sie sich vor den elterlichen Übergriffen oder Entladungen schützen können. Das sind die Orte, an denen sie für einen Moment Schutz finden und nicht

- als Boten zwischen verkrachten Eltern fungieren müssen,
- zerbrochene Flaschen und Gläser wegräumen und schmutzige Toiletten putzen müssen,
- geschlagen werden,
- sexuell missbraucht werden,
- sich Probleme anhören müssen, vor denen sie sich lieber die Ohren zuhalten würden.

In dergleichen bedrohlichen Situationen suchen Stehaufmännchen – immer im Rahmen ihrer kindlichen Möglichkeiten – Schutz durch Entfernung. Felix, der keine Angst vor Gewalt haben musste, dafür aber manches Mal «mit der enormen Verantwortung zu kämpfen hatte», fand ein Refugium, wo er sich ein wenig erholen konnte:

«Nicht weit von unserem Haus floss ein kleiner Bach, ein Rinnsal, muss man sagen, und da war eine Stelle, wo ich unter einer Weide stundenlang Staudämme baute und ein Stückchen der Kindheit durchleben konnte, die mir durch meine Rolle zu Hause weggenommen war.»

So ist also ein erstes Zeichen vom Wunsch nach Unabhängigkeit und Distanz in der Kindheit zu erkennen, wenn Kinder im wahrsten Sinne des Wortes versuchen, den häuslichen Problemen aus dem Weg zu gehen, indem sie sich zurückziehen oder zu Freunden flüchten.

So auch Stefan, der sich auf diese Weise vor den Aggressionen seines Vaters schützte: «Also verbrachte ich die Nachmittage so oft wie möglich bei Freunden. Wenn er mich doch mal wieder vermöbelt hatte und ich wirklich verzweifelt war, ging ich in den Wald, immer bewaffnet mit einem Stock, denn man konnte ja nie wissen, was einem da so begegnet, aber auf jeden Fall immer ein ganzes Stück weit weg von zu Hause. Mit jedem Meter, den ich mich entfernte, wuchs meine Gewissheit, dass ich eines Tages ganz weggehen würde und niemand mir mehr wehtun würde. Nach ein oder zwei Stunden hatte ich mich dann meist wieder so beruhigt, dass ich zurückgehen konnte. Später suchte ich mir dann Jobs, die es mir ermöglichten, von zu Hause wegzukommen.»

Von Kindern oder Jugendlichen, die mit Trennung oder Scheidung ihrer Eltern fertig werden müssen, wissen wir schon lange, dass sie sich vom häuslichen Ungleichgewicht distanzieren und versuchen, einen gewissen emotionalen Abstand zu dem Durcheinander zu gewinnen, das ihre Eltern anrichten. Das Gleiche gilt für Kinder aus Familien mit grundsätzlich gestörten Strukturen.

Sie fühlen in der Regel sehr jung die Auswirkungen der elterlichen Probleme – Unsicherheit, Streit, mangelnde Kommunikation, Gewaltbereitschaft –, und diese Auswirkungen interessieren sie bei weitem mehr als die Gründe dafür. Die Konsequenz, die sie für sich aus den häuslichen Belastungen ziehen, heißt Rückzug und Umorientierung. Je älter Kinder mit der resilienten Fähigkeit, sich zu distanzieren, werden, umso größer wird natürlich auch ihr Radius und der damit verbundene Wirkungskreis. Sie suchen sich Jobs nicht nur, um ein wenig Geld zu verdienen, sondern vor allem, um eine legitime Möglichkeit zu haben, das Haus oder die Wohnung zu verlassen.

Tina: «Ich habe schon als Schülerin viel gejobbt und konnte in einigen Bereichen meine Fähigkeiten unter Beweis stellen. Das half mir. Ich wollte mir immer wieder beweisen, dass ich etwas kann, zu etwas nütze bin – alleine. Bin auch für ein Jahr als Au-pair in die USA gegangen – auch das hat geklappt.»

Andere nehmen an jeder Aktivität, die die Schule bietet, teil oder übernachten so oft wie möglich bei Freunden oder Verwandten.

Auffallend ist, dass viele Stehaufmännchen ihr Elternhaus sehr früh verlassen und dann eine große räumliche Distanz zwischen sich und das Elternhaus bringen, indem sie in andere Städte ziehen und nur sehr selten zu Besuch kommen.

Je älter die Stehaufmännchen werden, umso deutlicher spüren sie, dass Abstand sich wesentlich besser anfühlt als Nähe. Als Konsequenz versuchen sie, sich, wenn möglich, auch räumlich von ihren Familien zu lösen.

Barbara: «Der entscheidende Schritt war, dass ich von zu Hause wegging. So habe ich mich meinem gewalttätigen Vater einfach selbst entzogen. Dass ich das geschafft habe, hat mich damals und bis heute ungeheuer stolz gemacht.»

Erwachsene Stehaufmännchen meistern ihre verletzten Gefühle schließlich sehr häufig, indem sie sich von ihren Verursachern möglichst weit entfernt halten, wenn nicht ganz und gar trennen. Sabrina, die sich zunächst innerlich zurückzog – «Ständig gab es Querelen und Zankereien, die offen ausgetragen wurden. Vor allem zwischen meinem Vater und meiner Mutter gab es wegen jeder Kleinigkeit Streit und endlose Gespräche; ich habe mich dann mehr und mehr zurückgezogen und angefangen, für mich selber zu leben» –, hat diesen Weg für sich gewählt. Sie beschreibt ihre erwachsene Beziehung zur Mutter als «indifferent. Es ist einfach so, dass ich nichts von mir erzähle, das Thema Vergangenheit ist tabu. Ich lasse sie nicht mehr so nah an mich heran, dass sie etwas kaputtmachen kann.»

Ist die Distanz einmal geschaffen, bildet sie eine ausgezeichnete Basis für ein selbstbestimmtes Verhältnis, das auf Erfahrungen und realistischen Einschätzungen fußt. So gelingt es den Stehaufmännchen, zu verhindern, dass immer wieder unerfüllbare Wünsche und Erwartungen geäußert und in der Folge unweigerlich enttäuscht werden.

In Familien mit gestörten Strukturen werden wir mit Mechanismen konfrontiert, die eine gesunde kindliche Entwicklung verkomplizieren. Hier klammern sich Eltern an ihre Kinder, weil sie selbst innerlich kaputt sind. Statt Freiheit und Freiräume ihrer Kinder zu fördern, richten sie Chaos an oder schaffen Situationen, in denen sich die Kinder gezwungen fühlen, Lösungen für die Probleme der Erwachsenen zu präsentieren. In diesen Familien

- verschwenden Eltern ihr eigenes Geld und zwingen ihre Kinder, für die Schulden aufzukommen,
- fordern Eltern Liebesbeweise in Form von Verzicht auf Menschen oder Dinge, die ihren Kindern wichtig sind,

- bestehen Eltern darauf, dass Kinder, auch wenn sie längst erwachsen sind, den von ihnen vorgeschriebenen Weg gehen, statt sie ihr eigenes Leben leben zu lassen, und reagieren mit Erpressung, Drohungen oder unverhohlener Enttäuschung,
- haben Eltern ständig etwas an ihren Kindern auszusetzen und beschweren sich beim einen über den anderen,
- drohen Eltern mit Krankheit und Gebrechen, wenn sie allein gelassen werden,
- mischen sich Eltern in Dinge ein, die sie längst nichts mehr angehen.

Wenn es die Möglichkeit gäbe, aus alldem einfach im Laufe der Jahre herauszuwachsen, wäre es ganz einfach, den Verstrickungen zu entgehen. Aber das starke Bedürfnis, irgendwohin zu gehören, verschwindet nicht einfach mit wachsendem Alter. Deswegen sind Unabhängigkeit und Distanz für Kinder aus gestörten Familien so schwer zu erreichen und gleichermaßen so wichtig, um ein gesundes Leben zu führen.

Wie alle anderen Menschen fühlen sich auch Stehaufmännchen an ihre Eltern gebunden, wünschen sich deren Liebe, sind leicht durch ihre Kritik zu verletzen und bemühen sich oft über einen langen Zeitraum hinweg, auch ihren absurdesten Anforderungen gerecht zu werden.

Angetrieben von dem Bedürfnis, Wunden zu heilen oder zu reparieren, was kaputt ist, versuchen sie vielleicht, die Oberhand über die Eltern zu bekommen, um sie dann unter eigener Kontrolle auf den richtigen Weg zu bringen.

Oder sie sind überwältigt von all den Schmerzen, die ihnen zugefügt worden sind, dann wollen sie vielleicht einen totalen Abbruch des Kontakts, einen Schnitt. Oder sie befinden sich in einem ambivalenten Stadium und sind hin und her gerissen zwischen den beiden Extremen, Nähe und Entfernung.

Welcher Weg auch immer der Ihre sein mag, er funktioniert nur, wenn Sie ihn aus voller Überzeugung und dem wirklichen Bedürfnis nach innerer Freiheit wählen und gehen. Dabei ist nicht von entscheidender Bedeutung, was für ein Maß an räumlicher Distanz Sie zwischen sich und Ihre Familie bringen. Es handelt sich bei dem notwendigen Abstand keineswegs um den physischen Abstand – der ohne Zweifel zumindest am Anfang hilfreich sein kann –, sondern viel mehr um eine psychische Qualität, die in der Regel großer Anstrengung bedarf. Stehaufmännchen, die diese Anstrengung auf sich nehmen und erfolgreich meistern, haben meist nicht nur einige Kilometer zwischen sich und ihre Eltern gelegt, sondern vor allem dem Druck der familiären Gemeinsamkeit erfolgreich widerstanden.

Wenn Sie diesen Prozess selbst durchlaufen haben, werden Sie sich gut daran erinnern, welch gemischten Gefühlen Sie ausgesetzt waren, bis Sie Ihren Platz gefunden hatten. Die Frage nach der richtigen Distanz und dem angemessenen Maß an Unabhängigkeit stellt auch für Stehaufmännchen eine große Herausforderung dar. Denn wer die Fesseln der Familie lösen will, muss wohl überlegt handeln, damit er auf dem Weg nicht das Wichtigste überhaupt verliert: sich selbst.

Wenn Sie sich noch in diesem Prozess befinden oder ihn anstreben, möchte ich Ihnen sagen: Verlassen Sie Ihre gestörte Familie, aber beobachten und reflektieren Sie Ihre Gefühle währenddessen genau. Sie werden ein Auf und Ab durchlaufen, euphorische Höhen des Triumphes werden wechseln mit Tälern der Einsamkeit und des Verlassenseins. Verzagen Sie nicht und seien Sie gewiss, der Lohn für all das ist am Ende ein Verhältnis zu Ihren Eltern, das es Ihnen möglich macht, ohne Wiederholungszwänge und Ressentiments zu leben.

Es handelt sich allerdings um einen Prozess, der große Kraft verlangt und sich meist über einen nicht unerheblichen Zeitraum hinwegzieht.

Wenn Sie wirklich Abstand zu den Verursachern Ihres Schmerzes gewinnen wollen, müssen Sie sich zunächst mit den Ängsten, der Trauer und dem Zorn, die sich in Ihrem Inneren angestaut haben, auseinander setzen.

Diese negativen und belastenden Gefühle sind von außen in Sie hineingezwungen worden, und jetzt gilt es, sie unter Kontrolle zu bekommen, eine Art inneres Kommando darüber zu übernehmen. Diese Herausforderung bedeutet letztlich nichts anderes, als dass Sie – ganz gleich, ob bereits als Kind, Jugendlicher oder heute als erwachsene Person – die Macht übernehmen und die Tyrannei Ihrer gestörten Eltern überwinden.

Wenn Ihnen das gelingt, gelingt es Ihnen auch, aus einer Position der inneren Stärke Ihre Gefühlswelt umzugestalten, indem Sie Schmerz und Kummer nicht mehr den Stellenwert gestatten, den sie bisher hatten.

Mit einigen wenigen Ausnahmen müssen die meisten Stehaufmännchen hart kämpfen, um heil zu überstehen, was ihnen angetan wurde. Um diesen Kampf zu gewinnen, bedienen sie sich resilienter Strategien:

Wo immer sie feststellen, dass sie ihren Eltern nicht gleichen, oder sich vielleicht sogar fremd in der Familie fühlen, werten sie dieses Gefühl positiv. So halten viele Stehaufmännchen als Kinder sogar an dem Glauben fest, dass sie als Säugling im Krankenhaus vertauscht wurden, dass es ein grässlicher Fehler, eine schreckliche Laune der Natur war, dass ausgerechnet sie bei diesen Eltern aufwachsen müssen. So auch Stefan: «Noch auf dem Gymnasium war ich davon überzeugt, dass ich ein Findelkind bin oder im Krankenhaus vertauscht wurde. Weil ich immer dachte, Eltern, die ihr eigenes Kind lieben, können nicht so sein.»

Stehaufmännchen mit diesen oder ähnlichen Phantasien entwickeln früh den Gedanken, dass es gut ist, anders als die anderen Familienmitglieder zu sein. Je größer die Unterschiede, umso größer der Abstand, umso wahrscheinlicher, dass man selbst die gleichen Probleme nicht haben wird.

Kurt: «Wenn mir jemand sagte, dass ich meinem Vater ähnlich sehe, war das eine ganze Weile lang eine echte Beleidigung. Ich hatte so furchtbare Angst davor, wie mein Vater zu sein oder zu werden, dass ich als Jugendlicher alles gegeben hätte, zum Beispiel seine Augen nicht geerbt zu haben.»

Katrin: «Nein, ich hatte nicht das Gefühl, ich wäre im falschen

Film. Ich hatte allerdings die innere Gewissheit, dass die Darsteller um mich herum falsch waren.»

Je älter resiliente Krisenkinder werden, umso eher gelingt es ihnen, im Angesicht der häuslichen Belastungen und allen Schmerzen zum Trotz die Ruhe zu bewahren.

Stehaufmännchen auf dem Weg zu resilienter Distanz reagieren auf das, was ihnen die Eltern antun, indem sie die Gewissheit ausbauen, dass es Mutter oder Vater sind, mit denen etwas nicht stimmt, und nicht sie selbst. Auf dieser Basis können sie die Auswirkungen von Aggressionen, Beschimpfungen, schneidendem Schweigen, Zurückweisung, Gewalt und anderen gestörten Verhaltensweisen reduzieren.

Barbara: «Wenn mein Vater in Rage geriet und mich als Hure, Flittchen und läufige Hündin beschimpfte, um mich dann wie eine läufige Hündin im Keller anzuketten, wusste ich bei allem Schmerz, dass er derjenige war, mit dem etwas nicht stimmte, und nicht ich.»

Krisenkinder mit der Gabe zu resilienter Distanz wirft ab einem bestimmten Zeitpunkt so schnell nichts mehr um. Sie sehen der Realität ins Auge und bleiben, auch wenn die familiären Wellen noch so hoch schlagen, mit beiden Beinen auf dem Boden. Diese Stehaufmännchen schützen sich selbst vor wiederholten Enttäuschungen, indem sie irgendwann die Idee aufgeben, dass ihre Eltern sie eines Tages doch noch ganz normal lieben und behandeln werden.

Georg: «Egal, was ich tat oder versuchte, es war nie gut genug. Ich weiß nicht mehr genau, in welchem Zusammenhang sich die Erkenntnis einstellte, aber ich weiß, dass sie etwa mit fünfzehn kam – meine Eltern würden sich nicht ändern, wenn ich etwas ändern wollte, musste ich also meine Sichtweise ändern. Als ich das verstanden hatte, ging es mir deutlich besser.»

Im vollen Bewusstsein ihrer aktuellen Lebensrealität halten distanzierte Krisenkinder auf dem Weg in die emotionale Unabhängigkeit ihren Blick immer auf die Zukunft gerichtet.

Wenn nichts anderes mehr zu funktionieren scheint, halten sie sich daran fest, dass ihre Tage des Leides irgendwann gezählt sein werden und sie das Elternhaus verlassen können. Petra: «Ich wusste, die Übergriffe meines Vaters haben irgendwann ein Ende, weil ich einfach erwachsen sein und weggehen können würde, wohin ich will. Vor allem, wo er nicht mehr in mein Zimmer kommen kann. An diese Hoffnung habe ich mich geklammert und den Tag herbeigesehnt.»

Stefan: «Meine innerliche Entfernung begann noch vor meinem zehnten Lebensjahr, ich wusste, dass ich nicht ein Leben lang unter den Schlägen meines Vaters zu leiden haben würde. Der Gedanke, gehen zu können und frei von dieser Angst zu sein, hat mir viel Kraft gegeben.»

Die aufgeführten Mechanismen zur Distanzierung greifen natürlich nicht nur bei Krisenkindern. Auch für Jugendliche aus Familien mit gesunden Strukturen kommt unweigerlich der Augenblick, in dem sie einen Prozess der Abnabelung und kritischen Differenzierung von den Eltern durchlaufen. Doch im Unterschied zu dem Zeitraum oder der Art und Weise, wie diese Entwicklung sich bis ins junge Erwachsenenalter gestaltet, weist sie bei Stehaufmännchen einige besondere Merkmale auf:

- Sie beginnt meist sehr früh,
- findet sehr bewusst und manchmal sogar forciert statt,
- erreicht häufig einen frühen Höhepunkt in Form von Auszug aus dem Elternhaus,
- endet meist mit einem vollständigeren, klareren Bruch,
- fordert erhebliche Kraft.

Das generelle Prinzip, nach dem sich Krisenkinder häufig von ihrer Ursprungsfamilie lösen, hat sehr viel mit emotionalem Pragmatismus zu tun. Außerordentlich pragmatisch hören Stehaufmännchen irgendwann auf, nach eigenem Glück und persönlicher Zufriedenheit in ihren Familien zu suchen. Stattdessen suchen sie nur noch nach dem, was am wenigsten wehtut. Daraus entwickelt sich meist eine hilfreiche Strategie, die zum Ziel hat, die eigenen Verletzungen möglichst gering zu halten und dennoch so lange wie nötig im familiären Verbund existieren zu können.

Dann kommt irgendwann der Tag, an dem sie von zu Hause ausziehen. Damit ist tatsächlich meist das Schlimmste überstanden, doch die Herausforderung, Distanz zu schaffen, endet nicht, wenn Stehaufmännchen ihr Elternhaus verlassen. Die Erwachsenen unter Ihnen werden es am eigenen Leib erfahren haben:

Selbst wenn Sie Ihr eigenes Leben in Ihrem eigenen Haus mit Ihrem eigenen Geld und Ihren eigenen Partnern und Kindern gestalten, können gestörte Eltern Ihr Dasein noch immer belasten. Für den eigenen Seelenfrieden tut dann ein noch größerer innerer Abstand Not – und dafür gibt es ein paar hilfreiche Ansätze:

- Wenn Sie Ihre Eltern anrufen oder besuchen, bereiten Sie sich auf diese Herausforderung vor, wie Sie sich auf jede andere Herausforderung einstellen würden. Konzentrieren Sie sich auf das, was Ihnen bevorsteht, spielen Sie im Kopf mögliche Szenarien durch, wählen Sie entsprechende Kleidung, dem jeweiligen Anlass angemessen, sodass Sie sich wohl fühlen in Ihrer Haut.
- Sagen Sie sich selbst immer wieder: Ich bin kein Kind mehr. Ich lasse mich nicht mehr behandeln, kontrollieren oder verletzen, wie die Eltern es früher mit mir gemacht haben.
- Verweigern Sie deutlich die Erfüllung der Rolle, in die Sie als Kind gezwungen wurden, z. B. «Familiendepp», Opfer körperlicher Übergriffe, Tröster, Sündenbock, Vermittler zwischen zerstrittenen Parteien, Fußabtreter für die ganze Familie.
- Bestimmen Sie den Ort des Zusammentreffens. Wählen Sie ihn so, dass Sie sich möglichst wohl fühlen und Ihre Eltern sich gezwungenermaßen benehmen müssen.
- Bestimmen Sie den Zeitraum und die Bedingungen, unter denen das Treffen stattfindet. Sagen Sie vorher, dass Sie gehen, wenn z. B. getrunken wird, Beschimpfungen ausgesprochen werden, unangemessene Forderungen gestellt werden oder absichtlich konfliktbeladene Themen angeschnitten werden.
- Überlegen Sie sich gut, wann Sie anrufen, welcher Zeitpunkt für ein Gespräch möglichst günstig ist. Das kann am frühen Morgen

sein, bevor das Trinken beginnt, das kann am Arbeitsplatz sein, wo bestimmte Benimmregeln eingehalten werden müssen, das kann auch ganz spät am Abend sein, wenn die Gespräche kurz gehalten werden, weil ohnehin alle Beteiligten schlafen gehen möchten.

- Schreiben Sie Briefe. Das gibt Ihnen die Möglichkeit, das Thema zu wählen und sich zu erklären, ohne dass Sie unterbrochen oder attackiert werden können. Außerdem können Sie selbst mehrmals über Ihre Formulierungen nachdenken und die wählen, von der Sie sich die größtmögliche Wirkung versprechen, ohne in kontraproduktive Spontanäußerungen zu verfallen.

Keine Distanz und kein Abstand ist so weit und endgültig wie die, die der Tod mit sich bringt.

Eine der schwierigsten Aufgaben, wenn nicht vielleicht sogar die größte Herausforderung für Krisenkinder ist es, wenn Sie den Eltern das letzte Lebewohl sagen müssen. Das ist nie leicht, ganz gleich, wie die Umstände sind, doch wenn Sie unter Ihren Eltern oder einem Elternteil sehr gelitten haben, tauchen noch einmal ganz andere Fragen und Probleme auf.

Anders als geliebte Kinder, deren Sorge und Trauer meist dann beginnt, wenn die Eltern sehr alt sind oder sehr krank werden, haben viele Krisenkinder das Gefühl, gewissermaßen verwaist aufgewachsen zu sein. Sie haben einen Großteil ihres Lebens damit verbracht, um die Eltern zu trauern, die sie sich so sehr wünschten, aber nicht hatten. Der wirkliche Verlust ist in diesen Fällen nicht der Verlust des jeweiligen Elternteils, sondern die Gewissheit, was hätte sein können, ist unwiederbringlich verloren.

Was als Aufgabe für diese Menschen bleibt, ist nicht etwa, verschüttete Gefühle der Zuneigung zu suchen oder im Nachhinein Enttäuschungen, Verletzungen und Zorn zu negieren, sondern sich selbst die Erlaubnis zu geben, die Mischung aus Erleichterung und Schmerz zu benennen – ganz gleich, was Freunde, Bekannte oder Nachbarn von ihnen denken.

Barbara: «Als mein Vater seinem Krebsleiden erlag, war es beinahe ein bisschen so, als nehme jemand eine große Last von mir. Jetzt, wo er tot ist, brauche ich ihn nie mehr zu sehen, kann er mir nichts mehr tun. Meine Mutter versteht das, wenn ich so etwas sage, aber es gab auch Leute, die gesagt haben: ‹Was redest du da, er war doch schließlich dein Vater.›»

Viele Krisenkinder, auch die Stehaufmännchen unter ihnen, realisieren, dass sie bei der Beerdigung ein merkwürdiges Nichts fühlen, andere bedauern vor allem all die verpassten Gelegenheiten, zu sagen und auszusprechen, was eigentlich schon lange hätte gesagt werden sollen.

Der Tod löst den Konflikt nicht. Es ist schwer, den Schaden zu akzeptieren, den ein lebendes Elternteil einem zugefügt hat, doch es ist noch unendlich viel schwerer, die Eltern zu beschuldigen, nachdem sie gestorben sind. Der Tod verleiht eine Art Heiligenschein und macht noch aus dem schlimmsten Misshandler plötzlich einen irgendwie doch guten Menschen.

Nihil nisi bene – nichts, wenn nichts Gutes – verhindert die Bearbeitung und Lösung von Konflikten. Solange das Problem in Ihrem Kopf nicht gelöst ist, können die Eltern zwar tot sein, aber sie prägen Ihr Leben trotzdem weiter. Was aber tun, wenn böse Gedanken und Vorwürfe in Ihrem Kopf herumspuken und der Verursacher Sie nicht mehr hören kann?

Stellen Sie ein Foto des oder der Verstorbenen auf. Nehmen Sie sich ausreichend Zeit und Papier zur Hand und schreiben Sie einen Brief an Ihr Elternteil. Werden Sie alles los, was Sie immer schon sagen wollten. Teilen Sie mit, worunter Sie gelitten haben und wie es Ihr Leben beeinflusst hat. Formulieren und feilen Sie so lange daran herum, bis Sie zufrieden sind. Wenn Ihr Anliegen beide Eltern betrifft, schreiben Sie erst an den schlimmeren Verursacher Ihres Kummers. Sie werden spüren, dass hier die Gefühle leichter in Ihr Bewusstsein kommen. Wenn der Brief geschrieben ist, lassen Sie ihn einige Tage liegen, bevor Sie ihn noch einmal lesen und vielleicht erneut verändern. Ob Sie ihn dann bei Ihren ganz privaten Unterlagen aufbewahren, im Garten vergraben oder zum Grab tragen, bleibt Ihnen überlassen. Sicher ist nur, Ihren ganzen Schmerz einmal aufgeschrieben zu haben, wird Sie erleichtern, auch wenn Ihre Worte nicht mehr gelesen werden.

Die Entscheidung, sich von der gestörten Familie zu entfernen oder zumindest zurückzuziehen, kann jederzeit reifen. Manche Stehaufmännchen brauchen länger und sind erst im Erwachsenenalter zum notwendigen Abstand in der Lage, nachdem sie oft über Jahre versucht haben, ihre Eltern und die familiären Strukturen zu ändern.

Felix: «Natürlich war es schwer, meinen Vater nach all den Jahren, die wir gemeinsam verbracht hatten, allein zu lassen, aber letztendlich ging es gar nicht anders. Meine beiden Brüder waren längst aus dem Haus, und ich saß immer noch mit ihm am Abendbrottisch. Eines Sonntags lag ich auf meinem Bett, hörte Musik und träumte so vor mich hin, da wurde mir auf einmal schlagartig klar, dass ich mich wie eine Ehefrau und nicht wie ein Sohn verhielt. Ich war doch ein junger Mann, mit den Bedürfnissen eines jungen Mannes. Da wusste ich, dass das so nicht weitergehen konnte.»

Bei anderen beginnt, wie wir gesehen haben, die Loslösung weit früher, indem sie schon als Kinder kleine Möglichkeiten ergreifen, sich vor drohendem familiären Unwetter zu schützen.

Wenn Sie sich Situationen aus Ihrer Kindheit und Jugend in Erinnerung rufen, anlässlich deren Sie sich von zu Hause entfernt oder im Rahmen Ihrer kindlichen Möglichkeiten zurückgezogen haben, bringt das sicherlich Gefühle der Einsamkeit und Verzweiflung mit sich. Doch wie in den vergangenen Übungen bitte ich Sie, den Schwerpunkt nicht auf diese negativen Gefühle zu legen, sondern in Ihrem Verhalten nach den Spuren zu suchen, die auf Ihre Fähigkeit, sich zu distanzieren, hinweisen – Sie werden Sie finden.

Versuchen Sie zu diesem Zweck bitte, sich möglichst präzise an alles zu erinnern, was Sie als Beweis und Trost gewertet haben, anders als Ihre Eltern zu sein.

Erinnern Sie sich, wann und zu welchen Gelegenheiten Sie sich trotz äußerlicher Unterlegenheit Ihren Eltern innerlich überlegen fühlten, weil Sie wussten, dass sie nicht gesund sind, und mit diesem Wissen Beschimpfungen als krankhaft abtun konnten, statt sie an sich heranzulassen.

Versuchen Sie bitte, zu rekonstruieren, ob es irgendwann einen Moment in Ihrem Leben gab, an dem Sie Ihre Sichtweise der Dinge veränderten und die Kritik oder Aggression Ihrer Eltern nicht mehr die bisherige Bedeutung für Ihre Selbsteinschätzung hatte. Ob Sie verstanden, dass Ihre Eltern sich nicht ändern würden, sondern dass Sie sich würden ändern müssen, um etwas zu verändern.

Rufen Sie sich ins Gedächtnis, wann und wie Sie sich über Wasser gehalten haben, indem Sie an eine bessere Zukunft dachten, statt sich von der trostlosen Gegenwart herunterziehen zu lassen.

Auch am Schluss dieses Kapitels möchte ich Ihnen einige Fragen vorlegen, die dazu dienen sollen, Ihre Fähigkeit, Abstand zu schaffen, und den Status Ihrer Distanz zu überprüfen. Rekonstruieren Sie bitte vergangene Gelegenheiten, bei denen Sie in verschiedenen Altersstufen aktiv wurden, um sich vor den Auswüchsen der gestörten Struktur Ihrer Familie zu schützen. Anlässe, bei denen Sie sich wohler und sicherer gefühlt haben, wenn Sie entweder allein oder in Gesellschaft oder Obhut von anderen Menschen waren. Gestalten Sie den Schwerpunkt Ihrer Erinnerungen so, dass sie ihn auf Ihr resilientes Verhalten legen und nicht auf den Schmerz oder Kummer, den Sie durchleiden mussten.

Kindheit:

> Haben Sie sich von Ihrer Familie separiert und vor drohenden Problemen zurückgezogen, indem Sie bestimmte Plätze oder Freunde aufsuchten?
> Hatten Sie einige dieser Plätze, an denen Sie sich gerne aufhielten, wenn zu Hause «dicke Luft» herrschte?
> Konnten Sie sich trösten, wenn Sie alleine waren?
> Haben Sie sich bei Verwandten, Freunden oder Bekannten Ersatzpersonen gesucht, die Ihnen halfen, die emotionalen Defizite Ihrer Eltern zu kompensieren?

Jugend:

> Haben Sie sich Bereiche geschaffen, die mit der Welt Ihrer Eltern nichts zu tun hatten?
> Konnten Sie Unterschiede zwischen sich und Ihren Eltern positiv, als Pluspunkt für sich selbst sehen?
> Lernten Sie im Laufe des Älterwerdens, in Gegenwart Ihrer Eltern möglichst Ruhe zu bewahren, auch wenn Sie provoziert wurden?
> Hatten Sie eine optimistische Vision von Ihrer persönlichen Zukunft und dem Leben, das Sie führen würden?

Erwachsenenalter:

> Gelingt es Ihnen, Ihre widerstreitenden Gefühle und die zwiespältigen Bedürfnisse im Gleichgewicht zu halten, wenn Sie nach einem befriedigenderen Umgang mit Ihren Eltern suchen?
> Können Sie sich erwachsen und Ihrer Persönlichkeit angemessen verhalten, wenn Sie mit Ihren Eltern konfrontiert sind, oder fallen Sie in Muster und Mechanismen der Vergangenheit zurück?
> Können Sie Ihre wirklichen Gefühle Ihren Eltern gegenüber für sich artikulieren, auch bei der Vorstellung oder im Angesicht von deren Tod?

Humor

... ist, wenn man trotzdem lacht

Humor ist diejenige der resilienten Eigenschaften, die irgendwo zwischen dem Absurden und dem Schrecklichen steht. Wer darüber verfügt, kann den Dingen ihre Bedrohlichkeit, ihren Schrecken und vor allem ihre Bedeutung nehmen. Ereignisse, die ängstigen, verkleinern, indem darüber gelacht wird.

Humor ist für alle Menschen, ganz besonders aber für Krisenkinder, eine Gottesgabe, denn er ermöglicht es ihnen, die schwierige Realität, in der sie leben, im Geiste umzugestalten. Humor bedingt immer eine gewisse Distanz zu dem, was wir erleben, und gibt uns die Chance, große Ereignisse zu minimieren und kleine zu erhöhen oder uns in schwierigen Zeiten selbst weniger ernst zu nehmen.

Erwachsene Stehaufmännchen sind oft in der Lage, das Schreckliche mit dem Absurden zu vermischen und daraus Geschichten zu machen, über die sie lachen können.

Wer die Fähigkeit besitzt, über die Tragik der Vergangenheit zumindest teilweise zu lachen, beweist damit, dass er die Schrecken der Kindheit heil überstanden hat.

Humorvolle Stehaufmännchen entwickeln sehr früh die Fähigkeit, über ihren familiären Horizont hinauszuschauen. Es ist, als ob sie bisweilen neben sich stünden und dadurch von außen die oft mit der Tragik ihres Schicksals einhergehende Komik oder Absurdität erkennen könnten. Indem sie über ihren Schmerz lachen, gelangen sie in eine andere Sphäre, wo das, was eigentlich wehtut, zum Lachen ist.

Wenn wir etwas zum Lachen finden, ist es kleiner als wir selbst, schwächer als wir selbst und bedeutungsloser als wir selbst. Und genau das ist die Basis, auf der Humor zu einer resilienten Eigenschaft wird. Er lässt uns die Dinge nicht nur mit Distanz, sondern auch noch aus einer überlegenen Perspektive betrachten. Was kleiner und schwächer ist als wir, was wir belächeln können, kann uns nicht wirklich wehtun, kann uns nicht wirklich etwas anhaben.

Barbara: «Ich würde lügen, wenn ich behaupte, dass meine Kindheit zum Lachen war. Aber im Nachhinein muss ich über die Absurdität der Situationen schon manchmal schmunzeln. Das ist doch filmreif: Da sitzt ein junges Mädchen angekettet wie ein Häftling nächtelang im Keller. Das glaubt einem doch kein Mensch! Aber ich erinnere mich noch genau, dass ich genau das manchmal schon als junges Mädchen gedacht habe und nur den Kopf über den Irrsinn schütteln konnte, der da bei uns stattfand.»

Humorvolle Stehaufmännchen begegnen ihrem Kummer mit einem Lachen und mildern so den Schmerz, den sie ohne Humor empfinden würden. Sie stehen morgens nicht mit Leichenbittermiene auf, sondern versuchen, auch dem verkorkstesten Tag noch ein heiteres Element abzugewinnen. Wer über die Gabe des Humors verfügt, hat damit die Gabe, seine Welt umzugestalten, indem er Bedrohliches so verkleinert, dass es nicht mehr bedrohlich, sondern nur noch zu belächeln oder gar auszulachen ist.

- Die quälende Scham über ein Ereignis verwandelt sich durch ein Lachen in Gelassenheit.
- Der heiße Zorn über ein Verhalten entlädt sich in einem Lachen, das Distanz zum Geschehen schafft.
- Die drohende Gefahr wird durch ein Lachen gemindert und weniger beängstigend empfunden.
- Dem stechenden Schmerz wird durch ein Lachen der Stachel gezogen.
- Aus einem Elefanten wird die berühmte Mücke.

Humor verhindert aber vor allem, dass wir in unserer Betrachtungsweise verharren und erstarren. Stehaufmännchen mit der Gabe, die Welt mit Humor zu betrachten, gestalten die Welt – zumindest ihre Welt – schon dadurch um, dass sie sie mit anderen Augen sehen.

Cecilie: «Immer wieder fallen mir die Abende ein, an denen es gegen 20 Uhr an der Haustür klingelte, und plötzlich standen vier oder sechs, manchmal auch zehn Leute mit Blumen und Pralinen oder auch einer Flasche Wein unter dem Arm vor der Tür. Die hatte meine Mutter dann zum Essen eingeladen, nur leider hatte sie das selbstverständlich vergessen, weil sie entweder betrunken war, wenn sie die Einladungen ausgesprochen hatte, oder wenn der Tag kam, an dem sie hätte kochen sollen. Die ersten zwei- oder dreimal fand ich es schrecklich peinlich, aber eines Tages entstand eine Situation, in der ich anfing, zu lachen, bis alle anderen mitlachten. Vier Gäste waren gekommen, meine Mutter hatte uns vorher selbstverständlich nichts gesagt. Aber sie hatte am Nachmittag angefangen, zu kochen. Sie wollte Hühnerfrikassee machen, das aßen mein Bruder und ich besonders gern. Als wir um sieben nach Hause kamen, roch es in der ganzen Wohnung verbrannt, und aus den Ritzen der geschlossenen Küchentür quoll dicker Qualm. Ich riss alle Fenster auf und suchte die Ursache für den Gestank.

Auf dem Herd kokelte in einem gusseisernen Topf auf rot glühender Herdplatte ein auf faustgröße zusammengeschrumpftes Hühnchen. Ich stellte den Herd ab und wollte gerade den Topf herunternehmen, da läutete es, und die Gäste meiner Mutter – sie lag zu diesem Zeitpunkt völlig betrunken auf ihrem Bett und schlief – standen vor der Tür. Ich nahm die Geschenke entgegen und führte sie in die verqualmte Küche, um ihnen ihr Abendessen zu zeigen. Ich konnte gar nicht anders als lachen, trotz der Gefahr, die das alles bedeutete. Die Wohnung hätte abbrennen können! Die Freunde meiner Mutter lachten auch. Wenn ich mich recht erinnere, hat dann einer von ihnen für alle Pizza bestellt.»

Wenn Sie Ihre Vergangenheit oder Gegenwart mit Humor meistern, bedeutet das nichts anderes, als dass Sie sich selbst erlauben können, eine vom realen Geschehen so weit entfernte Perspektive einzunehmen, dass das Geschehen selbst Sie eigentlich nicht mehr erreicht und mit seiner emotionalen Wucht treffen kann. Sie betrachten die Ereignisse von so weit entfernt, dass sie viel kleiner scheinen, als sie in Wirklichkeit sind. Wie Cecilie, die an dem beschriebenen Abend gleich mit dreierlei fertig werden musste: Ihre Mutter hat riskiert, dass die Wohnung, wenn nicht das ganze Haus abbrennt; sie hat als Versorgerin ihrer Kinder versagt und hat Cecilie in eine peinliche Situation gebracht. Die Tochter reagiert mit Humor und macht damit aus einer eigentlich belastenden, wenn nicht unerträglichen Lage eine Situation, die sich auflösen lässt.

Psychologen wissen längst, dass Lachen ausgesprochen heilsame Qualitäten hat, und sie setzen dieses Wissen ganz bewusst ein. Die Stehaufmännchen unter den Krisenkindern tragen dieses Wissen in sich und können es unbewusst nutzen, um sich ihr Leben zu erleichtern. Für sie hat Lachen nicht nur den körperlich gesunden Effekt, dass es Herz, Lungen und das Atmungssystem animiert, sondern vor allem, dass es ihnen eine feste Position in ihrer instabilen Welt ermöglicht. Sie haben eine ganz bestimmte Sichtweise ihrer Realität gewählt und sich entschieden, das Elend mit Humor zu nehmen. Damit haben sie gleichzeitig eine Position außerhalb der Belastungen gewählt, die sie sonst nur um einiges schwerer ertragen könnten.

Nathan: «Ganz sicher hat mir geholfen, dass ich von Natur aus ein optimistischer und fröhlicher Mensch bin. Das war ich auch als Kind schon. Ich erinnere mich gut, dass ich meine jüngeren Schwestern, die natürlich noch mehr Angst hatten als ich, wenn wir alleine waren, mit mehr oder weniger dummen Sprüchen bei Laune gehalten habe. Das ist eine Mentalitätsfrage, glaube ich. Ich neige einfach dazu, das Leben von der sonnigen Seite zu nehmen, auch wenn es mal nicht so sonnig ist. Im Nachhinein muss ich natürlich zugeben, dass es ein Unding war, dass unsere Mutter einfach wegfuhr, ohne uns betreut und versorgt zu wissen, aber allein, wenn ich an die Speisepläne denke, die wir so zusammengestellt haben, muss ich lachen. Dass uns nicht ständig schlecht war, ist beinahe ein Wunder.»

Stehaufmännchen mit Humor sind meist von früher Kindheit an gute Beobachter des Geschehens um sie herum. Auf dieser Basis gelingt es ihnen, die Details aus dem Verhalten in ihrer Umgebung zu filtern, die sich zum Lachen eignen.

Cecilie: «Humor von einem Kind zu verlangen, das mit einem alkoholkranken Elternteil aufwächst, ist viel verlangt. Ich habe als kleines Kind natürlich nicht über meine Mutter oder ihren Wahnsinn lachen können, dazu habe ich viel zu viel Angst gehabt. Aber als Jugendliche oder wenn ich heute mit meinem Bruder darüber nachdenke, wie manches war, lachen wir, dass uns die Tränen herunterlaufen. Gerade neulich fiel uns wieder ein Fest ein, das unsere Mutter mit Freunden gefeiert hatte. Ich schlief, und mein Bruder war von merkwürdigen Geräuschen mitten in der Nacht aufgewacht. Er öffnete die Tür und schaute hinaus. Auf dem Flur kniete unsere Mutter auf allen vieren und bellte wie ein Hund. Ihr gegenüber einer der Gäste, ebenfalls auf allen vieren, der aus vollem Hals miaute. Mein elfjähriger Bruder sah sich das einen Moment an, schloss die Tür, kam an mein Bett, weckte mich und sagte mit weinerlicher Stimme: ‹Draußen auf dem Flur kniet die Mama und bellt.› Damals war das nicht komisch, heute sehr.»

Natürlich ist es viel verlangt, über traurige oder gar tragische Ereignisse zu lachen, und ganz sicher eignet sich auch im Nachhinein nicht jede Begebenheit dazu, mit Humor betrachtet zu werden. Doch wenn Sie sich intensiv auf die Suche nach Ihrer Resilienz machen, werden auch Sie sich an Situationen erinnern, die zumindest aus heutiger Sicht eher absurd als entsetzlich erscheinen.

Wenn Sie die folgenden Fragen lesen und beantworten, versuchen Sie bitte, zu rekonstruieren, in welchen Situationen der Vergangenheit Sie trotz der Schwierigkeiten mit einer wie auch immer gearteten heiteren Distanz reagiert haben, und denken Sie nicht so sehr an den Kummer, den Ihnen die jeweilige Situation bereitet hat.

Kindheit:

> Waren Sie sich in der Kindheit oft selbst überlassen oder wurden auch in Gesellschaft Ihrer Eltern wenig beachtet?
> Waren Sie ein guter Beobachter Ihrer Umgebung?
> Haben Sie Menschen, die Sie geärgert oder verletzt haben, hinter deren Rücken nachgeäfft oder verzerrte Bilder von ihnen gezeichnet?
> Haben Sie bestimmte Situationen mit Puppen, Stofftieren oder Ähnlichem nachgespielt und dabei die starken Eltern verlieren lassen und ins Lächerliche gezogen?
> Galten Sie als Familien- oder Klassenclown?

Jugend:

> Haben Sie sich allein oder mit Freunden über Ihre Eltern oder bestimmte Ereignisse lustig gemacht?
> Hat Ihnen das geholfen, sich Ihren Eltern gegenüber überlegen zu fühlen?
> Konnten Sie auch über sich selbst lachen?

- Neigten Sie dazu, sich über alltägliche Dinge lustig zu machen?
- Konnten Sie diese Neigung auf Krisen übertragen?

Erwachsenenalter:

- Sind Sie in der Lage, die Absurdität Ihres ehemaligen Familienlebens zu sehen?
- Können Sie über eigenen Kummer lachen?
- Können Sie Ihren Humor gezielt einsetzen, um sich aus schlechter Laune oder trauriger Stimmung zu befreien?
- Können Sie Spannungen zwischen anderen Menschen oder zwischen sich und anderen Menschen mit Ihrem Humor abbauen oder zumindest entschärfen?

Phantasie und Kreativität
Phantasie verleiht Flügel

Sind Sie ein kreativer Mensch? Haben Sie Phantasie? Kommen Ihnen ständig neue Ideen? Dann gehören Sie vermutlich zu der glücklichen Gruppe von Menschen, die traurige Gedanken und negative Erlebnisse in konstruktive Energie umwandeln können.

Kreativität hat viel mit Phantasie zu tun und ist entsprechend dazu angetan, eine hervorragende Fluchtmöglichkeit zu bieten, wenn wir uns unter Druck oder überfordert fühlen.

Durch seine Phantasie hat der Mensch die einzigartige Möglichkeit, sich Erfahrungen und Erlebnisse zu schaffen, die die Wirklichkeit nicht bieten kann. Kinder können bei Bedarf mit Leichtigkeit in eine Phantasiewelt eintreten. Dort hat auch der Einsame Freunde und befindet sich in Gesellschaft von guten Spielkameraden oder verständnisvollen Erwachsenen. Dort können Krisenkinder in ihren Träumen das erleben, was ihnen in Wirklichkeit nicht möglich ist.

Die Kreativität der Stehaufmännchen macht aus dem geschundenen, misshandelten, frustrierten Kind einen Superhelden, eine wunderschöne Prinzessin, einen Weltraumforscher oder die tollkühne Retterin der Welt. Kreativität lässt Krisenkinder in die traumhaften Sphären der fiktiven Welten fliehen und sie dort mit ihren Helden bis zum glücklichen Ende der Geschichten leiden, lieben und leben.

Erika: «Ich war eine Leseratte, und nicht zuletzt durch vieles Lesen … eröffnete sich mir eine andere erstrebenswertere Welt. … Durch Bücher erkannte ich, dass es etwas anderes geben musste als das, was ich täglich erfuhr. Nicht nur einen anderen Alltag, sondern auch andere wichtige Dinge. Werte, die man nicht für Geld kaufen kann. Wissenschaft und Kunst, Politik und Musik, Schönheit und Zuneigung, fremde Kulturen und Dichtung, die Schönheit der Sprache und dergleichen mehr. Es liegt eine Menge für uns bereit, und man sollte sich seinen Kopf nicht mit Müll, sondern mit schönen Dingen füllen. Es kostet nichts und lohnt sich.»

In frühester Kindheit zeigt sich kreative Resilienz vor allem dadurch, dass phantasiebegabte Krisenkinder gerne und viel spielen, sich gut beschäftigen können. Als Vorgänger des kreativen Umgangs mit Materialien ist das Spiel die phantasievolle Variante, im Kopf eine eigene Welt zu schaffen. Wir sagen, jemand ist in sein Spiel versunken, und beschreiben damit einen Zustand der Entrückung, wie Sabrina, die als kleines Mädchen so beschäftigt mit ihren Spielen im Garten war, dass es der Mutter kaum gelang, sie ins Haus zu holen. Hier hatte sie ihre eigene Welt, innerhalb deren ihr die Ängste, Sorgen und Nöte der Realität nichts anhaben konnten.

Die Fähigkeit, zu spielen, sich mit Kleinigkeiten beschäftigen und in Phantasiewelten versinken zu können, hat sehr viel mit Kreativität zu tun. Im Spiel aktivieren wir unsere Vorstellungskraft und schaffen uns, wenn nötig, eine Welt, die besser ist als unsere Realität. Wenigstens für ein paar Stunden sind wir Könige, tapfere Ritter, Prinzessinnen oder starke Tiere. Wir können alles, und uns kann keiner!

Für fast alle Kinder ist Spielen die natürlichste Methode, Druck abzubauen, unangenehme Erlebnisse zu verarbeiten und wenn nötig innere Wunden zu heilen. Stehaufmännchen entwickeln sehr häufig eine ganz besondere Fähigkeit, sich durch ihre Kreativität der oft unerträglichen Realität zu entziehen. Auf diese Weise vermeiden sie zumindest eine Weile die Gefühle von Einsamkeit, Angst, Wut, Ohnmacht, Verwirrung und Verzweiflung.

- Sie sind stark wie Pippi Langstrumpf,
- teilen die liebenden Eltern mit den Kindern von Bullerbü,
- können zaubern wie Harry Potter,
- beherrschen ganze Heere von Stofftieren, mit denen sie bedrohte Puppen befreien,
- denen sie dann an fein gedeckten Tischen auf Minigeschirr Tee und Kekse servieren, um die glückliche Rettung zu feiern,
- sie gewinnen wogende Schlachten mit Schwertern, in denen sich die Gegner bei genauer Betrachtung als Haselnusssträucher und die Schwerter als Stöcke entpuppen,
- sie werden zur erwachsenen, feinen, reichen Dame mit ein paar Plastikketten und Mutters Pumps,
- sie werden zur Mutter und füttern, wickeln und schaukeln Puppe, Katze oder Hund,
- sie bestehen Piratenabenteuer, an denen selbst der legendäre Sandokan gescheitert wäre.

Mit einem Wort, sie sind stark, unangreifbar und haben für die Dauer ihrer Spiele die Macht über das, was geschieht. Im kindlichen Spiel erproben und kultivieren Stehaufmännchen unbewusst eine Fähigkeit, die sie auch im Erwachsenenalter sehr gut gebrauchen können. Sie erweitern das Bewusstsein ihrer selbst und ihrer Fertigkeiten und entwickeln die Kapazität, ihre Umgebung zu verändern.

Im sicheren, geborgenen und ungefährlichen Spiel können Kinder gefahrlos ausprobieren, wie sie ihre Welt so gestalten können, dass sie weniger Kummer und Schmerzen birgt. Gleichzeitig verschaffen sie sich damit ein hilfreiches Maß an Unabhängigkeit und vermindern die Hilflosigkeit, mit der sie den alltäglichen Gegebenheiten ausgeliefert sind.

Mit Beginn der Pubertät wird dann aus dem kindlichen Spiel oft ein Hobby, das mit Engagement ausgeübt die ehemalige Funktion des Spiels übernimmt. Kreative Stehaufmännchen werden in der Regel nicht körperlich aggressiv gegen jüngere Geschwister, leben ihren häuslichen Frust nicht in ständig wechselnden Beziehungen aus, schlagen sich nicht auf der Straße und ziehen sich auch nicht schildkrötenartig in einen Panzer zurück. Stattdessen schreiben sie Tagebuch, Gedichte und Geschichten, malen, tanzen oder musizieren, um ihren inneren Aufruhr auszudrücken.

Erika: «Es gab in meinem Dasein nichts, was das Leben lohnte. Also begann ich, mir etwas auszudenken. Jede freie Minute dachte ich mir Geschichten aus. Als ich zwölf war, fing ich an, ein Tagebuch zu führen, und tat das jahrelang. Schon beim Tagebuchschreiben verlieh ich meiner Phantasie Flügel, aber ich selber wusste später immer genau, was Wirklichkeit und was erfunden war. Natürlich verhielt ich mich in den von mir ersonnenen Begebenheiten immer äußerst heldenhaft. Ich tat die abenteuerlichsten und gewagtesten Dinge. Alle Menschen waren mir dankbar, und ich wurde nicht mehr verkannt ... Oder ich dachte mir aus, ich hätte eine Familie und alles an mir wäre untadelig.

... Ich spielte auch mit anderen Kindern hingebungsvoll. Wenn wir Cowboy spielten, war ich der Chef, und bildeten wir eine Bande, war ich der Bandenchef. Fuhren wir Schlitten und ging es gefährlich bergab, so steuerte ich den Schlitten. Bei diesen wilden Spielen und auch beim späteren Tagebuchschreiben reagierte ich einen Teil meiner Ängste ab.»

Stefan: «Ich habe als Kind nicht gerne gespielt, Memory, Schach, Mensch ärgere dich nicht und Ähnliches mochte ich nicht sehr. Aber Geschichten geschrieben habe ich gerne. Meistens habe ich sie niemandem gezeigt, aber als ich in der ersten Gymnasialklasse war, habe ich an einem Wettbewerb teilgenommen und tatsächlich den ersten Preis gewonnen. Das war großartig, ich war unglaublich stolz, auch wenn der Preis ein Exemplar von Goethes ‹Dichtung und Wahrheit› war, mit dem ich damals überhaupt nichts anfangen konnte.»

Durch kreative Beschäftigungen finden Stehaufmännchen ein Ventil und können ein wenig Ordnung in das Chaos ihrer Gefühle bringen. Dank ihrer Begabung gelingt es ihnen nicht nur, Kummer oder Schmerz zu kanalisieren, sondern sich auch noch Erfolgserlebnisse zu verschaffen. Denn die sichtbaren und vorzeigbaren Ergebnisse ihrer Tätigkeit fördern das Selbstbewusstsein.

Georg: «Der Umgang mit Papier und Farben brachte mir nicht nur die ersten Einsen oder schulischen Erfolgserlebnisse. Er brachte vor allem Selbstbewusstsein, das ich bis dahin überhaupt nicht hatte. Endlich hatte ich etwas, was ich erstens überhaupt konnte, und zweitens auch noch besser konnte als die meisten anderen.»

Das fertige Werk, ganz gleich, ob es ein Text, ein Bild, eine Komposition, eine Skulptur, ein gestrickter Pullover, ein gehäkelter Topflappen oder ein genähter Vorhang ist, ist ein Spiegel und Beweis der eigenen Fähig- und Fertigkeiten.

Felix: «Ich war ein begeisterter Bastler als Kind, wann immer ich Zeit hatte, setzte ich mich in eine Ecke und begann zu schnitzen. Die Beschäftigung mit einem Stück Holz, aus dem dann etwas entstand, brachte mir große Ruhe und Zufriedenheit. Oft versank ich dabei in eine Art Tagtraum. Ich stellte mir vor, dass ich ein Schreiner wäre, der ganz wenig Geld hatte und in seiner Freizeit kleine Figuren schnitzte, die er dann verkaufte, um seine Familie zu ernähren. Immer wenn ich dann wieder ein kleines Holzpüppchen fertig hatte, war ich richtig stolz, denn in meiner Phantasiewelt konnte ich ja meine Familie damit ernähren. Ich habe aber auch gestrickt. Ich fand es faszinierend, wie aus einem Knäuel Wolle – einfach aus vielen Metern Garn – etwas werden konnte, was man gebrauchen und sogar anziehen konnte. Einmal zu Weihnachten habe ich meinen beiden Brüdern und meinem Vater Schals gestrickt. Die fassungslosen Augen meines Vaters vergesse ich nie, aber er hat sich sehr gefreut.»

Aus einem Stock entsteht ein Püppchen, ein Faden wird zum Kleidungsstück, Scherben zum Mosaik. Wer aus dem Nichts etwas schafft, haucht toten Dingen Leben ein, macht aus Teilen ein Ganzes und heilt damit die Wunden der eigenen Seele.

Kreativität verwandelt auf wundersame Weise Kampf in Kraft, Schmerz in Vergnügen, Niederlagen in Triumphe, Bedeutungslosigkeit in Wichtigkeit.

Phantasie und die damit verbundene Kreativität helfen sowohl Kindern als auch Erwachsenen, mit Problemen fertig zu werden. Sie lenken die Gedanken von unangenehmen häuslichen Dingen ab, die belastete Seele kann sich ausruhen.

Erwachsene Stehaufmännchen mit kreativer Veranlagung haben entweder kreative Berufe oder ein Hobby, das sie sehr intensiv pflegen.

Vera: «Ich bin heute mit meinem Leben, wie es bis jetzt gewesen ist, sehr zufrieden. Ich bin dankbar für viele Begabungen, die ich auch ausüben konnte bzw. kann, wie beruflich Tänzerin und Tanzpädagogin, als Hobby Malen und Modeentwerfen.»

Ein Hobby ist nichts anderes als eine Beschäftigung, die wirklich befriedigt, Spaß und zufrieden macht, dadurch Selbstbewusstsein gibt und zu einem guten Selbstwertgefühl verhilft. Und damit wird es zu einem probaten Heilmittel für viele erlittene Wunden.

Sie haben kein Hobby? Nun, dann empfehle ich Ihnen eindringlich: Fangen Sie unverzüglich damit an, darüber nachzudenken, was es sein könnte. Suchen Sie nach Ihren Talenten und Stärken. Kreativität ist eine Form der Resilienz, die Ihre innersten heilenden Kräfte mobilisiert. Wichtig ist, dass Sie den Mut haben zu experimentieren, denn nur dann können Sie feststellen, ob dieses oder jenes kreative Medium Ihnen als Ausdrucksform entspricht. Wenn Sie sie gefunden haben, kann das Kombinieren von Farben, Worten, Noten oder Materialien plötzlich zur heilsamen Mixtur werden.

Kreative Stehaufmännchen suchen immer nach dem, was an Kraft und Potenzial in ihnen steckt, und wenn sie es gefunden haben, nutzen sie es, um mit den Problemen, die ihr Leben mit sich bringt, umgehen zu können und fertig zu werden.

Wenn Sie Ihre eigenen Interessen und Vorlieben verfolgen, zeigen diese Ihnen den Weg zu einer Tätigkeit, die Ihnen Zufriedenheit verschafft. Um Ihre persönlichen Talente zu entdecken, sollten

Sie sich zunächst von Ihren Selbstzweifeln verabschieden. Wer an sich selbst zweifelt, tut sich unnötig schwer bei der Suche nach seinen Begabungen. Ganz sicher sind Ihre Begabungen an irgendetwas gekoppelt, was Sie gerne tun oder gerne mögen.

Ihre Vorlieben zeigen sich unter anderem dadurch, dass Sie bestimmte Kleinigkeiten in Ihrem Umfeld mit Freude wahrnehmen. Das heißt, Ihre Vorliebe für etwas spiegelt eine spezielle Wertschätzung, und die wiederum reflektiert das Talent. Bewerten Sie Ihr Talent nicht, messen Sie es nicht, folgen Sie ihm einfach.

Um das zu realisieren, müssen Sie vielleicht Ihren Lebensplan neu definieren und umorganisieren oder in bestimmten Bereichen von vorne anfangen. Lassen Sie sich davon nicht schrecken, denken Sie daran: Die Regeln für Ihren Lebensplan stellen Sie selbst auf – sie sind nicht vorgeschrieben. Um für sich die richtigen Regeln zu finden, benötigen Sie allerdings ein gutes Stück Kreativität und Phantasie. Denn als Stehaufmännchen wird Ihnen besonders auf diesem Gebiet eine Menge abverlangt:

- ehrlich bleiben, obwohl Sie vielleicht oft betrogen wurden,
- Mitgefühl zeigen, obwohl Sie vielleicht oft verletzt wurden,
- die klare Wahrheit sprechen, obwohl Sie vielleicht oft doppelzüngig angesprochen wurden,
- Intimität riskieren, obwohl Sie vielleicht oft zurückgewiesen wurden,
- loslassen können, obwohl Sie sich nach Zuneigung oder Aufmerksamkeit sehnen,
- weiter zu handeln, obwohl nichts, was Sie jemals taten, gut genug war,
- gut zu leben, obwohl Sie unter miserablen Verhältnissen aufwachsen mussten.

Das alles verlangt ein enormes Maß an Vorstellungskraft. Stehaufmännchen, die all das oder zumindest einen Teil davon leisten, müssen über die Phantasie und Kreativität verfügen, sich eine ganz neue Existenz vorstellen zu können. Sie müssen irgendwann eine Vision davon entwickeln, wie das Leben sein kann und wie sie es später haben möchten. Das gelingt auf den Flügeln der Phantasie, denn damit schaffen sie sich meist schon als Kinder oder Jugendliche Nischen, in denen sie existieren und überleben können.

Die Kreativität der Stehaufmännchen bedeutet letztendlich nichts anderes, als dass sie schon als junge Menschen in der Lage sind, neben ihrer oft bösen und belastenden Welt eine harmonische, friedvolle und glückliche Welt zu bauen, in der sie eine Art zweites Leben führen. Dieses zweite Leben wird mit zunehmendem Alter immer bedeutsamer, nimmt immer mehr Raum in der Realität ein, und im Idealfall gleicht es schließlich die Belastungen der Vergangenheit aus.

Nach allem, was Sie jetzt über Kreativität gelesen haben, ist es an der Zeit, nach dem kreativen Stehaufmännchen in Ihnen zu suchen. Wieder bitte ich Sie, die folgenden Fragen sorgfältig zu lesen und zu beantworten. Und wie bisher geht es auch hier darum, die Situationen, an die Sie sich jetzt gleich erinnern werden, aus einem veränderten Blickwinkel zu betrachten. Legen Sie den Schwerpunkt Ihrer Erinnerung bitte nicht auf den Kummer und die Schmerzen, die Ihnen bereitet wurden, sondern vergegenwärtigen Sie sich, was Sie aktiv getan haben, um dank Ihrer Kreativität mit den Situationen fertig zu werden.

Kindheit:

> Erinnern Sie sich an «Kunstwerke» aus Pappkartons, alten Knöpfen und einem Stück Bindfaden?
> Haben Sie als Kind gerne und viel gemalt?
> Konnten Sie sich gut mit sich selbst beschäftigen?
> Hatten Sie bestimmte Spiele oder Phantasien, mit denen Sie sich immer wieder die Zeit vertrieben?
> Waren Sie in diesen Spielen oder Tagträumen stark und hatten die Macht, das Geschehen zu bestimmen?

Jugend:

> War Malen, Tanzen, Schreiben oder Musizieren ein ernsthaftes Hobby in Ihrer Jugend?

- Haben Sie im Nachhinein das Gefühl, dass Sie damit verletzte Gefühle artikulieren konnten?
- Hat die Beschäftigung mit Ihrem Hobby Ihnen geholfen, die negativen Erlebnisse in etwas Positives umzuwandeln?
- Haben Sie sich immer wieder vom familiären Umfeld zurückgezogen, um sich Ihrem Hobby zu widmen?

Erwachsenenalter:

- Haben Sie heute ein künstlerisches Hobby oder einen künstlerischen Beruf?
- Empfinden Sie die positiven Gefühle, die Sie aus Ihrer Beschäftigung ziehen, als Kompensation für den Schmerz der Vergangenheit?
- Haben Sie ein Gefühl der schöpferischen Befriedigung, wenn Sie aus einem Wollknäuel einen Schal, aus ein paar Brettern und Schrauben ein Regal, aus zusammengeschweißten Rohren eine Skulptur oder mit Farbe und Pinsel ein Bild geschaffen haben?

Glaube und Hoffnung

Hilf dir selbst – dann hilft dir Gott

Die Stehaufmännchen unter den Krisenkindern geben nie die Hoffnung auf. Dabei sehen sie jedoch durchaus die Realität so, wie sie ist. Ihre Hoffnungen schützen sie davor, ihre Situation passiv zu ertragen und in ihrem Leid zu ertrinken. Stattdessen werden sie im Rahmen ihrer Möglichkeiten selbst aktiv, um die Lage zu verbessern.

Die Hoffnung auf ein besseres Leben und der feste Glaube an eine ordnende Kraft, die eines Tages hilfreich zur Seite steht, wenn es gilt, dieses Leben zu etablieren, spielen für manche Stehaufmännchen eine ebenso große Rolle wie die Umsetzung ihrer persönlichen resilienten Eigenschaften, mit deren Hilfe sie als Krisenkinder ihre Vergangenheit gemeistert haben.

Iris: «Ich denke, nur meiner inneren Stärke und meinem Optimismus habe ich es zu verdanken, dass ich nie abgerutscht bin. Ich war tief in mir drin immer davon überzeugt, dass ich irgendwann auf der anderen Seite stehen würde, dass ich eines Tages wirklich glücklich sein würde. Diesen Glauben habe ich nie verloren, und der trieb mich auch immer wieder voran.»

Der erste Keim für die rettende Hoffnung wird oft schon in frühester Kindheit gelegt. Etwa im zweiten Lebensjahr beginnen Kinder, eigene Vorstellungen davon zu entwickeln, wie die Welt um sie herum auszusehen hat. Dieser Prozess beginnt mit den Beobachtungen, die sie in ihrem Umfeld machen: Tiere machen Geräusche und können sich bewegen, wenn sie lebendig sind, Puppen und Teddys kann man an Armen und Beinen ziehen, ohne dass sie schreien oder sich wehren, Essen schmiert man besser nicht auf den Tisch, heiße Herdplatten fasst man besser nicht an, und Eltern sollen lieb sein. Wenn die Eltern dann nicht oder nicht immer lieb sind, spürt auch das kleine Kind, dass etwas nicht in Ordnung ist.

Kinder sind in den ersten Jahren ihres Lebens so sensibel und empfindlich wie später nie wieder. Das liegt unter anderem daran, dass sie sich auf ihre Sensoren und Gefühle verlassen können müssen, denn die Welt der Sprache ist ihnen zunächst verschlossen. Wenn sie diese für sich erschließen, tritt sehr zügig ein weiterer Entwicklungsschritt ein: Starke Kinder aus Familien mit gestörten Strukturen, die sich verletzt fühlen, wollen wissen, warum. Dann beginnen sie zwangsläufig, nach dem Unterschied zwischen Richtig und Falsch, Gut und Böse, Recht und Unrecht zu suchen.

Stefan: «Ich wusste natürlich, dass es nicht richtig war, ein Kind zu misshandeln, wie ich misshandelt wurde. Niemand hat diese Art von Schlägen verdient, und schon gar kein Kind, das sich eines kleinen Vergehens schuldig gemacht hat und dann der elterlichen Wut gnadenlos ausgeliefert wird.»

Diese Aussage zeigt sehr deutlich die ausgeprägte Fähigkeit, Recht von Unrecht zu unterscheiden und zu erkennen, dass da jemand, den Stefan eigentlich liebte oder zumindest lieben wollte, sich falsch verhielt. In ihrer Einsamkeit und empfundenen Hilflosigkeit orientieren sich viele Krisenkinder am Glauben an Gott und empfehlen ihm ihr Schicksal an, in der Hoffnung, all das, was jetzt stattfindet, möge sich eines Tages mit seiner Hilfe zum Besseren wenden.

Erika: «Wenn arm und dürftig dir erscheinen
Die ererbten Gaben,
Dann tröste dich und denk daran
Gott wollte dich so haben.

Später in den schweren Jahren voller Not und Ängste gab es für mich immer einen Gott, der mich letzten Endes vor dem Schlimmsten bewahren würde. Der Glaube an die Existenz Gottes half mir über die schlimmste Zeit.»

Felix: «In der schwersten Zeit habe ich viel gebetet. Der feste Glaube an Gott, den meine Mutter uns vor ihrem Tod beigebracht hatte, hat mir als kleinem Jungen sehr geholfen. Ich habe immer geglaubt, dass das alles einen Sinn hat, auch wenn ich ihn nicht verstanden habe. Manchmal habe ich allerdings auch mit dem Lieben Gott gehadert, weil er uns die Mutter weggenommen hat – aber dafür habe ich mich dann immer gleich entschuldigt ...»

Kurt: «Ich habe oft gebetet und auch fest daran geglaubt, dass Gott meinen Vater eines Tages für seine Taten zur Rechenschaft ziehen und bestrafen würde.»

Nathan: «Meine Geschwister allein zu lassen und mich nicht um sie zu kümmern, wäre nie infrage gekommen. Nachdem unsere Mutter uns verlassen hatte, war es für mich von vornherein klar, dass ich für sie sorgen würde. Sie sollten nicht das Gefühl haben, unter dem ich litt, nämlich dass sich niemand um mich kümmert. Ich habe oft abends im Bett gelegen mit gefalteten Händen und gebetet, dass der liebe Gott mir beistehen soll. Und irgendwie hat er das ja auch getan.»

Petra: «Als es auf meinen 14. Geburtstag zuging, kam ich in den

Konfirmationsunterricht. Das war meine Rettung, denn der Pfarrer, der die Stunden leitete, hatte wirklich eine umwerfende Art, mit Jugendlichen umzugehen und ihnen den Glauben an Gott nahe zu bringen. Ich fing an, die Bibel zu lesen, und betete jeden Abend, dass Gott mich irgendwann von meinen Qualen erlösen würde.»

Wenn die Stehaufmännchen unter den Krisenkindern älter werden, suchen sie nicht nur nach dem tröstenden Gefühl, dass irgendwo in ihrem persönlichen Chaos doch eine ordnende und sinngebende Hand existiert, sie suchen auch nach einer moralischen Instanz. Sie strecken ihre Fühler aus und versuchen Werte wie Ehrlichkeit, Aufrichtigkeit, Verantwortungsbewusstsein, Anstand und Fairness für sich mit Leben zu füllen.

Stehaufmännchen lassen sich nichts vormachen, sie sind oft sehr jung in der Lage, sehr richtige Urteile zu fällen über das, was in ihren Familien geschieht, und danach gefragt, sind sie auch sehr gut in der Lage, darüber zu sprechen und ihre Wertung zu formulieren.

Barbara: «Ich brauchte die drakonischen Strafen meines Vaters nicht, um zu wissen, wann ich einen Fehler gemacht hatte und wann nicht. Das weiß man doch schon ganz früh, wenn man Murks gemacht hat, und entsprechend fühlt man sich dann auch. Da muss man weder geschlagen noch angekettet werden.»

So schmerzhaft und vielleicht sogar beängstigend diese Erkenntnisse sein mögen, so haben auch sie eine Schutzfunktion. Dadurch, dass Kinder oder Jugendliche aufgrund dieser Überlegungen das Verursacherprinzip durchschauen, gelingt es ihnen, die Verantwortung für die jeweiligen Fehlverhalten dorthin zu delegieren, wo sie hingehören – zu den Eltern oder einem Elternteil. Der Effekt ist, dass die häufig auftretenden Schuldgefühle von missbrauchten und misshandelten Krisenkindern, «Ich bin schlecht, ich habe verdient, dass ich so behandelt werde, ich bin sicher schuld daran …», bei den Stehaufmännchen nicht langfristig greifen.

Petra: «Ich hatte relativ früh das Gefühl, dass mein Vater als Vater versagte. Ich hatte nur viel zu viel Angst und Respekt vor ihm, als dass ich früher etwas hätte unternehmen können.»

Als Erwachsene heilen diese Stehaufmännchen die entstandenen

Wunden nicht selten, indem sie sich anderer annehmen, stets ein offenes Ohr für die Sorgen und Nöte ihrer Mitmenschen haben, ihre eigenen den Bedürfnissen ihrer Mitmenschen unterordnen.

Felix: «Ich hätte als kleiner Junge oft so dringend ein offenes Ohr oder eine kleine zärtliche Geste gebraucht, aber es war eben niemand da, der mir das geben konnte. Heute fühle ich mich stark genug, meinerseits zu geben, was ich nicht hatte. Ich achte sehr auf meine Schüler und bemühe mich, da zu sein, wenn mich jemand braucht, Veränderungen zu registrieren. Wenn ich dann merke, dass ich wirklich helfen kann, dass sich Schüler mir anvertrauen, dann gibt mir das ein gutes Gefühl der Zufriedenheit ... Ein bisschen was von dem, was wir anderen geben, geben wir letztendlich ja auch uns selbst.»

Petra: «Ich glaube nicht, dass ich unter einem Helfersyndrom leide. Meine beiden Therapien haben mir sehr geholfen, und ich habe mit vollem Bewusstsein einen Beruf gewählt, der es mir möglich machen wird, in Zukunft anderen Menschen, die Ähnliches wie ich durchlitten haben, zu helfen. Ich bin schließlich nicht allein auf der Welt. Viele Kinder werden in der einen oder anderen Form missbraucht, und die wenigsten von ihnen haben das Glück, eine Mutter zu haben, die so klug reagiert, wie meine das getan hat. Ich denke einfach, all mein Schmerz und meine Ängste müssen doch zu irgendetwas gut gewesen sein, und wenn es nur ist, dass ich auf der Basis meiner unangenehmen Erfahrungen in der Lage bin, anderen zu helfen, ihre Traumata zu überwinden.»

Krisenkinder mit den Resilienzen Glaube und Hoffnung haben verstanden und verinnerlicht, dass sie mit ihren Problemen Teil eines Ganzen und viel Größeren sind.

Tina: «Dann habe ich mir immer vorgestellt, dass es Menschen gibt, denen es viel schlechter geht als mir, und das hat mich getröstet.»

Oft bringen sie später sich und ihre Begabungen, Erfahrungen und Fertigkeiten in ihrem Umfeld ein. Unter den so veranlagten Stehaufmännchen sind die Erwachsenen sehr oft Menschen, die sich im kommunalen oder karitativen Bereich engagieren:

- Sie sind oft unter den Ersten, die, auch wenn das Geld noch so knapp ist, spenden, wenn andere in Not sind.
- Sie sammeln den Abfall, den andere im Park achtlos haben liegen lassen, im Vorbeigehen auf.
- Sie kümmern sich um Alte, Kranke, Behinderte, lesen Kindern in Krankenhäusern vor.
- Sie laden allein stehende Freunde Weihnachten und in den Ferien ein.
- Sie helfen dem Kind, das im Kaufhaus verloren gegangen ist, die Eltern zu finden.
- Sie engagieren sich im Tierschutz.
- Sie investieren ihre Kräfte für Freunde und Bekannte, die ihrer Unterstützung bedürfen.

Kurt: «Gar keine Frage, ich würde meine Kindheit nach wie vor als miserabel bezeichnen. Ich muss aber auch zugeben, dass ich heute ein sehr glückliches und erfülltes Leben führe. Ich liebe meinen Beruf, ich habe eine wunderbare Frau an meiner Seite, und ich habe das große Bedürfnis, von diesem Glück etwas abzugeben an die, die es nicht haben. Wo ich kann, helfe ich mit Geldspenden oder auch persönlich. Wenn jeder irgend so etwas täte, gelänge vielleicht eine bessere Welt?»

Resiliente Krisenkinder entwickeln sich fast ausnahmslos mehr oder weniger ausgeprägt zu erwachsenen Menschen mit einem ausgeprägten Bewusstsein für die Bedürfnisse ihrer Mitmenschen. Da liegt ein Vergleich mit dem, was das Gebot der christlichen Nächstenliebe impliziert, auf der Hand. Sie haben alle viel durchgemacht und wissen besser als viele andere, welch hässliche Gesichter das Leben zeigen kann.

Mit Bewusstsein habe ich den Aspekt der Hoffnung und des Glaubens an den Schluss der resilienten Fähigkeiten gestellt. Alle anderen Resilienzen dienen in erster Linie dazu, ein verletztes Selbst zu heilen, doch Glaube und Hoffnung reichen weiter, sie sind auch dazu angetan, unsere Umgebung, wenn nicht gar die Welt, zu verbessern.

Wenn Sie einen Teil der Ihnen gestellten Aufgaben mit Hilfe von

Glaube und Hoffnung bewältigt haben, sollten Sie immer an Folgendes denken: Auch wenn all diese Aufgaben schwere Bürden waren, haben Sie allen Grund, stolz auf sich zu sein, denn dank Ihrer Resilienz ist es Ihnen gelungen, sie zu meistern.

Sie haben ein Recht darauf, vor sich selbst und von allen Menschen, auch – und vielleicht besonders – von Ihren Eltern den Respekt zu verlangen, der Ihnen für diese Leistung zusteht. Um dieses Bewusstsein zu wecken oder zu verstärken, bitte ich Sie, die folgenden Fragen zu beantworten. Wieder geht es darum, in Ihrer Erinnerung nach bestimmten Ereignissen und Anlässen zu suchen, diesmal beziehen sie sich auf Ihre von Glaube und/oder Hoffnung geprägten Maßstäbe. Versuchen Sie bitte, vergangene Situationen zu rekonstruieren, in denen Sie ein deutliches Bewusstsein dafür entwickelten, dass Ihre Eltern etwas Falsches getan hatten. Oder Gelegenheiten, in denen Sie auf etwas verzichtet haben, um Ihren Geschwistern zu helfen oder auch einem anderen Familienmitglied oder einem Freund:

Kindheit:

- Spürten Sie schon als junges Kind, dass gewisse Verhaltensweisen Ihnen gegenüber in Ihrem Elternhaus nicht in Ordnung, falsch, böse oder gemein waren?
- Hatten Sie eine eigene Messlatte, mit der Sie Richtig von Falsch unterscheiden konnten?
- Haben Sie jemandem davon erzählt, dass Ihnen wehgetan wurde?
- Haben Sie als Kind schon beschlossen, ein anderes Leben als Erwachsener zu führen?

Jugend:

- Konnten Sie gegenüber Personen Ihres Vertrauens oder vor sich selbst aussprechen, was da bei Ihnen zu Hause falsch lief und wer dafür verantwortlich war?
- Gelang es Ihnen, sich von Schuldgefühlen zu befreien?
- Hatten Sie ganz persönliche Werte wie Fairness, Gerechtigkeit, Loyalität und Mitgefühl mit anderen?

- Haben Sie sich mit Schwächeren identifizieren und für sie einsetzen können?
- Haben Sie die Lücken, die Krankheit oder Unverantwortlichkeit Ihrer Eltern entstehen ließen, zu Hause gefüllt?
- Haben Sie sich gegen das Fehlverhalten Ihrer Eltern oder eines Elternteils aufgelehnt und zur Wehr gesetzt?
- Konnten Sie Ihren Maßstäben, gut zu sein, in der Regel genügen?

Erwachsenenalter:
- Engagieren Sie sich für andere?
- Tendieren Sie dazu, Ihrem Leben Ziele und Bedeutung zu geben, statt es ruhig dahinplätschern zu lassen?
- Können Sie sich vorstellen, Ihren Spaß, Vergnügen oder sogar Wohlbefinden zu riskieren, um für das einzustehen oder das zu tun, was Sie für richtig halten?

Ein Blick nach vorn

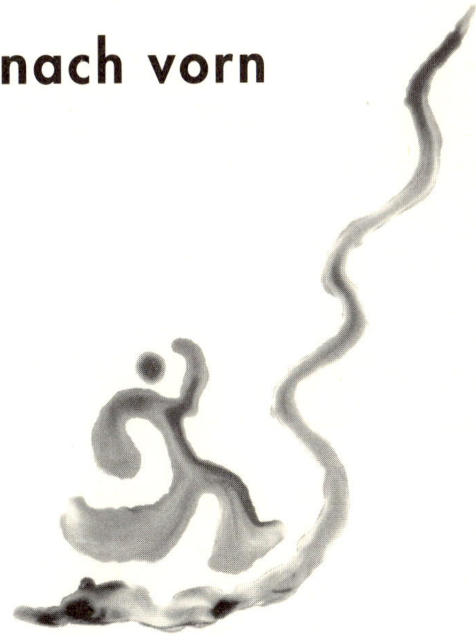

Vergeben heißt nicht vergessen
Glücklich ist, wer nicht vergisst

Cecilie: «Eines Tages, ich werde etwa elf Jahre alt gewesen sein, saß ich mit meiner Mutter im Bad. Sie hatte Tabletten vom Arzt bekommen, die ihr Übelkeit verursachten, wenn sie sie mit Alkohol kombinierte. Ihr war schrecklich schlecht, und ich schloss daraus, dass sie getrunken hatte. Als ich sie darauf ansprach, bekam sie einen Tobsuchtsanfall und schrie: ‹Du siehst nicht nur aus wie dein beschissener Vater, du benimmst dich auch noch von morgens bis abends wie dein beschissener Vater, warum gehst du nicht einfach zu deinem beschissenen Vater und lässt mich mit meinem Sohn allein und in Ruhe. Der ist wie ich, das ist mein Kind!› Der Ausbruch hat mich jahrelang verfolgt. Ich fühlte mich so elend und unglücklich. Heute habe ich es längst verziehen – vergessen werde ich es nie in meinem Leben.»

«Glücklich ist, wer vergisst, was halt nicht zu ändern ist», heißt es in der «Fledermaus» von Johann Strauß, doch was in der Operette Gültigkeit hat, gilt im wirklichen Leben keineswegs. Da heißt es vielmehr: «Glücklich kann werden, wer verzeiht und nicht vergisst.» Was wäre der Mensch ohne die Fähigkeit, sich zu erinnern, ohne die Möglichkeit, sich Angenehmes, aber auch Unangenehmes ins Gedächtnis zu rufen? Verteilt auf das gesamte menschliche Gehirn, befinden sich überall bestimmte Zellen, die auf Merkfunktionen spezialisiert sind. Besonders wichtig ist dabei das so genannte «episodische Gedächtnis», dessen kleine graue Zellen sitzen in der Hirnrinde und speichern das Wissen über den Lebenslauf.

Das ganze Leben besteht aus kleineren und größeren Ereignissen und Geschichten, die Ihren, individuell zusammengenommen, ergeben Ihre Biographie. Wenn Sie ein Krisenkind sind, werden Sie sich an eine ganze Reihe unschöner Begebenheiten aus der Vergangenheit erinnern. Erlebnisse, die in Ihrem Gedächtnis gespeichert und jederzeit abrufbar sind. Je stärker die Gefühle sind oder waren, die etwas auslösen, umso stärker prägt sich das jeweilige Ereignis ein.

Doch weil auch die Erinnerung wie alles im Leben Entwicklungen unterworfen ist, verändert sie sich im Laufe des Lebens. Erlebtes wird immer wieder erzählt, und durch jede Erzählung verschiebt sich die Gewichtung der Geschehnisse. Was gestern noch der Mittelpunkt eines Ereignisses war, kann heute oder morgen eine Randbegebenheit sein.

Wer von Ihnen eine Trennung oder Scheidung hinter sich hat, kennt diesen Prozess nur zu gut. Kaum ist eine neue Liebe gefunden, weichen Verbitterung und Enttäuschung über den Verlust der alten – mit der veränderten Gemütslage verändert sich auch die Gewichtung der Erinnerungen.

Diese Tatsache wissen Stehaufmännchen für sich zu nutzen. Um den Albtraum der bösen Erinnerungen ein für alle Mal loszuwerden, unterziehen sie die Ereignisse ihrer Vergangenheit einer genauen Prüfung. Die zentralen Fragen dieser Prüfung lauten sehr einfach: Kann ich jetzt noch etwas tun? Und wenn ja, was?

Da sich das Rad der Zeit nicht zurückdrehen lässt, können Sie an dem, was war, nichts mehr ändern. Sie können aber sehr wohl Ihren Umgang damit ändern. Neben dem Perspektivwechsel der Betrachtung steht Ihnen dafür ein weiteres sehr wichtiges Instrument zur Verfügung: Sie können lernen zu verzeihen.

Der erste Schritt zum Verzeihen oder Vergeben ist das Verstehen. Doch um zu verstehen, werden Sie nicht umhinkommen, sich noch einmal deutlich an Gewesenes zu erinnern. Diesmal geht es nicht darum, den Schwerpunkt der Erinnerung zu verändern, diesmal heißt es, die Position zu verändern.

Versuchen Sie, Abstand von sich selbst zu gewinnen und die Vergangenheit aus diesem Abstand zu betrachten. Stellen Sie sich gewissermaßen neben sich und tun Sie so, als ob all das, woran Sie sich erinnern, gar nicht Ihnen widerfahren wäre. Es ist viel verlangt, aber es geht: Schauen Sie sich die Vergangenheit mit dem neutralen Blick eines unbeteiligten Beobachters an. Ergreifen Sie keine Partei. Werten Sie nicht, denn es ist ganz gleich, ob es elterliche Unfähigkeit oder Krankheit, mangelnde Beherrschung oder eine psychische Störung waren, mittels deren Ihnen das Leben zur Hölle gemacht wurde. Wenn Sie die quälenden Defekte als das nehmen, was sie sind, Zeichen erheblicher Schwäche, gelingt es Ihnen leichter, erlittenes Unrecht und vergangenen Schmerz zu vergeben.

Meist gelingt es viel leichter, sich selbst Fehler und Fehlverhalten zu verzeihen, als anderen zu vergeben. Doch die Fähigkeit, zu verzeihen, ist eine der Grundvoraussetzungen für ein zufriedenes erwachsenes Leben.

Wer Zorn, Wut, Hass und Aggressionen als dauerhafte Bürde mit sich herumschleppt, schafft einen innerlich blockierenden Teufelskreis, dessen Fesseln nur schwer zu lösen sind. Ungute Emotionen belasten Sie ein Leben lang, Verzeihen entlastet.

Erika: «Inzwischen habe ich noch eine Erfahrung gemacht, nämlich, Verzeihen erleichtert einem selber das eigene Herz. Man kann vielleicht nicht vom Gefühl her verzeihen, weil die Wunden noch immer schmerzen, aber man kann lernen, es vom Kopf her zu tun, indem man versucht, die Menschen, die einen einst verletzten, zu verstehen, und man wird feststellen, dass sie selber in sich festgefahren sind und kaum anders handeln konnten. … Man streift nicht von heute auf morgen alles ab und wird ein neuer Mensch, vielmehr heilen Verletzungen langsam. Aber heute weiß ich, dass ich zu einer größeren Reife als mancher gelangte, dessen Leben nur so dahinplätscherte.»

Manchmal – aber sehr selten! – hilft die Natur dabei, gestörte Familienstrukturen zu verändern. Das geschieht zum einen dann, wenn Eltern altern und hilfsbedürftig werden, während ihre Kinder gleichzeitig an Unabhängigkeit und Selbstbewusstsein gewinnen. Zum anderen werden elterliche Verhaltensmechanismen manchmal durch Ereignisse wie die Hochzeit des Kindes oder die Geburt eines Enkelkindes verändert. Wenn es den erwachsenen Krisenkindern dann gelingt, auf der Basis des Verzeihens einzufordern, was ihnen in der Vergangenheit versagt wurde, besteht die Chance auf eine emotional gleichgewichtige, befriedigende Gegenwart und Zukunft.

Alle Stehaufmännchen, deren Beziehungen zu ihren Eltern sich, wenn auch spät, so doch letztendlich zum Besseren entwickelt, berichten mit großer Erleichterung davon.

Wie eine meiner Gesprächspartnerinnen, die als Kind von ihrem jähzornigen Vater «manchmal halb tot geprügelt wurde. Jahrelang habe ich mit ihm gehadert, habe ihn nicht angerufen oder besucht. Vor einiger Zeit hat mein Sohn geheiratet und wollte den Großvater dabeihaben. Da habe ich meinen Vater zum ersten Mal wiedergesehen. Er ist so klein, so dünn, so alt und zerbrechlich. Ich konnte gar nicht anders als ihn umarmen. Heute sage ich mir, es ist besser, die Vergangenheit ruhen zu lassen, und bin glücklich, dass wir nach allem, was war, hoffentlich noch ein paar friedliche Jahre als Vater und Tochter miteinander haben.» Die innere Aussöhnung mit dem Verursacher Ihrer Schmerzen wird Sie auch dann noch erleichtern, wenn sie postum geschieht, wie bei Vera, die erst nach langen, langen Jahren ihren Frieden mit dem Vater machen konnte: «Heute habe ich mich mit ihm geistig vollkommen versöhnt.»

Wenn also eine ganze Reihe von begünstigenden Faktoren zusammenkommt, sind Sie unter Umständen sogar in der Lage, ein Gefühl von Liebe zu den alternden Eltern zu gerieren, das Sie sich nie hätten träumen lassen. Sollten Sie das Potenzial und die Kraft dazu in sich spüren, möchte ich Ihnen eindringlich raten, unternehmen Sie jede nur mögliche Anstrengung, um zum entsprechenden Ziel zu kommen.

Verzweifeln Sie jedoch nicht, wenn dieser – wirklich seltene Fall – bei Ihnen nicht eintritt. Oft, nur zu oft, gibt es in Familien mit gestörten Strukturen kein Happy End, bei dem sich alle in den Armen liegen. Denn meistens sieht die Realität so aus, dass die Eltern entweder die Diskussion oder die Vergangenheit verweigern oder sich uneinsichtig für Ihren Schmerz zeigen und nicht bereit sind, zu reflektieren, geschweige denn, ihr Verhalten zu ändern.

In diesem Fall verzeihen Sie Vergangenes um Ihrer selbst willen, und bedienen Sie sich Ihrer Resilienz, um loszulassen, was Ihnen Kummer macht.

Aus Schmerz wird Stolz
Eigenlob stinkt keineswegs

Wenn Sie ein Krisenkind sind, haben Sie schwere Zeiten durchlebt. Wenn Sie ein Stehaufmännchen sind, beklagen Sie diese Lebensphasen nicht länger, sondern haben verinnerlicht, dass Sie durch Ihren Umgang mit den Belastungen große Stärke bewiesen haben. Heute und in Zukunft möchten Sie schmerzfrei, zufrieden und glücklich leben, und das bedeutet, dass Sie bereit sind, die Vergangenheit loszulassen. Statt Ihren Kummer weiterhin in und mit sich zu tragen, werden Sie stolz auf das sein, was Sie trotz aller Hindernisse und Bürden geleistet haben – und heute zu leisten in der Lage sind.

Sie haben bei der Lektüre dieses Buches viele Erinnerungen – manche vielleicht aus den hintersten Kämmerchen Ihres Gedächtnisses – ins Bewusstsein geholt. Sie haben wahrgenommen, welch unterschiedlichen Einfluss diese Erinnerungen auf Ihre Befindlichkeit haben können.

Bargen sie in erster Linie Gefühle des Schams, der Schuld oder Wut, waren sie in erster Linie eine qualvolle Last. Wenn sie aber Positives, vor allem ein Gefühl von Stolz auslösten, waren sie eine Quelle der Kraft. Je stärker Sie empfinden, wie vernünftig, richtig und hilfreich Sie mit den Belastungen der Vergangenheit umgegangen sind, umso stärker wird sich vergangener Schmerz in gegenwärtigen Stolz verwandeln.

Cecilie: «Ich habe lange gebraucht, um zu erkennen, dass ich schon als kleines Mädchen in Krisensituationen eine wirklich bemerkenswerte Stärke an den Tag gelegt habe. Erst als ich anfing, meine Kindheit aus einer distanzierten Perspektive zu betrachten, also fast, als sei es eine andere Person, die das alles erlebt hat, merkte ich plötzlich, was ich da so geleistet habe. Ich erinnere mich gut an eine Geschichte, als ich elf Jahre alt war. Es muss gegen Mitternacht gewesen sein, als meine Mutter im Nachthemd in mein Zimmer kam und mich, ohne ein Wort zu sprechen, weckte, indem sie mein Handgelenk ganz fest umfasste und mich aus dem Bett zog. Sie führte mich – noch immer ohne eine Silbe zu sagen – ins Wohnzimmer, wo sie ein gespenstisches Arrangement aufgebaut hatte. Auf dem Fußboden lagen Dutzende von Fotos meines Vaters, denen meine Mutter mit einer großen Schere allen die Augen ausgestochen hatte. Beleuchtet wurde das Ganze von brennenden Kerzen. Im Haus schliefen mein jüngerer Bruder und unsere Großmutter, die zu Besuch war. Mein Vater lebte zu dieser Zeit zwei Kilometer entfernt mit seiner Freundin zusammen. Ich versuchte, meiner Mutter zu entwischen und ihn anzurufen, aber immer, wenn ich gerade gewählt hatte, kam sie von hinten, nahm mir den Hörer aus der Hand und legte auf. In meiner Panik hatte ich vergessen, dass er ohnehin noch in Urlaub war und mir nicht hätte helfen können.

Irgendwann stellte sich meine Mutter vor den großen Spiegel im Flur und setzte die Papierschere an ihre Halsschlagader. Ich rannte in das Zimmer meines Bruders, besessen von dem Gedanken, dass er auf keinen Fall mitkriegen sollte, wenn unsere Mutter sich das Leben nahm. Verschlafen und barfuß folgte er mir auf die Straße. Es war Januar und eiskalt. Wir rannten die Straße hinunter, wo unsere besten Freunde und ihre Eltern, ein Arztehepaar, wohnten. Der Boden war so kalt, dass ich von einem Fuß auf den anderen sprang, während mein Bruder sich an die Türklinke klammerte und die Füße anzog. Ich klingelte Sturm, und beide schrien wir ununterbrochen: ‹Die Mama bringt sich um, die Mama bringt sich um.› Endlich machte drinnen jemand Licht und öffnete die Tür. Ich erzählte, was sich bei uns zu Hause abspielte, und der Vater meiner Freundin zog sich einen Bademantel über, schnappte seine Arzttasche und stapfte los, während die Mutter uns einen heißen Kakao machte.

Als der Arzt bei uns ankam, fand er meine Großmutter mit einer (Gott sei Dank) nicht lebensgefährlichen Wunde am Hals blutend vor dem Haus im Schnee liegend, während meine Mutter im Haus gerade den großen Flurspiegel zertrümmerte. Der Arzt gab ihr eine Beruhigungsspritze, rief einen Krankenwagen, versorgte meine Großmutter, und nach zwei Stunden war der Spuk vorbei. Meine Mutter wurde in eine nahe gelegene psychiatrische Klinik gebracht, und wir gingen wieder nach Hause in unsere Betten.

Am nächsten Morgen stand ich im Esszimmer und deckte den Tisch für das Frühstück. Durch das Fenster konnte ich sehen, dass draußen ein Taxi hielt, und dachte, mich trifft der Schlag, als meine Mutter aus dem Auto stieg. Sie trug das Nachthemd der vergangenen Nacht, einen knielangen Pelzmantel und Halbstiefeletten, aus denen ihre nackten Beine hervorschauten. Viel schlimmer war jedoch, was aus ihren Ärmeln hervorschaute, denn da sah ich Infusionsschläuche baumeln, die sie aus den Tropfflaschen gerissen hatte. Sie klingelte. Ich öffnete die Tür, und meine Mutter sagte mit wirrem Blick und klarer Stimme: ‹Hol deinen Bruder, die Welt geht unter, aber wenn wir jetzt gemeinsam in dieses Auto steigen, kann euch beiden nichts passieren.› – ‹Pass auf deinen Bruder auf›, hatte mein Vater mir immer wieder eingeschärft. ‹Er ist klein, er soll nicht merken, dass die Mama trinkt!› Das war meine Aufgabe, und damit kam überhaupt nicht infrage, dass wir gemeinsam mit ihr fahren würden. Ich rief meine Großmutter, die sich an den verbundenen Hals griff und entsetzt zurückwich, als sie ihre Tochter in der bizarren Aufmachung vor der Tür stehen sah, und mit großer Bestimmtheit nur sagte: ‹In das Auto steige ich nicht!›

Irgendjemand musste aber in das Auto steigen, denn alleine würde meine Mutter nicht in die Klinik zurückfahren. Also tat ich es. Der Taxifahrer begriff schnell, dass ich im Recht war, wenn ich ihn anwies, die Frau schnell ins Krankenhaus zu bringen. Ich habe noch heute seinen ängstlichen Blick vor Augen, mit dem er aus dem Rückspiegel beobachtete, wie meine Mutter versuchte, die gesicherte Wagentür zu öffnen. Über Funk verständigte der Mann nach meinen Angaben die Klinik, in der man inzwischen gemerkt hatte, dass meine Mutter aus einem Zimmer im ersten Stock über den Balkon geflohen war.

Wir wurden von Ärzten und Schwestern empfangen, die meine Mutter sofort in Gewahrsam nahmen, während ich mich wieder in das Taxi setzte und mich nach Hause bringen ließ.

Der Rest des Tages – es war ein Sonntag – verlief so, als wäre nichts gewesen.

Damals fand ich es normal, was ich getan hatte – und um mich herum fanden es auch alle normal, denn ich kann mich nicht erinnern, dass irgendjemand mich dafür gelobt hätte. Heute weiß ich, dass es nicht normal ist, und finde, dass ich mit Fug und Recht sehr stolz darauf bin, dass ich den Mut hatte, mich zu dieser delirierenden Mutter ins Auto zu setzen.»

Auch Sie haben in den Krisen, die Sie zu meistern hatten, gemäß Ihrer Kenntnisse, Veranlagungen und Ihres Alters ganz sicher so klug und richtig gehandelt, wie es möglich war. Sie haben sich nicht entmutigen lassen und immer wieder den Herausforderungen gestellt. Und auch Sie haben ein Recht darauf, stolz zu sein, was Sie in der Vergangenheit bewältigt und geleistet haben.

Erika: «Nicht die Sieger sind die Helden, auf die wir applaudierend sehn,
Es kommt im Leben darauf an, immer wieder aufzustehn!»

Es gibt viel, was man tun und nachholen kann, wenn einem die so genannte sorglose Kindheit versagt wurde. Dreierlei sollte man allerdings nie tun:

- Sich an die schlimmen Dinge gewöhnen und sie für immer als gegeben hinnehmen.
- In Selbstmitleid fallen. Wenn man die Dinge positiv sieht, hat man viel gelernt, und sei es auch nur, wie man es selber nicht machen sollte.
- Sich nicht darauf verlassen, dass man einen Partner findet, der einen «glücklich machen» soll. Damit wäre jede Partnerschaft überfordert. Das Glück, das man mit dem Partner erfährt, ist ein

zusätzliches Pflaster, aber die Genesung muss von einem selber, von innen heraus kommen.

Am Ende mein Wahlspruch: «Was mich nicht unterkriegt, macht mich stärker, und wichtiger als ein Sieg ist es, nach Niederlagen wieder aufzustehen.»

Auch wenn es Ihnen zunächst merkwürdig und schwierig vorkommt: Schauen Sie sich die entsprechenden Ereignisse in Ihrem Leben im Nachhinein unter diesen Vorzeichen an. Sie werden nicht am eigenen Leib, aber an der eigenen Seele feststellen, was für einen unglaublichen Unterschied es macht, ob Sie die Vergangenheit bedauernd negativ denken – «Wenn meine Kindheit nicht so gewesen wäre, wäre ich heute glücklicher» – oder ob Sie die positive, stolze Perspektive der Stehaufmännchen wählen und sagen: «Wenn meine Kindheit nicht so verlaufen wäre, wäre ich heute nicht so stark/belastbar/lebenserfahren/klug …»

Nutzen Sie die wunderbare menschliche Gabe, auch die unangenehmsten Erinnerungen nach einer Weile in ein positives Licht zu setzen. Wie einer meiner Klienten, der im Zweiten Weltkrieg Jahre in Gefangenschaft verbracht und ein Bein verloren hatte. Wenn er jedoch vom Krieg sprach, erzählte er immer nur von der einmaligen Kameradschaft und beendete die Berichte jedes Mal mit den Worten: «Es war meine beste Zeit.»

Ihr Schmerz muss in Gegenwart und Zukunft der Vergangenheit angehören. Er hatte die Funktion aufzuzeigen, dass etwas ganz grundsätzlich nicht in Ordnung war, dass Ihnen Schaden und Leid zugefügt wurde. Auch wenn Sie ihn vielleicht für eine Weile verborgen oder verschlossen haben, wagen Sie es, lassen Sie ihn an die Oberfläche, denn nur dort kann er bearbeitet und umgewandelt werden. Dann erst hat der Schmerz seine Funktion erfüllt. Sie haben seine Signale verstanden und dank Ihrer Resilienz auch die schwierigsten Situationen gemeistert. In Ihnen steckt die Kraft, Ihr Leben dauerhaft zu verändern.

Die Tatsache, dass Ihr Leid Ihnen heute in irgendeiner Weise nützlich sein könnte, rechtfertigt natürlich nicht, was passiert ist, und macht es selbstverständlich auch nicht wünschenswert. Es schmälert auch die oft tragische Verantwortung der Verursacher nicht! Aber wer tiefes Leid erlebt und heftigen Schmerz durchlitten hat, kann irgendwann sagen, was Leid und Schmerz ihn gelehrt haben. Sie wissen mehr über das Leben als die, die immer auf der Sonnenseite waren! Sie haben die dunkle Seite des Lebens kennen gelernt, und Sie haben sie überstanden, und das allein sollte Ihnen ein Gefühl des Stolzes und der Stärke geben.

Ihre Gefühle im Hier und Jetzt bestimmen die Qualität Ihres Lebens. Verwandeln Sie Ihren Schmerz in Stolz und gehen Sie damit den letzten entscheidenden Schritt in ein gesundes, zufriedenes Leben.

Was uns nicht umbringt, macht uns stark

Sexueller Missbrauch

Wir wollen uns hier nicht mit der Psyche der Täter beschäftigen, denn für unser Thema ist es vollkommen unwichtig, warum Erwachsene sich an Kindern vergehen. Tatsache ist, dass sexueller Missbrauch eine der perfidesten und sträflichsten Formen der Misshandlung von Schutzbefohlenen ist. Der Begriff sexueller Missbrauch steht für eine ganze Reihe von Handlungen, mit denen Kinder in sexuelle Aktivitäten involviert werden. Vom ausgeführten Geschlechtsverkehr über das Herstellen von pornographischen Fotos oder Filmen, über exhibitionistische Nötigung bis hin zur verdeckten «Fummelei», die als zufällige Berührung getarnt wird, reicht das Spektrum der Taten, mit denen Kinder im Verborgenen gequält werden. Dabei ist der Anteil von kleinen Jungen, die von männlichen Bezugspersonen missbraucht werden, sehr viel höher als bisher angenommen.

Ist der Erwachsene befriedigt, zwingt er das Kind, zu schweigen, und belastet damit die kleine Seele noch zusätzlich. Doch auch die Inzestopfer, die versuchen, den anderen Elternteil einzuweihen, stoßen oft auf taube Ohren. Die Angst vor Schimpf und Schande macht vor allem Mütter sehr häufig zu den schweigenden Tatgehilfinnen ihrer Männer.

Sexuell missbrauchte Kinder fühlen sich schuldig, schmutzig, wertlos und sind für immer der Chance beraubt, ihre Sexualität zu einem angemessenen Entwicklungszeitpunkt mit einem angemessenen Partner zu entdecken. Eines der großen Probleme im Umgang mit Inzestopfern ist, dass der Missbraucher oft eine Vertrauensperson ist und dass die sexuelle Gewalt dem Opfer in gewisser Weise emotionale Intimität verschafft hat, auf die es manchmal lange gewartet und nach der es sich vielleicht sogar sehr gesehnt hat. Das versiegelt die Lippen der Opfer, denn sie ziehen den Trugschluss, dass sie, weil ein Teil ihrer Bedürfnisse erfüllt wurde, zumindest mitverantwortlich für den Missbrauch waren.

In ihrer kindlichen Selbstwahrnehmung glauben sie, dass sie, wenn sie etwas Schlechtes getan haben, selbst schlecht sind. Wenn sie also irgendeine Form von Befriedigung bei einer schlechten Sache empfunden haben – und sei es die Nähe zum Täter –, zieht das kindliche Bewusstsein die Konsequenz, zumindest eine Teilschuld zu tragen.

Lange Jahre gingen Fachleute davon aus, dass die Folgen sexuellen Missbrauchs ausnahmslos mit therapeutischer Hilfe zu bearbeiten und lindern sind. Heute wissen wir, dass die missbrauchten Kinder individuell sehr unterschiedlich reagieren und ihre Vergangenheit manches Mal lieber in Selbsthilfegruppen oder mit vertrauten Personen als mit Fachleuten aufarbeiten.

Es gibt inzwischen eine ganze Reihe von Untersuchungen, die besagen, dass Kinder sich besser als bisher von Spezialisten angenommen vom sexuellen Missbrauch erholen. Dennoch gilt sicher, dass eine fachkundige Beratung, wenn gewünscht, die Aufarbeitung in jedem Fall hilfreich unterstützt.

Rein rechtlich betrachtet, beginnt sexueller Missbrauch von Kindern dort, wo eine erwachsene Person ein Kind oder Kinder zur eigenen sexuellen Erregung oder Befriedigung benutzt. Wer Kinder vor diesem Hintergrund berührt, sich selbst berühren lässt, Kinder zwingt, sich nackt betrachten zu lassen, sexuellen Aktivitäten zuzusehen, oder sie zu oralem, analem oder vaginalem Geschlechtsverkehr zwingt, macht sich strafbar. Doch auch die härteste Bestrafung des Täters kann den missbrauchten Kindern das geraubte Vertrauen, akute Hilflosigkeit, Ängste und den Schmerz nicht nehmen. Sexueller Missbrauch geschieht in allen sozialen Schichten gleichermaßen. Die Dunkelziffer ist enorm, doch rechnen Fachleute jährlich mit mehr als 300000 Fällen von sexuellen Übergriffen oder Missbrauch. Fast immer werden die Opfer zusätzlich mit belastenden Drohungen zum Schweigen gezwungen:

– Wenn du etwas sagst, muss ich ins Gefängnis, dann kann keiner mehr Geld für dich verdienen und sich um dich kümmern.

– Wenn du nicht den Mund hältst, sterbe ich/stirbt jemand, den du lieb hast.
– Das bleibt unser Geheimnis, sonst bricht die Familie auseinander, und daran willst du doch nicht schuld sein.
– Ich schlage dich grün und blau, wenn du auch nur ein Sterbenswörtchen zu irgendjemandem sagst.
– Ich werde dich mein Leben lang hassen und allen erzählen, was für eine Schlampe/was für ein Stricher du bist.
– Wenn du etwas sagst, werden alle wissen, was du getan hast.
– Wenn du nicht schweigst, bringe ich dich um.

Mit diesen und ähnlichen Beschwörungen verhindern die Täter, dass ihre Opfer sich einer Person ihres Vertrauens öffnen und ihrer Qual ein Ende machen.

Der überwiegende Teil aller Opfer erzählt niemandem, was ihnen angetan wird oder wurde. Abgesehen von möglichen Drohungen ist es vor allem ihre eigene Scham, die sie davor zurückhält, preiszugeben, dass ein Elternteil oder gar beide ihnen sexuelle Gewalt antun. Die empfundene Scham ist enorm, denn die missbrauchten Kinder spüren natürlich, dass auch der Täter weiß, dass das, was er tut, nicht in Ordnung ist, und projizieren dessen Ängste auf sich selbst. Angst und eine tiefe Traurigkeit haben die verwirrten Seelen der kleinen Opfer so fest im Griff, dass diese dem Entsetzen häufig zu entrinnen versuchen, indem sie es einfach aus ihrem Gedächtnis streichen. Es kann nicht sein, was nicht sein darf, und so schützen missbrauchte Kinder nicht nur sich, sondern natürlich auch die Täter, indem sie die Ereignisse einfach «vergessen». Viele Inzestopfer verdrängen die Geschehnisse aus ihrer Kindheit oder leiden unter partiellen Erinnerungsstörungen, die dann oft das im Dunkeln lassen, was ihnen den größten Schmerz zugefügt hat. Je nach Ausmaß der sexuellen Übergriffe können durch die Verdrängung ganze Kindheitsphasen für lange Zeit aus dem Bewusstsein verschwinden. Doch irgendwann kommt für fast alle Inzestopfer der Moment, in dem das vermeintlich Vergessene an die Bewusstseinsoberfläche drängt. Die Auslöser für eine wiederkehrende Erinnerung sind sehr unterschiedlich und reichen von bewegenden

Momenten wie der Geburt eines eigenen Kindes bis zum Tod des misshandelnden Elternteils. So auch bei einer meiner Gesprächspartnerinnen, die erst mit über 50 Jahren im Zuge einer Psychotherapie wiederentdeckte, was in der Vergangenheit geschehen war: «Meine Mutter hielt mich fest und bedeckte meine Augen mit ihren Händen, damit ich nicht sehen sollte, wie mein Vater, der nackt vor uns stand, sich selbst befriedigte. Dabei wimmerte sie immer wieder: ‹Halt still, Liebchen, bitte halt still. Wenn du es nicht tust, sucht er sich eine jüngere Frau, und dann verrecken wir beide in der Gosse.›»

Wir kennen Verdrängen als einen Mechanismus, der das Unterbewusstsein bisweilen vor Wahrheiten schützt, die der Mensch (noch) nicht erträgt oder verarbeiten kann. Doch irgendwann kommt der Zeitpunkt, wo die schützenden Mauern bröckeln und das Verdrängte ins Bewusstsein zurückkehrt.

«Ich fühlte mich immer schmutzig»

KURT, 36, RECHTSANWALT:

Ich kann bis heute nicht genau sagen, wann mein Vater anfing, mich anzufassen und sich in meiner Gegenwart zu befriedigen. Ich muss noch sehr klein gewesen sein, vielleicht vier oder fünf Jahre alt. Es kann aber auch sein, dass es alles noch viel früher anfing. Bis vor kurzem habe ich ohnehin alles so gut verdrängt, dass mir gar nicht wirklich bewusst war, was da in meiner Kindheit abgelaufen ist. Es war so weit weg, dass ich es wahrscheinlich nicht mal hätte benennen können, wenn man mich danach gefragt hätte.

Vor drei Jahren kam eine Frau in meine Kanzlei, die sich scheiden lassen wollte. Sie hatte den dringenden Verdacht, dass ihr Mann sich an der gemeinsamen Tochter verging, und wollte von mir Hilfe. Ich suchte nach Kontaktadressen für sie und beschäftigte mich ein bisschen mit dem Thema. Es war in dieser Zeit, dass ich an einem Sonntagnachmittag zu Hause auf meinem Sofa lag, Musik hörte und ein paar Akten für den nächsten Tag durchsah. Unter anderem auch die Unterlagen von dieser Frau. Was dann passierte, kann ich nur ganz schwer greifen. Ich hatte eine Art Wachtraum. Ich habe nicht geschlafen, das weiß ich genau, denn ich erinnere mich, dass ich die Musik nach wie vor wahrgenommen habe, und auch, dass ich gemerkt habe, dass die CD zu Ende ist. Aber ich konnte nicht aufstehen, um eine andere in den Player zu legen. Und plötzlich driftete ich regelrecht weg. Zurück in meine Kindheit, zurück in unser kleines Klinkerhaus, zurück in mein Kinderzimmer.

Wir waren nach außen eine völlig normale Familie. Meine Mutter ist gelernte Einzelhandelskauffrau, hat aber ihren Beruf früh aufgegeben, weil sie sich um mich und meine drei jüngeren Schwestern gekümmert hat. Mein Vater ist selbständig. Er hat einen Schuhladen im Ort, der immer sehr gut lief. Unser Haus war nicht sehr groß, aber meine Eltern hatten es so umgebaut, dass sowohl ich als auch meine eine Schwester kleine eigene Zimmer hatten; die Zwillinge hatten ein etwas größeres, das sie gemeinsam bewohnten.

Mein Vater war sehr streng. Er hat meine Mutter oft angeschrien und uns Kinder geschlagen. Heute erinnere ich mich, dass ich immer die Hose herunterziehen musste, bevor er entweder den Kochlöffel oder den Teppichklopfer auf meinen Po sausen ließ. Die Gründe waren im Nachhinein betrachtet fast immer lächerlich. Ich denke, er war einfach überfordert und hatte sich nicht unter Kontrolle.

Meine Schwestern und ich hatten wirklich Angst vor meinem Vater, ich glaube, meine Mutter auch. Jedenfalls hat sie nie etwas unternommen, um uns vor seinen Wutanfällen zu beschützen. Und ich weiß noch genau, dass es mich innerlich fast zerfetzt hat, diese Panik, wenn er schlecht gelaunt nach Hause kam – und gleichzeitig habe ich ihn natürlich geliebt. Das war furchtbar.

Wenn er nicht gerade mit uns geschimpft hat oder zum Kochlöffel griff, hat er sich eigentlich nicht sehr um uns gekümmert, jedenfalls erinnere ich mich nicht daran. Er war der Meinung, dass Kinder Sache der Mütter sind. Und ich glaube, wenn er sagte SACHE, dann meinte er das auch so. Wir hatten keine eigene Meinung zu haben, wir waren eher sein Besitz als eigenständige Wesen. Deswegen konnte er uns ja auch nach Belieben schlagen. Das Einzige, was mir im Nachhinein dämmert, ist, dass er uns samstagabends immer gebadet hat. Erst die ältere von den Schwestern, dann die Zwillinge und am Schluss mich. Das verlief immer nach dem gleichen Ritual, vom Gesicht nach unten waschen, dabei war ihm mein Geschlechtsteil ganz besonders wichtig. Obwohl ich es längst alleine konnte, bestand er darauf, meine Vorhaut immer selbst nach hinten zu ziehen und alles ganz gründlich zu begutachten und zu reinigen. Ich kann nicht mal sagen, dass mir das unangenehm gewesen wäre, außerdem kannte ich es nicht anders und hätte sowieso nie gewagt, meinem Vater zu widersprechen. Aber ich fand es auch nicht schlimm. Ich fand auch nicht schlimm, dass er oft zu mir in die Wanne stieg und mich seinen Penis auf die gleiche Weise «reinigen» ließ. Das war einfach so.

Dann kam der Tag, an dem sich das alles änderte. Damals hatten wir samstags keine Schule, und ich half meinem Vater im Laden. Ich räumte das Lager auf, sortierte und ordnete die Schuhkartons, die im Laufe der Woche durcheinander geraten waren. Dafür gab's ein paar Mark Taschengeld extra. An diesem Samstag schloss mein Vater die Ladentür wie immer um 13 Uhr und kam zu mir ins Lager. Er war gut gelaunt und lobte mich sogar dafür, dass ich ordentlich gearbeitet hatte. Und dann sagte er, dass er mich heute in die Pizzeria einladen würde, weil ich ja sein Großer sei. Ich war überglücklich. Das kam so selten vor, dass mein Vater mal wirklich nett war und auch was Nettes sagte, dass ich ganz aus dem Häuschen geriet. Und weil du schon so groß bist, sagte er dann, will ich vorher noch was mit dir besprechen. Er fing an, mir zu erklären, wie das mit Mann und Frau ist, woher die Kinder kommen, und vor allem, wie sie entstehen. Während er sprach, öffnete er seine Hose und befahl mir, meine auszuziehen und dann auch noch die Unterhose. Dann nahm er meine rechte Hand, legte sie um seinen Penis und ließ mich spüren, wie der unter meiner Berührung immer fester wurde. Schließlich musste ich ihn befriedigen, damit ich genau weiß, wie das so abläuft beim Mann. Als er fertig war, nahm er einen Lappen, mit dem normalerweise die neuen Schuhe poliert wurden, wischte sich ab, zog sich wieder an und ging mit mir wie versprochen eine Pizza essen. Auf dem Weg ins Lokal drückte er mir einen Zehnmarkschein in die Hand – unglaublich viel Geld für mich damals – und sagte ganz nebenbei, aber trotzdem sehr deutlich, dass das natürlich unter uns bleiben müsste, weil es ja nun wirklich eine reine Männersache sei.

Ich weiß, dass ich gespürt habe, dass es nicht in Ordnung war, aber gleichzeitig hat er es so geschickt an das Geld und die Pizza und nette Worte gekoppelt, dass ich mich gar nicht dagegen wehren konnte. Von diesem Tag an kam mein Vater immer wieder in mein Zimmer, fasste mich an und zwang mich, ihn zu befriedigen. Das ging ein Jahr so. Ich war außerstande, es zu verhindern. Das Perfide war, dass er mir suggerierte, ich hätte Schuld daran, weil eben etwas an mir wäre, das ihn anmachen würde. Ein paarmal habe ich versucht, meine Mutter einzuweihen, aber entweder sie konnte mich nicht verstehen, oder sie wollte meine Andeutungen nicht verstehen. Ihre ignorante Reaktion und die Drohung meines Vaters, es werde furchtbaren Ärger geben, wenn ich etwas erzähle, haben mich dann wieder schweigen lassen. Aber ich war traurig und wütend und fühlte mich von ihr im Stich gelassen. Wer hätte mir denn helfen sollen, wenn nicht sie?

Die Konsequenz war, dass ich einen regelrechten Waschzwang entwickelte. Die ganze Familie machte sich über mich lustig, weil ich ständig im Bad oder in der Küche am Waschbecken stand und an mir herumschrubbte. Außerdem wurde ich innerhalb dieses Jahres sehr schlecht in der Schule. Ich hatte eine sehr nette Deutschlehrerin, sie war meine Klassenlehrerin. Ob die etwas gemerkt hat, weiß ich nicht. Ich kann mich beim besten Willen nicht daran erinnern, dass sie mich je darauf angesprochen hat. Ich kann mich nur daran erinnern, dass sie sich in den Pausen oft mit mir unterhalten hat. Als klar war, dass ich sitzen bleiben würde, hat sie meine Eltern zum Gespräch gebeten und ihnen plausibel gemacht, dass es sinnvoll wäre, mich auf ein Internat zu geben. Wie sie es hingekriegt hat, ist mir bis heute ein Rätsel, aber zu Beginn des neuen Schuljahres kam ich auf ein bayerisches Internat.

Der Anfang war schwer dort. Dadurch, dass ich die Klasse wiederholen musste, war ich älter als die meisten anderen und hatte zuerst überhaupt keine Freunde. Ich war einsam und habe oft geweint, aber echtes Heimweh hatte ich nicht. Denn in den Ferien, wenn ich zu Hause war, ging die Sache mit meinem Vater weiter. Nach einer Weile habe ich mich dann im Internat eingelebt und einen Freund gefunden, zu dem ich bis heute Kontakt habe. Die Beziehung zu diesem Jungen war ein Geschenk des Himmels.

Er wohnte nicht so weit von der Schule wie ich und nahm mich an verlängerten Wochenenden mit zu sich nach Hause. Da habe ich mich sehr wohl gefühlt. Er war Einzelkind und hatte wirklich sehr nette Eltern. Sie hatten ein Haus an einem See und haben mich dann auch eingeladen, die großen Ferien mit ihnen zu verbringen, und das war natürlich toll, denn so konnte ich meinem Vater entfliehen. Da habe ich zum ersten Mal gesehen, wie das ist, wenn man Eltern vertrauen kann, sie wurden wie eine zweite Familie für mich. Ich habe aber nie erzählt, was bei uns zu Hause los war, dazu habe ich mich zu sehr geschämt.

Als ich vierzehn war, kam es dann zum Eklat. Mein Freund und seine Eltern fuhren Ostern zum Skilaufen und hatten mich gefragt, ob ich nicht mitkommen möchte. Aber weil Skiurlaub teuer ist, haben meine Eltern es nicht erlaubt, und so musste ich wohl oder übel nach Hause. Ich war in der Pubertät und ziemlich aufsässig, und eines Tages, als mein Vater mir für eine freche Antwort eine Tracht Prügel verpassen wollte, habe ich zurückgeschlagen.

Meine Mutter schlug die Hände vors Gesicht und lief aus dem Zimmer, und mein Vater und ich gerieten in eine regelrechte Schlägerei. Natürlich zog ich den Kürzeren, aber von dem Tag an hat er mich nie wieder angefasst.

Ich ging zu meiner Mutter und verlangte meinen Zimmerschlüssel. Bis dahin durfte keines von uns Kindern den eigenen Schlüssel haben, aber meine Mutter hat ihn mir wortlos gegeben. Und von da an habe ich meine Zimmertür immer abgeschlossen, wenn ich zu Hause war. Mein Vater hat nichts gesagt. Überhaupt wurde der Kontakt zu ihm immer schlechter. Wir haben fast gar nicht miteinander gesprochen. Meine Schwester hat mir später erzählt, dass sie sehr unter der «dicken Luft» gelitten haben, wenn ich da war, aber für mich war das immer noch besser als der Zustand vorher.

Ich habe dann direkt nach dem Abitur meine paar Habseligkeiten gepackt und bin von zu Hause ausgezogen. Mein Vater hat noch am gleichen Tag Farbe und Pinsel genommen und das Zimmer gestrichen, mich quasi rausrenoviert, und kaum war der Farbgeruch draußen, ist eine meiner Zwillingsschwestern eingezogen.

Meine Mutter war traurig, als ich wegging, aber sie war viel zu schwach und hat nichts gesagt. Ich habe es nur an ihren Augen gesehen.

Ich telefoniere regelmäßig mit ihr und treffe mich auch mit ihr, aber nie zu Hause. Ich will meinem Vater nicht mehr begegnen. Vor einem Jahr habe ich ihr alles erzählt. Sie hat sich am Anfang die Ohren zugehalten, wollte nichts davon wissen, aber ich habe sie gezwungen, mir zuzuhören. Sie war nicht so schockiert, wie ich erwartet hatte, wahrscheinlich hat sie damals doch etwas geahnt. Sie hat mich unter Tränen gebeten, meinen Vater nicht anzuzeigen, was ich eigentlich vorhatte. Aber ihr zuliebe werde ich es nicht tun. Ändern kann ich es jetzt eh nicht mehr. Ich habe ihr nur das Versprechen abgenommen, die Augen aufzuhalten, damit so etwas nie wieder passiert. Meine Schwester hat gerade einen kleinen Sohn bekommen. Ihr werde ich es auch erzählen, damit sie ihr Kind besser beschützen kann, als ich beschützt wurde.

Unbestritten ist und bleibt: Inzest ist eine der verstörendsten Erfahrungen, die Menschen überhaupt machen können. Eltern, die ihren Kindern sexuelle Gewalt antun, rauben ihnen die Unschuld im wahrsten Sinne des Wortes und sprengen den Kern jeder gesunden Entwicklung – das Grundvertrauen, das Kinder brauchen, um geborgen in emotional gesicherter Umgebung wachsen zu können.

Inzestfamilien wirken nach außen sehr häufig sehr harmonisch, manchmal sogar ein bisschen zu harmonisch, kapseln sich jedoch von der Außenwelt eher ab. Wo Kontakte unvermeidlich sind, wird ihre Fassade von einem strengen Kodex gestützt. Ein Kodex, der alle Betroffenen dazu zwingt, nicht in Worte zu fassen, was nicht in Worte gefasst werden darf.

Dabei spielt unter Umständen besonders bei Mädchen in einem bestimmten Alter die unbewusst zur Mutter gefühlte Konkurrenz eine Rolle. Väter, die ihre Töchter begehren und missbrauchen, zwingen die kleinen Mädchen gewissermaßen in die Rolle der «Zweitfrau». Zum Eklat kommt es oft dann, wenn die Tochter sich dennoch normal entwickelt und spätestens in der Pubertät nach außen orientiert. Dann reagieren diese Väter mit einem Höchstmaß an possessiver Eifersucht, die in Schuldzuweisungen – «Du hast es doch auch gewollt, du hast es ja regelrecht darauf angelegt» – und nicht selten in unflätigen Beschimpfungen wie «Nutte», «Flittchen» oder «Hure» gipfelt. Die Opfer reagieren zunächst meist mit Hilflosigkeit und halten durch ihr Schweigen auch weiterhin die krank machenden Strukturen aufrecht. Bis sie eines Tages Hilfe suchen – das kostet zwar Mut und Kraft, aber es macht gesund!

«Ich kriegte einen solchen Schrecken, dass ich nicht einmal schreien konnte»

PETRA, 22, PSYCHOLOGIESTUDENTIN:

Bei uns zu Hause war es immer schon alles ein bisschen anders als bei meinen Klassenkameraden oder Freundinnen. Das lag einfach daran, dass mein Vater nach einem Kollaps, den er mit Mitte dreißig hatte, schwer behindert und arbeitslos war. So hat meine Mutter, seit ich denken kann, für den Unterhalt der Familie gesorgt. Sie ist Abteilungsleiterin bei einer Versicherung und arbeitet ganztags.

Als ich klein war, war mein Vater ein wunderbarer Vater. Ich bin Einzelkind und durfte immer Freunde nach dem Kindergarten oder später nach der Schule mit zum Essen nach Hause bringen. Mein Vater hat für uns gekocht, ist mit uns in den Park, auf den Spielplatz oder ins Schwimmbad gegangen. Als ich in die Schule kam, hat er bei den Hausaufgaben geholfen und für Schönschreiben oder Schnellrechnen Belohnungen verteilt. Meine Freundinnen haben mich immer beneidet.

Das große Hobby meines Vaters war die Fotografie. Er hatte einen Fotoapparat und eine Videokamera und machte sehr oft Fotos und Filmaufnahmen von mir und meinen Freundinnen. «Du wirst bestimmt mal ein Filmstar, so wie du dich jetzt schon vor der Kamera bewegst», hat er oft zu mir gesagt, und das hat mich dann immer sehr stolz gemacht.

Ich erinnere mich an einen Nachmittag im Herbst, ich muss so sieben oder acht gewesen sein, da waren wir beim Spaziergang in einen Wolkenbruch geraten und kamen verfroren und durchnässt nach Hause. Mein Vater steckte mich und meine Freundin Michaela in eine heiße Badewanne und zog sich selbst etwas Trockenes an. Noch während wir im Wasser saßen, kam er mit der Kamera ins Bad und fing an, uns zu filmen. Damals habe ich mir überhaupt nichts dabei gedacht, denn er filmte uns ja sonst auch oft. Er ließ das Videoband auch laufen, als wir aus der Wanne kletterten und uns abtrockneten, und hörte erst auf, als wir angezogen waren. Aber wie gesagt, das kam uns so normal vor, dass er nicht einmal sagen musste, dass wir nichts weitererzählen sollen, weil es für uns nichts weiterzuerzählen gab. Ich glaube, das war der Tag, von dem an er mich dann sehr oft im Bad filmte oder fotografierte. Er fing dann auch an, mir bestimmte Posen zu befehlen. Nein, befohlen hat er sie mir eigentlich nicht, er sagte so Sachen wie «So, mein Schatz, und jetzt bück dich mal und schau mich durch deine Beine an» oder «Und jetzt zeig mal, wie gelenkig du bist», und dann sollte ich mich auf den Boden setzen, meine Beine spreizen und die Fesseln mit den Fingern umfassen. Auch wenn es mir heute komisch vorkommt, aber es war wirklich so, ich habe keinerlei Unwillen empfunden dabei.

Als ich so etwa elf war, änderte sich das. Meine Brüste fingen an zu wachsen, die ersten Schamhaare wuchsen, ich wollte nicht mehr nackt fotografiert werden, das heißt, ich wollte überhaupt nicht mehr fotografiert werden. Aber darauf nahm mein Vater keine Rücksicht. Er hat das ganz geschickt eingefädelt. Wenn meine Mutter an den Wochenenden zu Hause war, zückte er seine Kamera und machte Familienfotos. Wenn ich dann zickte und mich weigern wollte, mich aufnehmen zu lassen, war meine Mutter natürlich ganz auf seiner Seite. «Du hast dich doch sonst nicht so angestellt … was soll denn das, Petra, nun komm schon her und lass Papa das Foto schnell schießen.» Und das hat mein Vater natürlich ausgenutzt, wenn es um die Fotos im Bad oder in meinem Zimmer ging, wenn wir alleine waren. Heute glaube ich, dass das alles dazu diente, mich vorzubereiten und festzustellen, wie weit seine Macht über mich reichte und wo ich anfangen würde, wirklich Widerstand zu leisten.

Das habe ich aber erst versucht, als er mich das erste Mal berührte. Ich hatte eine Erkältung und durfte zu Hause bleiben. Da das selten der Fall war, habe ich es immer sehr genossen. Bis zu diesem Tag. Ich lag in meinem Bett und las, mein Vater hatte mir eine heiße Zitrone mit viel Zucker gemacht und setzte sich zu mir. Er hatte eine hustenlösende Creme in der Hand und bestand darauf, mir den Brustkorb einzureiben. Ich wollte das lieber selbst machen, aber ich konnte mich nicht durchsetzen. Mein Vater verrieb die Creme mit kreisenden Bewegungen, wobei er wie unabsichtlich mit den Fingerspitzen immer wieder meine Brustwarzen berührte. Das war mir unangenehm. Ich spürte, dass das nicht nötig war, und konnte überhaupt nicht einordnen, was da gerade geschah. Während er mich einrieb, atmete mein Vater immer schwerer und verließ schließlich das Zimmer. Wenig später hörte ich das Wasser im Bad laufen und dachte, er wäscht sich die Creme von den Fingern. Heute weiß ich, dass er sich im Bad selbst befriedigt hatte.

Als er zurückkam, war er wieder ganz der fürsorgliche Vater von vorher und tat, als sei nichts gewesen. Er machte das so perfekt, dass ich dachte, ich hätte mir nur etwas eingebildet. Dass das nicht so war, habe ich dann wenige Wochen später gemerkt.

Meine Mutter war nicht zu Hause. Ich hatte schon geschlafen und wurde davon wach, dass mein Vater an meinem Bett saß und seine Hand mich zwischen den Schenkeln streichelte. Mit der anderen Hand masturbierte er. Als ich begriff, was da gerade geschah, kriegte ich einen solchen Schrecken, dass ich nicht einmal schreien konnte. Ich versuchte, mich aufzurichten und seinem Griff zu entkommen, aber daran war gar nicht zu denken. Er drückte mich wieder zurück und ließ mich erst los, nachdem er zum Höhepunkt gekommen war. Mir war schlecht vor Angst, Wut und Scham. Mein Vater schloss seine Hose und kam mit dem Mund ganz nah an mein Ohr. «Wenn du der Mama was sagst, sterbe ich. Du weißt doch, wie schwach mein Herz ist!» Ich rührte mich nicht. Seine Stimme wurde schärfer. «Du weißt es doch, nicht wahr?» Ich nickte. «Und wenn ich mich aufrege, muss ich wieder ins Krankenhaus, und dann sterbe ich vielleicht, und das willst du doch nicht, oder? Du willst doch nicht schuld daran sein, dass ich sterbe, oder?» Ich schüttelte den Kopf. «Also dann bleibt das hier unter uns, ist das klar?» Ich nickte noch einmal. Er deckte mich zu und verließ mein Zimmer.

Damit war die letzte Hemmschwelle gebrochen. Die Berührungen meines Vaters wurden von Mal zu Mal intensiver, irgendwann spürte ich seinen Finger in meiner Scheide, irgendwann musste ich sein Glied anfassen, und als ich dreizehn war, entjungferte er mich. Die Spuren beseitigte er sehr gründlich, und ich traute mich noch immer nicht, meiner Mutter etwas zu erzählen. Das Schlimme war, dass mein Vater alle meine normalen kindlichen Versuche, ihm Zuneigung zu zeigen, brüsk zurückwies. Nur wenn er mich sexuell berührte, signalisierte er, dass er mich gerne hatte und dass ich ihm etwas bedeutete. Das ließ mich fast verzweifeln, denn auch wenn ich es hasste, wenn er Sex mit mir hatte, fühlte ich so etwas wie kindliche Liebe für ihn. Das war auch ein Grund, warum ich nicht mit meiner Mutter sprach. Bis heute ist mir schleierhaft, dass sie nichts gemerkt hat, aber sie sagt auch jetzt noch, sie hat wirklich nicht geahnt, was da hinter ihrem Rücken los war.

Abgesehen davon, dass ich mich schuldig, schmutzig und verzweifelt alleine fühlte, war ich nach außen überhaupt nicht verhaltensauffällig. Ich litt zwar häufig unter heftigen Kopfschmerzen, aber meine schulischen Leistungen blieben gleich. Ich hatte nach wie vor ein paar Freundinnen, die mich gerne besuchten und die ich, sooft ich konnte, zum Übernachten einlud, denn wenn jemand zu Besuch war, ließ mein Vater mich natürlich in Ruhe.

Als es auf meinen 14. Geburtstag zuging, kam ich in den Konfirmationsunterricht. Das war meine Rettung, denn der Pfarrer, der die Stunden leitete, hatte wirklich eine umwerfende Art, mit Jugendlichen umzugehen und ihnen den Glauben an Gott nahe zu bringen. Ich fing an, die Bibel zu lesen, und betete jeden Abend. Ganz sicher, dass Gott mich irgendwann von meinen Qualen erlösen würde. Ich wusste nicht, wie, aber ich wusste ganz sicher, dass. Diese Gewissheit ließ mich das folgende Jahr überstehen.

Dann bekam ich meine Periode. Ich litt unter heftigen Krämpfen und Blutungen, so heftig, dass meine Mutter aktiv wurde und einen Termin beim Gynäkologen machte. Mein Vater versuchte natürlich, das zu verhindern, aber diesmal zog er den Kürzeren. Meine Mutter begleitete mich zum Arzt.

Der Arzt untersuchte mich, verschrieb ein Medikament gegen die Krämpfe und schickte mich zurück ins Wartezimmer, um meine Mutter zum Gespräch zu bitten. Ich wusste, was er ihr sagen würde, und saß steif wie ein Stock in meinem Sessel. Als meine Mutter zurückkam, ging sie schnurstracks auf mich zu, legte den Arm um meine Schulter und sagte: «Petra, ich glaube, wir haben etwas zu besprechen.» Sie war überhaupt nicht wütend oder aufgeregt, sondern im Gegenteil ganz ruhig. Plötzlich wusste ich, das war die Gelegenheit, die mir Gott geschickt hatte. Wir gingen in ein Café und bestellten – ich weiß es wie heute –, ich nahm ein großes Erdbeereis mit frischen Erdbeeren und Sahne, meine Mutter bestellte einen Cappuccino und einen Cognac: «Den brauche ich jetzt, denn dass du so früh dran bist und schon einen festen Freund hast, habe ich nicht geahnt – und Papa sicher auch nicht», fügte sie im Brustton der Überzeugung hinzu.

Ich steckte den Löffel in meinen Eisbecher, dachte kurz an das schwache Herz meines Vaters, schickte ein Stoßgebet zu Gott, er möge ihn bitte nicht sterben lassen, und versuchte, meiner Mutter einigermaßen fest in die Augen zu sehen. «Ich habe keinen Freund. Das war Papa.» Dann wurde mir schlecht. Ich rannte so schnell wie möglich auf die Toilette, schaffte es aber nicht mehr und übergab mich auf der Treppe. Meine Mutter stand schon hinter mir. Während ich heulte wie ein Schlosshund, organisierte sie geistesgegenwärtig Eimer und Lappen und putzte alles weg. Dann umarmte sie mich und sagte mit einer Entschlossenheit in der Stimme, die mich fast ein bisschen erschreckte: «Nachdem du schon mal beim Kotzen bist, kannst du den Rest auch auskotzen. Komm.» Wir setzten uns wieder hin. Sie bestellte mir einen Kamillentee und sich noch einen Schnaps und noch einen und noch einen, während ich erzählte.

Mit jedem Satz, den ich loswurde, ging es mir besser. Zwar flossen die ganze Zeit meine Tränen, und meine Mutter weinte auch zwischendurch, aber ich fühlte mich so erleichtert, nachdem ich endlich alles gesagt hatte. Meine Mutter reagierte erstklassig. Sie zahlte, nahm mich an der Hand, fuhr mit mir in ein wunderschönes Hotel und buchte ein Doppelzimmer für uns. «Du gehst erst wieder nach Hause, wenn dieses Schwein draußen ist. Ich hole ein paar Sachen, und dann sehen wir weiter.»

Was sich an diesem Abend zu Hause abgespielt hat, weiß ich nicht genau, ich weiß nur, dass mein Vater wohl versuchte, mir die Schuld in die Schuhe zu schieben. Aber da biss er bei meiner Mutter auf Granit. Details hat sie mir nie erzählt, und ich will sie auch nicht wissen. Ich glaube nicht, dass es mir im Umgang mit damals helfen würde. Es würde mich wahrscheinlich nur traurig machen.

Es war schon dunkel, als sie mit drei großen gepackten Koffern zurückkam. Sie verlor kein Wort über das, was zu Hause vorgefallen war, und ich fragte auch nicht. Dann saßen wir auf dem Doppelbett, aßen und guckten Fernsehen. Irgendwann sagte meine Mutter: «Wir feiern, dass heute ein neues Leben beginnt.»

In der Nacht habe ich so fest geschlafen wie in den drei Jahren vorher nicht.

Wissenschaft und Forschung bemühen sich schon lange, zu ergründen, in welchem Familienklima die würgende Schlingpflanze des sexuellen Missbrauchs am ehesten gedeiht. Einigkeit herrscht darüber, dass es zu derartigen Übergriffen nie in offenen und liebevollen Familien kommt. Vielmehr herrschen oft innere Einsamkeit, Respektlosigkeit und vor allem gestörte Machtbedürfnisse, wo Eltern ihren Kindern sexuelle Gewalt antun. Wo keine privaten Grenzen herrschen, kann sich der Nährboden für sexuelle Übergriffe bilden.

Wie jeder Erwachsene brauchen auch Kinder ab einem gewissen Alter eine eigene Intimsphäre. Dem jeweiligen Alter und den Bedürfnissen des Kindes angepasst, ist der elterliche Respekt vor der kindlichen Intimsphäre eine notwendige Voraussetzung für die gesunde Entwicklung der Individualität und Persönlichkeitsbildung. Oft werden die ersten Weichen für späteren sexuellen Missbrauch durch die Missachtung der intimen Grenzen des Kindes gestellt. In diesen Fällen manifestiert sich besonders deutlich, was sich als These immer stärker durchsetzt: Sexueller Missbrauch hat sehr viel häufiger mit Macht als mit Sex zu tun. Väter und Mütter, die ihre Söhne oder Töchter missbrauchen, äußern ihre Machtansprüche, indem sie Gewalt sexualisieren. Dem zugrunde liegt oft die subjektiv empfundene, fatale Fehleinschätzung, dass Kinder das Eigentum ihrer Eltern seien.

Mütter, die ihre Söhne missbrauchen, können oder wollen diese nicht loslassen, wollen die Kontrolle über das Leben behalten. Sie verweigern ihren Söhnen die Freiheit, ihr eigenes Leben zu führen, indem sie sich auf allen nur möglichen Ebenen einmischen. Sie brauchen so sehr, selbst gebraucht zu werden, dass sie schon den Gedanken an ein Loslösen ihres Kindes unerträglich finden. Sie wollen immer alle Details aus dem Leben ihrer Kinder wissen, verlangen, in vollkommen unangebrachter Weise einbezogen zu werden, und spionieren ihren Söhnen nach. Sie wollen immer die Einzige und Wichtigste für «ihre» Knaben bleiben, und für dieses Ziel setzen sie sogar körperliche Mittel ein.

Erst wenn die Söhne den Mut aufbringen, ihre übermächtigen Mütter aus einer realistischen Perspektive zu betrachten, erst wenn sie in der Lage sind, sich zu distanzieren, kann das Ungleichgewicht in der Beziehung zu einem Gleichgewicht werden.

«Darüber gesprochen habe ich nie»

WILL, 47, POLITOLOGE

Ich wurde im australischen Melbourne als einziges Kind meiner Eltern geboren. Mein Vater war ein gescheiterter Exportkaufmann, meine Mutter gescheiterte Ärztin, das Studium abgebrochen nach dem Physikum. Vater sah ich wenig und habe ihn kaum als Vater in Erinnerung ... Mein Vater schlug mich ein- oder zweimal aus nichtigem Anlass, das war die einzige emotionelle Zuwendung, an die ich mich erinnern kann.

Nicht, dass ich ihn verteufeln oder im Nachhinein geringer erscheinen lassen möchte, er hatte einfach kaum bis keine Bedeutung in meiner Erinnerung. Meine Mutter bemühte sich jedoch, die Lücke oder scheinbare Lücke nach Kräften zu füllen. Sie war sehr dominant, versuchte, mich immer auf ihre Seite zu ziehen, und stellte sich schließlich selbst zur Verfügung, um ihre Eifersucht auf Freundinnen und Partnerinnen zu ventilieren. ...

Ich erinnere mich, wie ich im Spätherbst 1963 ... zur Seite genommen und von meiner Mutter gefragt wurde: «Willst du eine große schöne Reise auf eine Insel machen? Oder lieber nach Deutschland fahren, für immer?» Spontan antwortete ich mit «Ja», denn ich hatte körperliche Beschwerden, Asthma, wegen der ständigen Hänseleien und massiven Auseinandersetzungen zwischen meinen Eltern, die oft in nächtliche Prügeleien ausarteten. ... Morgens hatte ich die Nachbarn zu alarmieren mit dem wiederkehrenden Satzgebilde: «Mein Vater hat wieder meine Mutter zusammengeschlagen.»

In Deutschland fand meine Mutter einen Job als Krankenhaussekretärin, was ihr eher peinlich zu sein schien, jedenfalls sprach sie kaum davon. Wenig später verfügte sie auf einmal über einen Job als Ärztin und ließ sich mit Frau Doktor anreden. Mitte der 1980er wurde sie dafür vor Gericht gebracht, weil es irgendjemandem aufstieß und Nachforschungen angestellt wurden.

Ich absolvierte derweil die Volksschule mit mäßigen Zeugnissen. Ich ging nicht gerne zur Schule, nirgendwo.

Die Mutter war zu diesem Zeitpunkt häufig auf «Vertretung», wie sie es nannte. Das heißt, sie weilte sechs bis neun Wochen in der Klinik und verdiente dort, als Ärztin auftretend, anscheinend recht viel Geld.

Irgendwann passierte das, was man unter sexuellem Übergriff zusammenfassen kann. Meine Mutter suchte mich zu verführen, machte Angebote. Ich wand mich, wollte es nicht hören, wenn sie mich mit ihrem Mann verglich und einmal sogar die Form meiner Hoden als besonders männlich lobte und mir zutraute, ein sicherlich guter Liebhaber zu sein. Es geschah, was ich aus Neugier, Abenteuerlust, Langeweile oder Selbsthass nicht vermeiden konnte oder wollte. Danach tat es mir Leid, und ich unterließ es irgendwann. Darüber gesprochen habe ich nie, weder mit ihr noch mit jemandem anders. Ich schämte mich, fühlte mich klein gemacht und wertlos.

Ich hatte eine Freundin. Die Mutter verfolgte uns mit Häme und Intrige, so gut sie es vermochte, und sie hatte eine gewisse Meisterschaft darin, Menschen für sich einzunehmen und gegen das auszuspielen, was mir wichtig und nahe zu kommen schien. Ich half meiner Freundin bei einem Referat im Fach Religion. Die Mutter bekam es spitz, Brief an den Lehrer, Note 6 wegen Täuschung. Nie wieder erzählte ich etwas über Freundinnen und was sie taten oder nicht taten. Die Mutter verlegte sich aufs Stöbern und förderte Briefe zutage, aus denen sie sich ein Bild zu machen wusste. Die Intrigen gingen weiter. Es ging nicht mehr, ich brach den Kontakt ab.

Viel, viel später suchte ich zaghaft Kontakt mit der Mutter und fand sie ziemlich verfallen vor. Sie war sehr krank, und ich versuchte, mich ein wenig zu kümmern. Wenn sie es bemerkte, versuchte sie noch immer, in meine Beziehungen hineinzuregieren. Hochbetagt und bettlägerig, beschwor sie in ihren klaren Momenten Ereignisse herauf, die vor vierzig Jahren und länger stattgefunden haben. Es scheint, als ginge sie in diesen Augenblicken in der Vergangenheit auf und meinte, heute könnte die Welt anders gestaltet werden, wenn sie nur weit genug in ihre Vergangenheit blickte.

(Kurz nachdem mir Will das Protokoll seiner Vergangenheit geschickt hatte, starb seine Mutter.)

Jedes sexuell missbrauchte Kind, ob Junge oder Mädchen, muss und wird sich irgendwann mit dem erlittenen Trauma auseinander setzen. Denn erst mit dieser Auseinandersetzung können die für seelische Gesundheit notwendigen Kräfte mobilisiert werden. Es ist eine Abfolge verschiedener Schritte, die zum Prozess der Gesundung führen. Diese Schritte können besonders am Anfang von Zeit zu Zeit auch in die falsche Richtung gehen. Es wird Tage geben, an denen Sie sicher sind, ein gutes Stück weitergekommen zu sein, und dann wieder kann eine Phase entstehen, in der Sie sich blockiert und mit wunder Seele am liebsten verkriechen und alles von sich weisen möchten. Ist der Prozess allerdings einmal in Gang gesetzt, lässt er sich nicht mehr aufhalten. Zorn, Wut, Hass, Kränkung, Enttäuschung werden Sie heimsuchen. Und Sie haben ein Recht auf all diese Gefühle. Lassen Sie Ihre Gefühle zu, richten Sie sie gegen den oder die Täter. Vergessen Sie nie: Wer Kinder sexuell missbraucht, hat sich bewusst dazu entschlossen. Es passiert nicht aus Versehen!

Leben Sie, was Sie fühlen, denn Sie können Ihre Wunden nur dort schließen, wo Sie sie spüren. Am Ende wird die Erkenntnis stehen, dass Sie eine der schwersten Verletzungen überhaupt heil überstanden haben – und das bedeutet, dass Sie ein starker Mensch sind.

Körperliche Gewalt

Am 8. November 2000 trat der veränderte § 1631 Abs. 2 BGB zur Ächtung der Gewalt in der Erziehung in Kraft. «Das Kind ist ein Wesen mit eigener Menschenwürde und dem eigenen Recht auf Entfaltung seiner Persönlichkeit. … Kinder haben ein Recht auf gewaltfreie Erziehung. Körperliche Bestrafung, seelische Verletzungen und andere entwürdigende Maßnahmen sind unzulässig.» Damit sichert das Bundesverfassungsgericht Kindern den gleichen Schutz wie Erwachsenen zu. Doch wie in der Vergangenheit ist auch in Gegenwart und Zukunft das Problem, dass Kinder kaum in der Lage sind, sich rechtlich gegen die Missachtung ihrer Rechte zu wehren. Je jünger, umso hilfloser sind sie der Willkür und den Übergriffen ihrer Eltern ausgesetzt.

Wenn Eltern ihre Handlungen nicht auf ihre Kinder abstimmen können, die Kontrolle verlieren und auf ganz normale Begebenheiten wie Fragen oder auch auf ein weinendes oder enervierendes Kind mit Gewalt reagieren, haben wir es mit Misshandlungen zu tun. Millionenfach und überall auf der Welt, ohne Unterschied in Bildung, Wohlstand und gesellschaftlichem Ansehen, sind wehrlose Kinder tagtäglich elterlicher Gewalt im wahrsten und hässlichsten Sinne des Wortes ausgesetzt. Von außen betrachtet, wirken die Familien oft völlig normal, doch wehe, man riskiert einen Blick hinter die verschlossenen Haus- oder Wohnungstüren. Mit Gürteln, Kochlöffeln und Teppichklopfern wird gezüchtigt, mit schweren Stiefeln zugetreten. Eltern, die ihre Kinder körperlich misshandeln, haben ihre eigenen Impulse nicht unter Kontrolle und benutzen die Kinder als Ventil für ihre Frustrationen und aufgestauten Zorn. Sie nutzen ihre körperliche Überlegenheit aus und setzen Schläge oder Tritte als Machtmittel ein. Manchmal schieben sie vor, Sohn oder Tochter erhielten auf diese Weise die verdiente Strafe für ein Fehlverhalten. Manchmal lassen sie aber auch einfach unbeherrscht ihren Frust an den Kindern aus. Wut auf den Chef, Ärger mit den Nachbarn – Enttäuschungen jeder Art werden im wahrsten Sinne des Wortes auf dem Rücken der Kleinsten und Schwächsten ausgetragen.

Schläge sind allerdings bei weitem nicht die einzige Form von körperlicher Gewalt. Kinder werden über Nacht in kalte, dunkle Garagen gesperrt, auf ihrer Haut werden brennende Zigaretten ausgedrückt, oder sie werden gezwungen, ganze Wochenenden angekettet wie Hunde im Keller zu verbringen. Manchmal sind es beide Eltern, die ihren Kindern Gewalt antun, doch oft misshandelt «nur» ein erwachsenes Mitglied der Familie, während das andere – häufig die Mutter – ängstlich und schweigend duldet, was da geschieht. Hier sei ganz deutlich gesagt: Wer, ohne einzugreifen oder Hilfe zu organisieren, passiv toleriert, dass Kinder geschlagen oder anderweitig misshandelt werden, ist keineswegs Mitopfer, sondern ebenfalls Täter und macht sich ebenso schuldig wie der aktive Teil.

Mit jeder Form von körperlichen Übergriffen werden auch die Seelen der Opfer verletzt. Kinder sind die Schwächeren und können sich gegen die mächtigen Eltern nicht wehren. Eltern, die das ausnutzen und missbrauchen, wie jener Vater, der seine Kinder zwang, ihn nach einer verabreichten Tracht Prügel in Dankbarkeit zu umarmen, erniedrigen und demütigen ihre Kinder in sträflicher Weise. Wie soll ein kleines Kind, das manchmal sogar gezwungen wird, die Folterwerkzeuge selbst heranzuholen, jemals das Bewusstsein entwickeln, dass es ein gewünschtes und geliebtes Wesen ist? Mit Schlägen und Tritten wird jede Form von liebevoller Bindung zertrümmert und zertreten. Und wo das nicht auszuhalten ist, schützen sich die Kinder nicht selten mit Verdrängen, Verleugnen und schließlich sogar mit einer Art Betäubung, um sich zumindest innerlich vor den Schmerzen zu schützen, die ihm äußerlich zugefügt werden.

«Mein ganzer Po war mit blutigen Striemen übersät»

BARBARA, 32, WERBEFACHFRAU

Mein Vater war bis zu seiner Pensionierung Chefkoch in einem großen Bankhaus. Die gesamte Küche, das ganze Personal, vom kleinsten Spüler bis zu seinen Assistenten, hatte auf sein Kommando zu hören. Mein Vater ist ein kleiner, zierlicher Mann, und ich glaube, dass er seine mangelnde physische Präsenz im Beruf durch Schreien und Druck und zu Hause durch Gewalt auszugleichen versuchte.

Meine ältere Schwester und ich lebten mit unserer Mutter in einem Ort 60 Kilometer von der Arbeitsstelle unseres Vaters entfernt. Meine Mutter hatte dort ein Haus geerbt, mit Garten und allem Drum und Dran. Obwohl mein Vater nicht schlecht verdiente, hätten wir uns so etwas woanders wohl nicht leisten können, und deshalb führten meine Eltern jahrzehntelang eine Wochenendehe. Unsere Mutter ist eine ausgesprochen temperamentvolle, leicht nervöse Frau. Sie war nie wirklich glücklich mit der Situation. Sie hätte lieber gearbeitet, als den ganzen Tag mit zwei Kindern zu verbringen, aber für meinen Vater kam es nicht infrage, dass seine Frau arbeiten geht. Also saß sie im Haus, kümmerte sich um den Garten und versuchte, uns zu erziehen. Meine ältere Schwester war ein pflegeleichtes Kind. Sie machte kaum Probleme, weder als kleines Mädchen noch in der Schule oder später.

Bei mir war das anders. Ich habe wohl die Power meiner Mutter geerbt, aber auch den Sturkopf meines Vaters, und das war für meine Mutter eine Kombination, mit der sie nicht gut umgehen konnte und nicht fertig wurde. Es war noch, bevor ich zur Schule kam, dass meine Mutter ein kleines Büchlein anlegte, in das sie unsere «Sünden», also vor allem meine Sünden während der Woche eintrug. Wenn dann mein Vater am Wochenende nach Hause kam, legte sie ihm als Erstes dieses Buch vor, und er entschied über das Strafmaß.

Meine früheste Erinnerung reicht bis etwa in mein fünftes Lebensjahr zurück. Da hatte ich wieder etwas ausgefressen – ich weiß nicht mehr, was –, und mein Vater schimpfte schrecklich mit mir. Ich fing an zu weinen und steigerte mich in eine ziemliche Brüllerei hinein. Daraufhin nahm mich mein Vater an die Hand und zerrte mich zur Besenkammer, die unter der Treppe im Flur war. Ich hasste diese Kammer, weil dort immer Spinnen waren, jedenfalls war ich sicher, dass das so war, und ich hatte furchtbare Angst vor Spinnen. Mein Vater stieß mich in die dunkle Kammer und schloss die Tür von außen ab. Ich schrie wie am Spieß, aber niemand öffnete mir. Irgendwann habe ich dann vor Angst in die Hose gemacht und stand stocksteif zitternd in der Besenkammer und fürchtete mich jetzt nicht nur vor der Dunkelheit und den Spinnen, sondern auch noch davor, was passieren würde, wenn meine Eltern meine nasse Hose entdeckten. Es war schrecklich. Ich weiß beim besten Willen nicht mehr, wie lange sie mich da drin gelassen haben, und ich weiß auch nicht mehr, was geschah, als sie mich endlich herausließen. Aber von dem Tag an hieß die Besenkammer bei uns die «Schreikammer» und wurde als Drohmittel eingesetzt. Wie oft ich letztendlich hineingesteckt wurde, kann ich nicht mehr sagen, aber ich hatte meine ganze Kindheit und weit in die Jugend hinein geradezu phobische Angst vor dunklen Räumen und Dunkelheit überhaupt.

Als ich älter wurde, so etwa mit Beginn der Pubertät, wurden meine Schwierigkeiten mit meiner Mutter schlimmer. Ich hatte meinen eigenen Kopf und wollte ihn meist auch auf Biegen und Brechen durchsetzen. Meine Mutter schrieb noch immer auf, wenn ich etwas tat, was nicht in Ordnung war, und auch wenn ich sie auf Knien bat, es meinem Vater nicht zu erzählen, berichtete sie unerbittlich jede Kleinigkeit. Einmal war ich mit einer Freundin auf einer Party gewesen. Da war ein Junge, in den ich unsterblich verliebt war. Ich sollte um halb zehn zu Hause sein und konnte mich einfach nicht losreißen. Als es zehn war, wusste ich, dass ich eh Ärger kriegen würde, und blieb noch zwei Stunden, bis das Fest ohnehin zu Ende war. Zur Strafe hat mein Vater mich geschlagen, mit dem Gürtel auf den nackten Hintern. Da war ich vierzehn. Ich habe ihn so gehasst, dass ich ihn am liebsten umgebracht hätte, aber ich habe keinen Ton von mir gegeben. Das hat ihn noch mehr in Wut versetzt. Als er endlich aufhörte, war mein ganzer Po mit blutigen Striemen übersät. Als er sah, was er da getan hat, ging er aus dem Haus und kam erst mitten in der Nacht wieder zurück. Meine Mutter verarztete mich, aber sie tröstete mich nicht. Sie sagte nur immer, ich müsste halt besser gehorchen und dürfte ihn nicht so provozieren.

Mein Vater hat mich nie wieder geschlagen, aber er kam auf eine andere perverse Idee. Ich dachte nämlich gar nicht daran, besser zu gehorchen, stattdessen blieb ich immer länger weg als erlaubt. Wenn meine Mutter mir verbot auszugehen, kletterte ich aus meinem Fenster. Meistens hat meine Mutter es nicht gemerkt, aber wenn, dann wurde es meinem Vater brühwarm erzählt. Am Anfang gab es Hausarrest, Taschengeldentzug und jede Menge Strafaufgaben, die ich im Haus zu erledigen hatte. Garage ausmisten, Keller aufräumen etc. Auf den Keller legte mein Vater besonderen Wert. Da war ein kleines Eckchen neben der Treppe, wo im Winter die Gartenstühle gestapelt wurden, und das musste ich eines Tages ganz frei räumen. Als ich das nächste Mal abgehauen war, zwang mein Vater mich in den Keller, genau in diese Ecke. Und als ich da stand, ahnungslos, holte er eine schwere Kette hervor und kettete mich an die Wand. Ich war so perplex, dass ich nicht mal schreien oder weinen konnte. Ich dachte nur, der hat sie einfach nicht alle. Er legte mir regelrecht Fußfesseln an, wie in einem Sklavenfilm, und schloss die Schlösser. Dann sagte er zu mir: «Wenn du dich benimmst wie eine läufige Hündin, wirst du eben weggeschlossen wie eine läufige Hündin.»

Ich war fassungslos, aber meine Eltern ließen mich tatsächlich das ganze Wochenende da unten. Mein Vater hatte sich das offenbar vorher ganz genau überlegt, denn ich bekam einen Nachttopf mit Deckel, so wie sie in Krankenhäusern verwendet werden, und meine Schwester musste mir das Essen runterbringen. Ihr liefen die Tränen über das Gesicht, als sie mir den Teller hinstellte. Aber ich dachte nur, das alles ist so absurd, das glaubt einem doch kein Mensch.

Ich habe eine ganze Reihe Wochenenden da unten verbracht, weil ich immer wieder Anlässe lieferte, wo mein Vater diese Strafe für angemessen hielt. Am Anfang fand ich es schrecklich, dann bin ich abgestumpft. Es tat ja nicht weh, jedenfalls nicht sehr. Wenn ich still hielt, taten auch die Fußfesseln nicht weh. Was mich wild machte, war die Ohnmacht, dieses Ausgeliefertsein, das brachte mich zum Kochen, und ich schwor mir jedes Mal, wenn er mich ankettete, dass ich es ihm heimzahlen würde. Aber zur Räson brachte er mich nicht. Wenn ich etwas vorhatte, was verboten war, überlegte ich ganz genau, ob die Aktion mir ein Wochenende an der Kette wert war. Oft hatte ich Glück, und meine Mutter merkte nichts, aber manchmal wurde ich halt erwischt und landete im Keller.

Das ging etwa zwei Jahre so, dann näherte sich die mittlere Reife. Ich bestand alle Prüfungen und hatte nur eines im Sinn: weg aus diesem Irrenhaus.

Ich hätte gerne eine Lehrstelle in einer anderen Stadt angenommen, aber meine Eltern bestanden darauf, dass ich am Ort blieb. Weil, so das Argument, im Haus schließlich genug Platz war und mein Vater kein zusätzliches Geld für eine Wohnung irgendwo anders ausgeben wollte. Ich war ja weit davon entfernt, volljährig zu sein, also musste ich mich fügen. Ich fing eine kaufmännische Lehre an und lernte dort einen jungen Mann kennen. Er war der Erste, dem ich von den Verhältnissen bei mir zu Hause erzählte.

Klaus war außer sich und wollte sofort zur Polizei und meine Eltern anzeigen. Aber das kam für mich nicht infrage. Es waren meine Eltern, und ich konnte ihnen unmöglich diese Schande antun. «Aber sie können dir alles antun, oder was?», sagte Klaus und schüttelte den Kopf.

Nach einem halben Jahr stand für uns beide fest, dass wir zusammenziehen wollten. Klaus wohnte auch noch zu Hause, verdiente aber genug, dass es mit meinem Lehrgeld reichen würde. Wir suchten uns eine kleine Wohnung, und ich begann heimlich so viel Zeug wie möglich aus meinem Zimmer in die Wohnung zu schaffen. Zu Hause verhielt ich mich zum ersten Mal in meinem Leben so, wie meine Eltern es sich immer gewünscht hatten. Ich war höflich, pünktlich, hilfsbereit, gab keine Widerworte und tat nichts Verbotenes. Dem selbstzufriedenen Gesicht meines Vaters sah ich an, dass er dachte, er hätte mich kleingekriegt. Ich hatte nicht einmal meine Schwester eingeweiht. Und so dachten alle drei, sie trifft der Schlag, als ich an einem Samstagabend beim Essen – ich weiß noch, was es gab, Kartoffelpuffer mit Apfelmus – ganz ruhig sagte, dass ich nach dem Essen gehen würde, und zwar für immer. Meinem Vater fiel fast die Gabel aus der Hand, meine Mutter starrte mich mit offenem Mund an, und meine Schwester schluckte runter und sagte nur: «Wohin?»

«Ich habe eine Wohnung», antwortete ich und aß seelenruhig weiter. Mein Herz schlug so, dass ich dachte, man müsste das Pochen am Hals sehen.

Als mein Vater sich vom ersten Schock erholt hatte, reagierte er genau so, wie ich es vorhergesehen hatte. Er wollte mich an der Hand in den Keller ziehen. Aber das Bewusstsein, dass draußen Klaus im Auto saß und auf mich wartete, verlieh mir Bärenkräfte. Ich schüttelte seinen Griff ab. Wir standen uns gegenüber, er war ganz blass vor Wut. «Du gehst nirgendwohin ohne meine Erlaubnis. Heute nicht und nie und schon gar nicht in eine eigene Wohnung.»

Aber Klaus hatte mich gut vorbereitet. Die Worte kamen ganz von alleine, ich brauchte mich kaum anzustrengen. «Ich gehe, und zwar jetzt. Ihr werdet es nicht verhindern. Und wenn du es versuchst, werde ich bei der nächsten Gelegenheit zur Polizei gehen und dich wegen Misshandlung anzeigen. Und mein Freund geht zur Zeitung, damit alle im Ort wissen, was du seit Jahren hier treibst. Wenn du das verhindern willst, musst du mich und ihn umbringen.»

Mein Vater war sprachlos, meine Mutter weinte, und meine Schwester staunte.

Dann ging ich aus dem Zimmer, holte den gepackten Koffer und ging raus.

Ich bin nie wieder in mein Elternhaus zurückgekommen. Ich habe zwar noch immer Kontakt zu meinen Eltern, aber nur auf neutralem Boden. Wir treffen uns in Restaurants oder mal zum Spazierengehen. Es gab dann, ein Jahr bevor er starb, noch eine große Auseinandersetzung mit meinem Vater, da kam nochmal alles hoch. Ich musste es einfach einmal alles loswerden, sonst hätte ich es wie ein eitriges Geschwür mein ganzes Leben lang mit mir herumgeschleppt. Er war schon sehr krank, und als er anfing zu weinen, habe ich es gut sein lassen, ich kann die Zeit ja doch nicht zurückdrehen.

Meine Beziehung zu Klaus hat immerhin vier Jahre gehalten. Heute bin ich verheiratet und erwarte gerade mein erstes Kind. Mein Mann weiß, wie es bei mir in der Kindheit zuging, und wir sind sicher, dass wir bessere Eltern sein werden. Er wird ein guter Vater, und ich werde mein Kind, oder vielleicht eines Tages meine Kinder, immer schützen vor Menschen, die ihnen Leid antun.

Der Kinderschutzbund und andere Institutionen kämpfen engagiert gegen körperliche Misshandlung von Kindern. Doch niemand kann genau sagen, wie viele gewalttätige Familien es gibt. Ein Teil der Täter ist bis heute der Meinung, dass Züchtigungen keineswegs primitiv und verwerflich sind, sondern halten sie vielmehr für ein probates Mittel bei der Kindererziehung. Andere Täter verbergen ihre Übergriffe, die Opfer schweigen aus panischer Angst, dass sie noch heftiger bestraft werden, wenn sie das schmerzhafte Geheimnis nach außen tragen. Die Spuren der häuslichen Schrecken, Striemen am ganzen Körper, blaue Flecken und Knochenbrüche, werden meist nur in den Behandlungsräumen von Arztpraxen und Krankenhäusern sichtbar.

Stellen Sie sich vor, es gibt keinen Platz in Ihrem Leben, wo Sie sich wirklich sicher fühlen. Ganz gleich, wo Sie hingehen, Sie müssen immer Angst haben, gefunden und geschunden zu werden. Genauso fühlen sich Kinder, die von ihren Eltern geschlagen und misshandelt werden. Hinzu kommt, dass wir heute wissen, dass Schläge nicht im mindesten als pädagogische Maßnahme taugen. Statt unerwünschtes kindliches Verhalten zu ändern, führen sie nur dazu, dass die Opfer neben Wut- und Rachegefühlen gegen den Täter zusätzlich einen schmerzhaften Selbsthass entwickeln. Die misshandelnden Eltern unterstellen nämlich in aller Regel, dass das Fehlverhalten, das sie mit ihren Schlägen bestrafen, in böser Absicht geschehen ist. Auf dieser Basis suggerieren sie dem Kind, dass es nicht nur ständig Fehler macht, sondern diese auch noch im vollen Bewusstsein, etwas Falsches zu tun, begeht.

«Gürtel, Kleiderbügel und Kochlöffel taten sehr weh»

STEFAN, 40, WIRTSCHAFTSJOURNALIST

Die Frage, was Menschen dazu bringt, kleine schwache Kinder zu schlagen, treibt mich bis heute um. Es hat sicher etwas mit eigener Schwäche, aber auch mit Machtmissbrauch zu tun. Und Unbeherrschtheit spielt wahrscheinlich eine Rolle.

Ich bin in einer durch und durch gewaltbereiten und -geprägten Atmosphäre aufgewachsen. Wenn meine Eltern sich stritten, eskalierten die Auseinandersetzungen oft, indem mein Vater meiner

Mutter eine Ohrfeige gab. Sie ließ sich das allerdings nicht gefallen und schlug meistens zurück.

Und gemeinsam schlugen sie mich.

Aber da gab es feine Unterschiede, die mir allerdings erst viel später bewusst wurden. Meine Mutter verteilte im Affekt Backpfeifen und Kopfnüsse. Besonders Letztere habe ich gehasst, weil sie wirklich wehtaten. Die Anlässe kamen aus heiterem Himmel. Sie hatten weniger mit mir zu tun als mit ihren Launen. Was heute bestraft wurde, konnte morgen problemlos durchgehen und umgekehrt. Es konnten unordentlich geschriebene Hausaufgaben sein oder die falsche Frage zum falschen Zeitpunkt oder ein Loch in der Hose oder ein Fleck auf der Tischdecke.

Ich war ein schüchternes und furchtsames Kind. Den Kopf immer ein bisschen eingezogen. Kein Wunder, schließlich musste ich ständig befürchten, von oben eins draufzukriegen.

Mein Vater war für die Grundsatzprügel zuständig. Er haute mich nicht so oft, aber wenn, dann gründlich. Als ich klein war, musste ich mir immer die Hose herunterziehen, und dann gab es mit der flachen Hand auf den nackten Hintern. Es war ganz gleichgültig, ob ich viel schrie oder wenig, mein Vater hörte, glaube ich, immer erst dann auf, wenn ihm die Hand wehtat. Später, ich schätze, ich war so zehn, konnte ich meine Hose anbehalten. Dafür musste ich die «Waffe» seiner Wahl selbst holen. Ich habe nie ergründen können, nach welchen Kriterien er seine Instrumente auswählte, aber er hatte ein schmerzhaftes Repertoire. Gürtel, Kleiderbügel und Kochlöffel taten sehr weh, Teppichklopfer war nicht ganz so schlimm.

Mit zunehmendem Alter veränderte sich meine Einstellung zu der Prozedur. Es war immer schrecklich, aber noch bevor ich ins Gymnasium kam, hörte ich auf zu schreien oder zu weinen. Es war, als ob ich neben mir stünde, als ob jemand anders die Schläge bekam. Ich war wie innerlich aufgelöst. Ich spürte den Schmerz, aber unwirklich. Wahrscheinlich, weil ich mich so darauf konzentrierte, keinen Mucks von mir zu geben. Wenn ich nämlich schrie, brüllte mein Vater: «Du glaubst, das ist Grund zu schreien? Warte, ich gebe dir einen Grund zu schreien», und schlug noch fester. Wenn ich still blieb, arbeitete er seine Wut ab und hörte dann auf.

Ich hatte Angst vor den Schlägen, aber im Lauf der Zeit lernte ich, sie zu vermeiden, indem ich in vorauseilendem Gehorsam versuchte, alles so zu machen, wie mein Vater es wollte. Wo das nicht gelang, fing ich an zu lügen.

Ihn friedlich zu halten, war nicht so schwierig. Ich musste mein Zimmer in Ordnung halten, denn Unordnung hasste er wie die Pest. Es war besser, nicht zu Hause zu sein, wenn er aus dem Büro kam, denn er war meistens geladen. Wenn er schon eine Stunde zu Hause war, hatte er sich meist beruhigt. Also verbrachte ich die Nachmittage meist bei Freunden, und später suchte ich mir Jobs, die mich aus dem Haus brachten. Wenn ich zurückkam, war wichtig, dass ich pünktlich war. Mein Vater ist bis heute ein Pünktlichkeitsfanatiker.

Am Wochenende ging ich ihm aus dem Weg. Das war nicht weiter schwierig, denn mein Vater hatte eine ganze Reihe von Hobbys, die ihn beschäftigten, sodass wir uns nur zu den Mahlzeiten begegneten. Und der ganz große Trick war, entweder bei einem Freund zu übernachten oder einen Freund nach Hause zu holen, denn wenn jemand bei mir war, rissen sich beide Eltern zusammen.

Das ist auch das, was ich bis heute übel nehme, denn das zeigt ja, dass sie anders gekonnt hätten, wenn sie sich ein bisschen beherrscht hätten.

Ich hatte eine Phase, in der ich fest davon überzeugt war, ein armseliger Nichtsnutz zu sein. Denn wenn meine Eltern so sicher waren, dass ich so viel falsch machte, dann musste da ja etwas dran sein.

Heute weiß ich, meine Eltern haben mich auf ihre Weise geliebt, sie hatten nur überhaupt keinen Respekt vor meiner kindlichen Persönlichkeit und haben mich als Ventil für eigene Frustrationen und Aggressionen missbraucht.

Um die körperlichen Schmerzen geht es dabei gar nicht so sehr, sondern vielmehr um dieses erniedrigende Gefühl, das mich durch die Jahre begleitet hat. Ich fühlte mich ausgeliefert, gedemütigt, hilflos, ängstlich, wertlos.

Wenn ich mit ihnen darüber sprechen will, bagatellisiert meine Mutter alles und tut so, als ob sie mir vielleicht ein- oder zweimal einen Klaps gegeben hätte. Mein Vater hat sich seine eigene Wahrheit gebaut. Immer wieder sagt er, ich hätte ihn durch mein Verhalten, meinen Ungehorsam und meine Frechheit zu seinem Verhalten provoziert. Er ist fest davon überzeugt, dass eine Tracht Prügel von Zeit zu Zeit noch keinem Kind geschadet hat und dass ich es schon verdient haben werde. Erinnern kann und will er sich nicht. Dass aus mir etwas geworden ist, obwohl ich so aufgewachsen bin und nicht weil, das geht ihm nicht ein.

Gewalttätige Eltern lehnen im Nachhinein sehr oft die Verantwortung für ihr Verhalten ab. Entweder sie unterstellen, vom Kind so lange gereizt worden zu sein, bis sie gar nicht anders konnten, als mit Schlägen zu reagieren, oder sie negieren einfach komplett, was damals stattgefunden hat.

Wenn Sie Ihre Eltern mit Vorwürfen bezüglich Ihrer Kindheit konfrontieren, werden Sie häufig erleben, dass sie versuchen zu verleugnen, was Sie als Wahrheit rekonstruiert haben. «So war das nicht», «Ich weiß nicht, wovon du sprichst», «Das bildest du dir nur ein», so und ähnlich lauten die gängigen Sätze, mit denen Eltern sich und ihr Verhalten verteidigen. Lassen Sie sich nicht beirren! Vertrauen Sie Ihrer subjektiven Erinnerung.

Demütigung

Verbale Demütigungen sind eine Qual, der sehr viele Kinder aus gestörten Familien ausgesetzt werden. Die Palette der Verletzungen ist unerschöpflich. Da wird über flache Brüste, dicke Schenkel, Pickel im Gesicht, Dummheit, Faulheit und Ungeschick gespottet. Aus blonden Haaren wird der Kopf, aus dem vor Blödheit schon das Stroh wächst. Der hübsche Rotschopf muss sich anhören, dass man so was wie sie im Mittelalter als Hexe verbrannt hätte. Das kurzsichtige Kind wird zur hässlichen Brillenschlange degradiert. Der sportliche Junge zum dämlichen Muskelprotz, der schlechte Schüler zum Schwachkopf. Ganz gleich, wie sehr sich diese Kinder anstrengen, sie können es ihren Eltern nicht recht machen, und das kriegen sie von früh bis spät so lange aufs Brot geschmiert, bis sie es vielleicht selbst glauben.

Wenn Sie ein gedemütigtes Kind waren, wissen Sie nur zu gut, welch fatale Folgen für das Selbstbewusstsein die ständige Kritik, die beleidigende Schimpfnamen und die grundsätzliche Missachtung Ihrer kindlichen Gefühle hatten. Eltern, die ihre Kinder demütigen, scheinen vor kaum etwas zurückzuschrecken. So auch der Internist, der seinen Sohn der Tochter in brutaler und für das Mädchen demütigender Weise vorzog. «Du kannst nichts, weißt nichts, hast nichts und bist nichts – und deswegen wirst du auch nichts», leitete er seine Tiraden oft ein, um sie regelmäßig zu beschließen mit einem geseufzten: «Wie kann es nur sein, dass dein Bruder so gut aussieht und auch noch klug ist, während du wirklich dumm und hässlich bist?» Die Tochter befreite sich zwar schließlich aus den Fängen ihres boshaften Vaters, doch statt des erträumten Medizinstudiums absolvierte sie eine Ausbildung als Altenpflegerin.

Worte können schlimmer als Waffen sein, schwerer verwunden als Messerstiche und Peitschenhiebe, und besonders verletzend sind Gemeinheiten, die sich hinter angeblichen Scherzen verbergen. Sarkasmus und vermeintliche Neckereien, spöttische Abwertung und Bemerkungen wie «Sie ist halt unser Döfchen» werden mit angeblichem Humor kaschiert und treffen direkt ins Herz. Wenn das Kind oder der Jugendliche sich dann zur Wehr setzt, heißt es meist mit einem Schulterzucken: «Aber du weißt doch, dass ich nur Spaß mache. Oder verträgst du etwa keinen Spaß?»

Doch Kinder können Wahrheit und Scherz nicht immer unterscheiden. Sie leiden, wenn alle über sie lachen, und können sich gegen den Sadismus, mit dem das oft geschieht, nicht wehren. Erwachsene, die das ausnutzen, tun Kindern weh und nehmen den zugefügten Schmerz nicht ernst. Die Opfer fühlen sich minderwertig und schwach, denn sie spüren, dass sie das, was doch angeblich lustig ist, nicht aushalten. Wenn die Menschen, die sie lieben und bewundern, wenn unsere Eltern uns verspotten, so treffen ihre Worte ins Mark.

Gefühle haben eine wesentliche Bedeutung für die Prägung der Persönlichkeit. Wenn ein Kind ständig damit konfrontiert ist, dass es von den Menschen, deren Wertschätzung ihm am meisten bedeutet, verachtet und gering geschätzt wird, verzerrt das das entwicklungsnotwendige positive Selbstbild. Gedemütigte Kinder leiden darunter, dass offenbar alles, was sie sagen, tun, fühlen oder denken, falsch oder zumindest nicht ausreichend ist. Denn das bekommen sie so häufig gesagt, dass sie am Ende Gefahr laufen, es selbst zu glauben und sich minderwertig zu fühlen. Die Stehaufmännchen unter den gedemütigten Krisenkindern entwickeln allerdings Strategien, mit deren Hilfe sie das Fehlverhalten ihrer Eltern aushalten, ohne daran zu zerbrechen.

Eltern, die ihre Kinder demütigen, suchen und finden dadurch ein Ventil für eigene Ängste vor Unzulänglichkeit. Die eigentliche Botschaft, die sich hinter den bösen Bemerkungen verbirgt, lautet: «Ich bin dein Maßstab, deine Grenze! Wage ja nicht, mich zu überflügeln!»

Fortgesetzte Demütigungen wecken zunächst Zorn und Trauer, später jedoch Rachegefühle. Resiliente Kinder befreien sich irgendwann von diesen Rachegefühlen, nehmen ihr Leben selbst in die Hand und machen sich unabhängig von der Bestätigung ihrer Eltern.

«Sie machten mich zum Nichts»

GEORG, 56, MALERMEISTER UND STUCKATEUR

Ich bin mit je zwei Jahren Abstand der jüngste von drei Söhnen. Meine Brüder sind beide einen guten Kopf größer als ich und ungefähr doppelt so breit. Das war immer so. Ich war ein schmächtiges Kind mit Segelohren, vorstehenden Zähnen und einer Brille. Mein Vater hat auf dem Bau als Polier gearbeitet. Er war nicht sehr groß, aber ein Tier von einem Mann. Der hatte Kraft, die hätte für drei gereicht. Er war eigentlich ein guter Kerl, aber ein Junge wie ich passte überhaupt nicht in sein Bild, wie ein Mann zu sein hat. Meine Mutter arbeitete vormittags in einem kleinen Lebensmittelladen und verdiente ein bisschen Haushaltsgeld dazu. Sie hat es mir nie gesagt, aber ich glaube, ich war kein gewolltes Kind. Ich kann nicht sagen, dass ich gegenüber meinen Brüdern irgendwie benachteiligt wurde. Wir bekamen das gleiche Essen, wir bekamen gleich viel oder gleich wenig Geschenke und Taschengeld, und dass ich meistens die abgelegten Kleider auftragen musste, fand ich normal. Ungerecht und oft gemein waren aber die Bemerkungen meines Vaters. Und die kamen mit Regelmäßigkeit bei jeder Gelegenheit. Wir hatten einen Schrebergarten, in dem wir immer die Wochenenden und die Sommerferien verbrachten. Da gab es viel zu tun. Mein Vater hatte ein richtiges kleines Häuschen dort gebaut, und meine Brüder durften immer helfen. Wenn ich mitmachen wollte, hieß es entweder: «Das brauchst da gar nicht erst anfangen, das ist eh zu schwer für dich» oder: «Lass das mal liegen, du hast doch sowieso zwei linke Hände».

Dann bekam ich verhasste Aufgaben wie Unkrautjäten oder Wegplatten vom Moos befreien aufgetragen. Wenn ich das nicht ganz perfekt erledigte, gab es zwar keine Schimpfe, aber ein verächtliches: «Nicht mal dafür taugst du.» Wehe, mir fiel etwas herunter oder ich machte etwas kaputt: «Zu blöd, um einen Eimer Wasser umzuschmeißen» oder: «Geschickt wie ein Schwerbehinderter». Noch heute kann ich das Gefühl hochholen, das ich als Kind meistens hatte. Ich wollte immer alles gut machen, hatte schreckliche Angst davor, etwas falsch zu machen, machte prompt etwas falsch und ließ die kalte Dusche über mich ergehen. Mein Vater hatte mich mit seinen Sprüchen zu einem Nichts gemacht. Meine Brüder übernahmen die Art meines Vaters und machten sich einen Spaß daraus, in sein Horn zu tuten, aber im Prinzip verstanden wir uns trotzdem gut. Ich hatte halt die Rolle des Familienidioten, und solange ich mich nicht dagegen auflehnte, gab es keine Probleme – für die anderen.

Begriffe wie Selbstvertrauen und Selbstwertgefühl, wie sie heute in aller Munde sind, kannte man bei uns zu Hause nicht, oder jedenfalls wurden sie nicht benutzt, und schon gar nicht in Zusammenhang mit mir.

Als ich in die Schule kam, war ich ein völlig verschüchterter, kleiner, blasser Bengel, dem ins Gesicht geschrieben stand, dass er sich nichts zutraute und dass ihm die anderen nichts zutrauten. Die Fotos von der Einschulung sprechen Bände. Als es hieß, wir sollten uns alle einen Platz suchen, stand ich so lange rum, bis alle einen Tischnachbarn gefunden hatten und für mich nur noch ein Einzelplatz übrig blieb.

Ich war nicht besonders gut in der Schule, aber erstaunlicherweise auch nicht besonders schlecht. Ich war aber sehr langsam. Ich weiß noch, dass ich für die Kringel und Schleifen, die wir am Anfang machen mussten, immer doppelt so lange brauchte wie alle anderen, weil ich es besonders ordentlich machen wollte. Die Lehrerin war sehr geduldig mit mir und lobte mich sogar, bevor sie sagte, jetzt müsste ich nur noch lernen, ein bisschen schneller zu werden. Ich glaube, in den ersten zwei Jahren habe ich mich nicht einmal gemeldet. Ich hatte solche Angst davor, dass meine Antwort falsch sein könnte, dass ich sie immer nur leise vor mich hin flüsterte und lieber wartete, was die anderen sagten.

Leider war ich zu allem Überfluss auch noch sehr unsportlich. Ich konnte nicht so schnell rennen wie die anderen, ich konnte nicht so fest kicken wie die anderen, und ich konnte schon gar nicht so weit werfen wie die anderen. Klar, dass ich immer als Letzter und mit Widerwillen gerufen wurde, wenn Mannschaften gebildet wurden.

Als die Volksschule zu Ende war, ging ich wie meine Brüder auf die Realschule. Alles, was dann kam, verdanke ich wohl meinem Kunstlehrer, denn der entdeckte, dass ich tatsächlich eine Begabung hatte. Die erste Aufgabe werde ich nie vergessen. Wir bekamen alle ein Sperrholzbrett, etwa 30 mal 30 Zentimeter. Das sollten wir mit Silberfarbe bemalen. Auf den Anstrich durften wir dann ein Mosaik aus bunten Glasscherben kleben, die wir uns aussuchen konnten. Es durfte kein gegenständliches Bild sein, sondern die Farbkombination zählte.

Ich bekam nicht nur die einzige Eins der Klasse. Das Mosaik wurde auch noch in der Schule ausgestellt, und am Ende des Jahres bekam ich den ersten Preis für das beste «Kunstwerk» des Jahrgangs.

Dieses Erlebnis war der Wendepunkt. Ich begann zu malen und später zu zeichnen. Wo immer ich ein Blatt Papier ergatterte, pinselte ich mit Tusche oder Wachsmalkreiden oder Buntstiften darauf. Meine Mutter unterstützte mich, und ich werde ihr nie vergessen, dass sie mir zum elften Geburtstag einen sündhaft teuren Buntstiftkasten schenkte. Den habe ich bis heute.

Und weil ich so gut in Kunst war, trauten sich auch meine Brüder nicht, mich auszulachen. Mein Vater spottete zwar bei Tisch von Zeit zu Zeit über meine Mädchenbeschäftigung, aber er konnte mir damit nichts anhaben, denn mein Maßstab war mein Lehrer, und der gab mir gute Noten.

Er war es auch, der mir später riet, beruflich in diese Richtung zu gehen. In der Klasse kamen sie zu mir, wenn sie was gezeichnet haben wollten. Mädchen ließen sich ihre Buch- und Heftumschläge von mir verzieren, Jungen wollten, dass ich Lehrer karikiere. Ich war plötzlich wer. Man redete mit mir, ich gehörte dazu, war im Klassenverband integriert.

Mit sechzehn hatte ich die mittlere Reife in der Tasche und eine Lehrstelle. Die Lehre machte mir von Anfang an großen Spaß. Ich liebte es, mit Farben umzugehen und feinste Nuancierungen auszutüfteln. Witzigerweise veränderte das meine Lage zu Hause, denn meine beiden Brüder, der eine lernte Installateur, der andere Kfz-Mechaniker, waren aus unterschiedlichen Gründen nicht so glücklich dran wie ich. Ich liebe meinen Beruf bis heute, und sogar mein Vater hat nach meiner Meisterprüfung anerkennend durch die Zähne gepfiffen und gesagt: «Wer hätte gedacht, dass aus dir mal was wird?» Das war wohl das größte Lob, zu dem er fähig war.

Kinder müssen Fehler machen und Schwächen zeigen dürfen, ohne dafür verspottet oder erniedrigt zu werden. Nur so können sie herausfinden, dass Fehler keinen Weltuntergang bedeuten, und auf dieser Basis das Selbstbewusstsein und den Mut entwickeln, Dinge auszuprobieren und die eigenen Fähigkeiten zu testen. Ebendas gestatten demütigende Eltern nicht. Beseelt von dem Wunsch nach Perfektion, haben Schwäche und Unzulänglichkeit in ihrem Familienbild keinen Platz und werden entsprechend quittiert.

Vernachlässigung und Verlust

Wenn Eltern nicht in der Lage sind, die lebensnotwendige Grundversorgung ihrer Kinder zu gewährleisten, sprechen wir von Vernachlässigung. Sie beginnt je nach Alter da, wo Kinder im häuslichen Umfeld Gefahren ausgesetzt sind, wie nicht gesicherte Medikamente, Putzmittel oder Schnapsflaschen. Vernachlässigte Kinder werden nicht rechtzeitig zum Arzt gebracht, Windeln, Bettwäsche und Kleidung werden nicht gewechselt, niemand achtet auf ihre körperliche Pflege. Manchmal werden diese Kinder von den Eltern allein gelassen, werden sich selbst überlassen, mit nichts im Kühlschrank als ein bisschen kalte Milch und ein Rest vom Vortag, ausgeliefert und verängstigt. Denn auch die Kleinsten spüren, lange bevor sie es in Worte fassen können, dass sie nur im Schutz von Erwachsenen überleben können. Allein gelassen werden ist gleichbedeutend mit dem sicheren Tod. Entsprechend brauchen sie dringend die Gewissheit, dass sie nicht verlassen werden. Eltern, die ihre Kinder verlassen oder vernachlässigen, wecken in ihnen das Gefühl, nicht liebenswert und geschätzt zu sein. «Wäre ich in Ordnung, würden sie mich ja nicht im Stich lassen», ist der Schluss, den vernachlässigte Krisenkinder ziehen.

Doch auch hier setzen die Stehaufmännchen intuitiv ihre Strategien und Fertigkeiten ein, um trotz aller negativer Erlebnisse unbeschadet in Gegenwart und Zukunft leben zu können.

«Wir waren oft tagelang allein»

NATHAN, 42, GASTRONOM

Ich komme eigentlich aus einer Familie, von der man nicht denken würde, dass Kinder so behandelt werden, wie wir behandelt wurden. Mein Vater war Geschäftsmann, meine Mutter handelte mit Antiquitäten. Sie hatte aber keinen eigenen Laden, sondern stopfte das Haus voll mit den Kostbarkeiten, die sie einkaufte, und ging dann mehrmals im Jahr auf internationale Messen, wo sie Möbel, Bilder und Kleinigkeiten wie Vasen oder Kerzenhalter verkaufte. Sie war immer sehr viel unterwegs. Ich habe zwei jüngere Schwestern. Als ich neun war, lernte mein Vater eine andere Frau kennen und verließ uns. Er zog in die Schweiz und meldete sich von da an nur noch sehr unregelmäßig bei uns.

Nach der Trennung war meine Mutter am Boden zerstört. Ein Arzt verschrieb ihr starke Beruhigungstabletten und Schlafmittel. Die nahm sie in so hohen Dosierungen, dass sie oft kaum ansprechbar war. Wir wohnten in einer großen Villa, die etwas abseits lag. Direkte Nachbarn gab es nicht.

Nach ein paar Monaten hatte meine Mutter sich so weit gefangen, dass sie ihre Arbeit wieder aufnahm. Am Anfang war sie nur tageweise weg. Dann kochte sie für uns vor, und ich musste für meine Schwestern und mich das Essen aufwärmen, wenn wir aus der Schule kamen. Wir waren das, was man früher Schlüsselkinder nannte. Solange meine Mutter am Abend nach Hause kam, war eigentlich alles halb so schlimm. Ich hatte zwar oft Streit mit meinen Schwestern, weil ich mich irgendwie verantwortlich fühlte und die beiden gar nicht daran dachten, dem kaum älteren Bruder zu gehorchen, aber das ließ sich aushalten. Schlimm wurde es, als meine Mutter im Frühsommer das erste Mal auf eine Messe nach Paris fuhr. Sie hatte wohl versucht, einen Babysitter für uns zu besorgen, aber das Mädchen sagte in letzter Minute ab.

Meine Mutter nahm mich an der Hand und ging in die Hocke, sodass unsere Augen auf gleicher Höhe waren. Sie sagte, dass sie jetzt abfahren müsste und in vier Tagen wiederkäme. Ich wäre doch schon so groß, dass ich für mich und die Mädchen sorgen könnte. Sie gab mir das Geld, das sie eigentlich dem Babysitter geben wollte, küsste uns zum Abschied auf die Wange und stieg in ihren kleinen Transporter. Ich sehe uns noch heute, wie wir in der Tür standen, meine Schwestern Hand in Hand und ich daneben.

Als der Transporter außer Sichtweite war, schlossen wir die Haustür und gingen ins Wohnzimmer. Ich legte das Geld auf den Couchtisch. Es waren 100 Mark. Das weiß ich noch ganz genau, weil keiner von uns bis dahin so viel Geld auf einmal gesehen hatte. Meine eine Schwester – sie ist bis heute die Pragmatischste von uns – schlug vor, an den Kühlschrank zu gehen und nachzusehen, was da war. Wir überprüften den Inhalt und stellten fest, dass da nicht viel war, womit wir etwas anfangen konnten. Ich hatte bis dahin ja immer nur vorbereitete Mahlzeiten aufgewärmt, wie man etwas zu essen kochte, davon hatte ich keine Ahnung.

Wir warteten, bis die Geschäfte aufmachten. Dann setzten wir uns in den Bus, mit dem wir sonst immer in die Schule fuhren, und machten uns auf den Weg ins Städtchen. Die 100 Mark trug ich unter dem Hemd in meinem Brustbeutel. Der Einkauf, den wir dann machten, war natürlich etwas eigenartig. Aber niemand fragte, wer die merkwürdige Kombination aus Weißbrot, Schokoschnitten, Cocktailwürstchen im Glas, Vanillepudding, Gummibärchen, Lakritzschnecken, Apfelsaft, Limonade und Mayonnaise zu sich nehmen wollte. Wir kauften einfach alles, was wir mochten und sonst nicht so häufig bekamen. Dann fuhren wir schwer beladen und stolz wieder nach Hause.

Selbstverständlich taten wir hier als Erstes das, was eigentlich streng verboten war. Wir machten den Fernseher an, setzten uns davor und mampften im Schneidersitz auf dem Boden. Solange es draußen hell war, war alles in Ordnung. Wir waren ja gewöhnt, tagsüber oft allein zu sein. Aber als es dunkel wurde, wurden meine Schwestern immer stiller, und auch ich fühlte mich überhaupt nicht wohl bei dem Gedanken, die Nacht ohne meine Mutter im Haus zu verbringen. Tapfer bissen wir die Zähne zusammen und wollten gerade ins Bett gehen, da klingelte das Telefon. Es war meine Mutter, die aus Paris anrief. Sie sprach erst mit den Mädchen, dann verlangte sie mich. Sie lobte mich über den grünen Klee dafür, wie tüchtig und erwachsen ich sei, und ich hätte mir eher die Zunge abgebissen, als zuzugeben, was ich für eine Angst hatte. Bevor sie auflegte, sagte meine Mutter: «Nathan, sorg dafür, dass die Mädchen sich die Zähne putzen und ihre Schultaschen für morgen gepackt sind, bevor ihr schlafen geht. Und vor allem nimm dir den Wecker aus meinem Schlafzimmer und sieh zu, dass ihr nicht zu spät in die Schule kommt. Ich rufe euch morgen Abend wieder an.»

Brav und ohne zu zanken – daran kann man sehen, wie unwohl wir uns fühlten –, taten wir alles und gingen in unsere Zimmer. Die Türen ließen wir offen und das Licht im Flur an. Ich konnte nicht schlafen. Erstens hatte ich Angst, den Wecker nicht zu hören, und zweitens machte das Haus so komische Geräusche. Wenig später standen meine Schwestern in der Tür und fragten, ob sie mit in meinem Zimmer schlafen könnten. Mein Bett war aber zu klein, deswegen nahmen wir unsere Decken, ich klemmte mir den Wecker unter den Arm, und zu dritt krabbelten wir in das Doppelbett unserer Mutter. Das Kissen roch beruhigend nach ihr, und wir sind nach einer Weile tatsächlich eingeschlafen.

Wir brachten die Tage herum, ohne zu spät zur Schule zu kommen, ohne uns die Mägen zu verderben und vor allem ohne einer Menschenseele zu erzählen, dass wir ganz alleine waren.

Als meine Mutter zurückkam, war sie bester Laune. Sie hatte offenbar gute Geschäfte gemacht und einen Koffer voller Geschenke für uns. Wir erzählten ihr alle drei nicht, wie sehr wir uns geängstigt hatten.

In den kommenden zwei Jahren wurde es zur Regel, dass meine Mutter uns alleine ließ, wenn sie außerhalb der Stadt zu tun hatte. Tagsüber war nach wie vor alles kein Problem, aber nachts litt ich furchtbar. Ich konnte stundenlang nicht einschlafen, hatte furchtbare Albträume. Einer kam immer wieder. Jedes Mal wachte ich schweißgebadet auf: Ich war mit meinen Schwestern auf einer Baustelle. Ein Rohbau, riesengroß und vollkommen unübersichtlich.

Eine der beiden bat mich, eine Toilette für sie zu suchen, doch in dem Rohbau gab es nur Betonpfeiler, keine Wände, keine Türen, keine Toilette. Während ich suchte, hörten wir Schritte hinter uns. Wir drehten uns um, konnten aber niemanden sehen. Die Schritte kamen näher und wurden immer schneller. Ich nahm meine Schwestern an die Hand, eine rechts, eine links, und wir rannten um unser Leben, konnten aber den Ausgang nicht finden. Ich erinnere mich noch heute an die Panik, die ich hatte, und an die Angst vor dem Einschlafen, weil ich wusste, dass dann dieser Traum unweigerlich wieder auftauchen würde.

Meine Mutter machte ihre Arbeit noch immer und verdiente wohl gutes Geld damit, denn wir hatten materiell alles, was man sich nur wünschen kann. Aber die Tabletten hatten sie inzwischen vollkommen im Griff. Sie war oft fahrig und zerstreut, und so kam der Tag, an dem sie zum ersten Mal wegfuhr, ohne uns auch nur einen Groschen im Haus zu lassen. Ich war knapp zwölf, meine Schwestern waren gerade ins Gymnasium gekommen.

Wenn meine Mutter das Haus verließ, während wir in der Schule waren, legte sie das Geld normalerweise in eine kleine silberne Jugendstilschale im Flur. An diesem Tag lag da nichts. Wir durchsuchten das ganze Haus, aber sie hatte es einfach vergessen. Die Vorräte in der Küche reichten für den ersten und zweiten Tag – meine Mutter rief zu dieser Zeit längst nicht mehr regelmäßig an –, dann aber war einfach nichts mehr zu essen im Haus.

In der Nähe der Schule gab es eine kleine Wirtschaft, in die wir manchmal mit meiner Mutter gingen. Ich wartete also am dritten Tag nach dem Unterricht auf meine Schwestern, und dann machten wir uns auf den Weg dorthin. Ich weiß noch, wie ich mich geschämt habe, als ich den Wirt, der uns natürlich kannte, bitten musste, uns etwas zu essen zu geben. Ich sagte ihm, dass wir unser Geld zu Hause vergessen hätten und dass meine Mutter in den nächsten Tagen alles bezahlen würde. Der Mann schöpfte zunächst keinen Verdacht. Erst als wir am folgenden Tag die gleiche Nummer noch einmal abzogen, kam ihm die Sache komisch vor.

Am späten Nachmittag des gleichen Tages stand er bei uns vor der Tür. Damit hatte keiner von uns gerechnet, und wir wussten überhaupt nicht, wie wir uns verhalten sollten. Der Wirt kam einfach herein, und ich hätte es auch nicht verhindern können. Er sah sich um und begriff sofort, dass hier seit Tagen kein Erwachsener gewesen war. Er fragte unumwunden, wo unsere Mutter sei und ob sie öfter für länger wegführe. Ich weiß nicht, ob ich den Schneid gehabt hätte, ihm ins Gesicht zu lügen, ich weiß nur, dass meine eine Schwester anfing zu schluchzen und alles herauskam.

Heute muss ich sagen, der Mann tat das einzig Richtige. Er ließ uns ein paar Klamotten zusammensuchen, unsere Schultaschen voll packen, legte einen Zettel auf die Kommode in der Diele, schloss die Haustür ab und nahm uns mit zu sich nach Hause. Seine Frau staunte nicht schlecht, als er mit drei Kindern vor der Tür stand, reagierte aber phantastisch. Sie tat, als ob es das Normalste auf der Welt wäre, steckte erst meine Schwestern in eine warme Wanne, dann mich. Dann holte sie aus der Schankstube die Speisekarte, und wir durften uns aussuchen, was wir essen wollten. Es wurde heraufgebracht in die Wohnküche, und wir drei saßen frisch gewaschen in sauberen Schlafanzügen am Tisch und stopften uns die Bäuche voll. Dann brachte uns die Wirtin ins Bett und sagte, dass sie unten in der Gaststätte wäre, und wenn wir was bräuchten, müssten wir nur die Treppe herunterkommen und Bescheid sagen. Aber wir waren, glaube ich, schon fast eingeschlafen, bevor sie den letzten Satz zu Ende gesprochen hatte.

Was dann folgte, war weniger erfreulich. Zwei Tage später tauchte meine Mutter auf, um uns abzuholen. Wir mussten mit anhören, wie der Wirt und seine Frau ihr große Vorwürfe machten und sie sich laut schreiend verteidigte. Sie brüllte die beiden an, es wäre ihre Sache, wie sie uns großzöge, mein Vater würde nichts zahlen, von irgendwo müsste das Geld für drei Blagen ja kommen, und sie sollten sich nicht in fremder Leute Angelegenheiten einmischen. Dann schnappte sie uns, verfrachtete uns in ihren Wagen und fuhr nach Hause. Die Wirtsleute ließen die Sache nicht auf sich beruhen. Kurz darauf standen Leute vom Jugendamt bei uns vor der Tür.

Das Ende von einem langen und traurigen Lied war, dass meine

Mutter in einer psychiatrischen Klinik eine Entziehungskur machen musste und mein Vater meine Schwestern zu sich in die Schweiz nahm. Weil ihm und vor allem seiner neuen Frau drei Kinder zu viel waren, wurden Pflegeeltern für mich gesucht.

Der Himmel wollte, dass die Wirtsleute keine eigenen Kinder hatten und ich zu ihnen gehen durfte. Obwohl die beiden sehr lieb zu mir waren, vermisste ich meine Schwestern furchtbar.

Mit vierzehn machte ich den Hauptschulabschluss und dann eine Hotelfachlehre.

Heute führe ich das Gasthaus meiner Pflegeeltern.

Nathan, der kleinere und größere Trennungen zu verkraften hatte, der in sehr jungen Jahren große Verantwortung zu tragen hatte, ist es gelungen, dank seiner Resilienz die Opferfalle zu vermeiden. Statt Schuldige zu suchen und Schuld zuzuweisen, ist er in der Lage, Gegenwart und Zukunft voll positiver Energie zu gestalten. So auch Katrin, die in ihrer Kindheit und Jugend schwere Verluste erlitten und zu verarbeiten hatte.

«Sie starb in ihrem Bett, vor unseren Augen»

KATRIN, 37, KAUFFRAU

Zur Welt brachte mich ein fünfzehnjähriges Mädchen, aber das erfuhr ich erst viele Jahre später, denn wenige Tage nach der Geburt wurde ich in ein Heim gebracht, da ich zur Adoption freigegeben worden war.

Kurze Zeit später entschied sich ein Ehepaar dazu, gerade mich unter den zu adoptierenden Babys auszuwählen. So kam ich zu Familie S., die aus zwei sehr liebevollen Erwachsenen und ihrer fünf Jahre alten Tochter bestand. Ich nenne diese Menschen im Folgenden Vater, Mutter und Schwester, da sie nie etwas anderes für mich waren. In dieser Familie verbrachte ich eine ziemlich normale Kindheit mit fast allem, was sich ein Kind nur wünschen kann. Dass ich adoptiert sei, erzählten meine Eltern mir schon im Schulalter. Dies sei auch, so sagten sie, der Grund dafür, dass ich so gänzlich anders aussähe als der Rest der Familie, die beinahe durchgängig kleinwüchsig und schwarzhaarig war. Je älter ich wurde, desto mehr fiel mir und natürlich auch allen anderen auf, wie groß die Unterschiede waren. Denn bereits mit zehn Jahren überragte mein blonder Schopf alle anderen Familienmitglieder um Haupteslänge.

Und auch im Charakterlichen traten immer mehr Kluften auf – ich war sehr emotional veranlagt, musisch und künstlerisch begabt, hatte aber das Glück, dass meine sehr rationalen Eltern, die ihre kreativen Seiten nicht wirklich auslebten, die meinen erkannten und förderten.

In die Wirrungen, die jedes Mädchen mit vierzehn Jahren in der Pubertät durchleben muss, brachen wie eine Naturkatastrophe ein ständiges Unwohlsein meiner Mutter und ein chronischer Husten, mit dem kein Mensch etwas anfangen konnte.

Innerhalb eines sehr, sehr langen Jahres mussten wir mit ansehen, wie meine Mutter langsam und qualvoll starb, Stück für Stück. Erst konnte sie nicht mehr schreiben, nicht kochen, einfach nichts mehr in den Händen halten. Dann, nach einem Erstickungsanfall, nicht mehr normal atmen. Ein Loch in ihrem Hals nach einem Luftröhrenschnitt war nun sozusagen Ersatz für Nase und Mund. Bald konnte sie nicht mehr laufen, nicht mehr sprechen, wurde mit flüssiger Nahrung über einen Schlauch versorgt, auf den Topf gesetzt und im Bett gesäubert. Und all das geschah zu Hause.

Die meiste Arbeit hatte mein Vater, auch meine Schwester half sehr fleißig mit.

Auch hatte mein Vater mich, zu meinem eigenen Besten, im Unklaren gelassen über die Schwere der Krankheit, die unsere Mutter in ihren Klauen hielt. Hatte mir nichts erzählt von dem gutartigen Tumor in Mutters Hals, der, da inoperabel, größer und größer wurde und nach und nach alle Nerven und auch Luft- und Speiseröhre abklemmte.

Kein Wort von diesem grauenhaften Etwas, das ihr jeden Tag ein Stück Leben raubte, bis sie nur noch dahinvegetierte. Vater litt sehr. Er war mit seiner Frau immer sehr glücklich gewesen. Der bevorstehende Tod unserer Mutter war für ihn zu unaussprechlich. Und seine eigene Hilflosigkeit hätte wahrscheinlich mit Trost sowieso nichts anzufangen gewusst.

Meine Schwester erlebte alles viel bewusster, sie war in alles eingeweiht und war durch ihre Mitarbeit beim Roten Kreuz auch fachlich erfahren.

Dann, eine Woche vor Weihnachten, ich hatte Mutter schon so oft tot gewünscht, weil ich die Situation langsam nur noch schlecht ertrug, da nun auch für mich die Entsetzlichkeit erkennbar geworden war, starb sie endlich. Sie starb in ihrem Bett, vor den Augen meiner Schwester und mir.

Ich erlebte alles wie in Trance. Der Satz «Meine Mutter stirbt» entbehrte so sehr jeder Realität. Meine Mutter starb nicht. Alles, was ganz klar in mein Bewusstsein drang und dort auch noch lange gespeichert wurde, war das Bild von ihrer Leiche, so bleich und leblos, der Brustkorb so unbeweglich, die Haare vom letzten Operationsversuch noch nicht nachgewachsen und so aufgedunsen vom Cortison, lag sie in ihrem zu groß gewordenen Bett.

Die Zeit nach ihrem Tod war in dieser Familie, die es in ihrer Gesamtheit nicht gut verstand, über Gefühle zu sprechen, für mich nur schwer auszuhalten.

Genauer gesagt, wurde über unsere Mutter und ihr schreckliches Ende nach ihrem Ableben in unserem Haus nie wieder ein Wort gesprochen.

Mit achtzehn Jahren wünschte ich mir zum Geburtstag meine Geburtsurkunde. Ich wollte meine leiblichen Eltern suchen, meine Wurzeln in dieser Welt finden. Ich fand meinen leiblichen Vater, von dem ich mich jedoch nach zwei Treffen aus verschiedenen Gründen wieder distanzierte. Und ich begegnete auch meiner leiblichen Mutter.

Da sie mich mit 15 geboren hatte, war sie eine junge Frau von 33 Jahren, als wir uns das erste Mal trafen. Wir erkannten uns sofort, denn wir sahen eher aus wie Geschwister als wie Mutter und Tochter. Und nicht nur äußerlich, auch innerlich hatten wir viele Gemeinsamkeiten. … Aber je öfter wir uns trafen, desto schwieriger wurde unsere Beziehung.

Sie hatte nach mir noch mehrere Kinder zur Welt gebracht, aber keines von ihnen hatte mehr als drei Monate gelebt. Sie war geschieden und hatte keine anderen Verwandten. Ihre Mutter, eine Alkoholikerin, war relativ früh verstorben.

Ein bisschen spürte ich, dass ich die Ungerechtigkeiten, die ihr im Leben widerfahren waren, durch persönlichen Einsatz nun wieder gutmachen sollte. Ich fühlte mich irgendwie verpflichtet. Sie verpflichtete mich, erst indirekt, später ganz direkt bis hin zur Erpressung, ja sogar zur Drohung.

Aber vorher geschah noch eine unvorhersehbare Katastrophe: Vater, der sich nach ungefähr einem Jahr Dasein als Witwer scheinbar gut mit der Situation abgefunden zu haben schien, gelegentlich sogar mit anderen Frauen ausging, erlitt einen Herzinfarkt und starb auf unserem Wohnzimmerteppich. Auch dieses Bild wird mir ins Gehirn eingebrannt bleiben bis zum Jüngsten Tag.

Meine leibliche Mutter erschien sogar auf seiner Beerdigung, wurde dort allerdings von den meisten Anverwandten öffentlich angefeindet und machte mich später dafür mitverantwortlich. Unser Kontakt brach mehr und mehr ab.

Das Leben als Vollwaise an der Seite meiner kühlen und wenig herzlichen Schwester war der nackte Horror. Vor lauter Lernen und Verstehen, Organisieren und Unterschreiben kam ich nicht zum Trauern. Ich sollte entscheiden, welche Versicherung gekündigt, welche Kleidungsstücke gespendet und welche Aktien verkauft werden sollten. Ich war total überfordert.

Nachdem ich meine leibliche Mutter gar nicht mehr sah, stand ich mehr oder weniger allein da. Hilfe fand ich nur telefonisch bei der Schwester meiner Mutter, die sich sehr um alles bemühte, aber leider zu weit weg wohnte.

Ich ertappe mich regelmäßig dabei, dass ich alle meine Eltern (ich hatte ja mal vier von der Sorte) vermisse, jeden aus anderen Gründen. Vielleicht sehne ich mich auch nur nach jemandem, der mir mal seine Schulter zum Ausweinen hinhält und mir sagt, wo es eigentlich langgeht.

Lange Zeit waren die Adoptivregister verschlossen, und adoptierte Kinder konnten nur auf komplizierten Wegen erfahren, wer ihre leiblichen Eltern sind oder waren. Inzwischen hat sich der Umgang mit Akten und Geburtsurkunden geändert, und die Mehrheit der Fachleute befürwortet, dass Kinder, die zur Adoption freigegeben wurden, mit ihrer Lebensrealität konfrontiert werden. Sie argumentieren: «Wer das Gefühl hat, in seiner Vergangenheit gibt es etwas, was er nicht wissen darf, leitet daraus ab, dass es etwas Schlimmes oder Schlechtes sein muss.»

Obwohl immer mehr Adoptiveltern von dieser Möglichkeit Gebrauch machen und immer mehr Kinder oder Jugendliche auf die Suche nach ihren Wurzeln gehen, birgt es für viele von ihnen große Probleme, sich mit der Wahrheit auseinander zu setzen. Denn aus welchen – und oft sehr nachvollziehbaren – Gründen Eltern ihre Kinder der Obhut fremder Menschen anvertrauen, für die adoptierten Kinder bleibt häufig das Gefühl der Zurückweisung: «Wenn sie mich nicht wollten und mich weggegeben haben, muss etwas mit mir nicht in Ordnung gewesen sein.»

Kinder, die sich von ihren Eltern verlassen fühlen, empfinden oft neben dem Schmerz des Verlustes eine große innere Leere. Elternteile, die aus dem Leben ihrer Kinder verschwinden, hinterlassen zumeist Schuldgefühle bei den Kindern, die innerlich fest davon überzeugt sind, dass es an ihnen liegt, wenn man sie allein lässt. Dieser Falle ist Katrin dank ihrer Resilienz entkommen. Sie hat ihre Phantasie von einer wirklich glücklichen Kindheit und Vergangenheit begraben, sich von der Vorstellung gelöst, dass sie etwas hätte tun können, um die schmerzhaften Erlebnisse zu verhindern. Sie weiß, dass sie die Eltern, von denen sie träumt, niemals mehr haben wird, und sie betrauert diesen Verlust zwar – aber sie hat gelernt, ihn zu akzeptieren. In der Gewissheit, dass sie sich auf sich selbst verlassen kann, ist sie zu einer stabilen und belastbaren Frau geworden.

Ablehnung und emotionale Kälte

Generationen von Psychologen und Soziologen haben sich weltweit mit einem Experiment beschäftigt, das im 13. Jahrhundert auf Befehl Kaiser Friedrichs II. durchgeführt wurde. Der Herrscher wollte herausfinden, wie sich Kinder verhalten und welche Sprache sie entwickeln, wenn sie körperlich einwandfrei versorgt werden, jedoch niemand ein Wort mit ihnen spricht. Zu diesem Zweck ließ er einige Säuglinge in die Obhut versierter Pflegerinnen geben und wies diese an, es den Kindern bezüglich Nahrung und Sauberkeit an nichts fehlen zu lassen. Kosen und Sprechen hingegen verbot er bei höchster Strafe. Die Pflegerinnen gehorchten ihrem Herrn und mussten ihm noch vor Ablauf des ersten Jahres die traurige Meldung machen, dass alle Kinder verstorben waren. Nicht an Leib, so doch an der Seele abgelehnt und mit Kälte behandelt, hatten die Kleinen den majestätischen Versuch mit dem Leben bezahlt und erwarben sich damit traurige Unsterblichkeit.

Wir alle brauchen Menschen, die uns körperlich und verbal zeigen, dass sie uns lieben. Menschen, die uns in den Arm nehmen und uns Nettigkeiten sagen. Glücklicherweise hat niemand den tödlichen Versuch Friedrichs II. wiederholt, aber auch heute herrscht in vermeintlich ganz normalen Familien oft eisige emotionale Kälte.

- «Ich bin in einem Gefrierfach groß geworden.»
- «Meine Mutter war ein Eisschrank.»
- «Bei uns war die Atmosphäre zum Erfrieren.»

Zitate, die zeigen, wie frostig es manchmal zugeht, doch die betroffenen Kinder müssen nicht mehr daran sterben. Im Gegenteil! Viele von ihnen wachsen trotz «kalter» Eltern zu gesunden und keineswegs psychisch geschädigten Persönlichkeiten heran.

Während Kinder in gesunden Familien erfahren, gewollt und geliebt zu sein, müssen Kinder in Familien mit gestörten Strukturen oft das Gegenteil hören. Ablehnung und Kälte schlagen ihnen entgegen, wo Wärme und Geborgenheit gesucht und gebraucht werden.

- «Womit habe ich so was wie dich verdient?»

- «Dich habe ich sowieso nicht gewollt.»
- «Der Herr allein weiß, was ich alles versucht habe, um dich abzutreiben.»
- «Wenn du nicht wärst, könnte ich ein freies, glückliches Leben führen.»

Eltern, die ihre Kinder mit derartigen Äußerungen quälen, sehen nicht, dass sie eigenständige Wesen mit eigenständigen Bedürfnissen sind. Sie haben nur sich selbst im Visier, fühlen sich durch das Kind belastet, überfordert oder einfach nur gestört und lassen den entsprechenden Gefühlen unkontrolliert freien Lauf. Eltern, die sich so verhalten, verweigern ihren Kindern ein emotional positives Vorbild und erschweren damit einen Teil der kindlichen Entwicklung. Kein Mensch – auch kein Kind – lässt sich körperliche Schmerzen ohne Protest zufügen. Psychische Verletzungen hingegen werden oft leise geschluckt und vergiften die Kindheit.

«Niemand hat mich in den Arm genommen»

VERA, 75, KÜNSTLERIN

Schon während der Schwangerschaft begann die Tragödie. Meine Mutter musste auf Anordnung meines Vaters dreimal den Versuch einer Schwangerschaftsunterbrechung vornehmen. Zu damaliger Zeit von einer «Kurpfuscherin» mittels Stricknadeln.

Ich sage heute, «Gott sei Dank» wurde ich trotzdem geboren, kam nicht als Schwerstbehinderte, sondern gesund mit vielen Begabungen zur Welt. Mein Vater hatte nur einen Ausspruch: «Mit diesem Balg will ich nichts zu tun haben, dazu auch noch ein Mädchen, gib ihm den Namen eines Straßenkindes.» Im Hinterhof spielte ein kleines Mädchen namens Vera. Auf diesen Namen wurde ich getauft …

Es begann eine schlimme Zeit. Man darf nicht meinen, kleine Kinder spüren nicht, was los ist. Ich habe es gespürt. Erinnerungen gehen bei mir bis zum zweiten Lebensjahr zurück.

Meine Mutter war sehr gut zu mir. Sie wurde schwer krank. Niemand hat mir je sagen wollen, woran sie mit 34 Jahren (1932) gestorben ist. Ich denke, es waren die Folgen der Abtreibungsversuche. Zwei Tage vor ihrem Tod wurden meine Schwester und ich von zwei unverheirateten Schwestern meiner Mutter mit ins Sterbezimmer des Krankenhauses genommen. Dort hatte ich mein erstes Wacherlebnis. … Ich sah meine Mutter in ihrem hellgrünen Lieblingskleid mit Schuhen und Strümpfen im Sarg liegen. Sie hatte ein Lächeln im Gesicht und war von einem hellen Licht umgeben. Sie sah sehr glücklich aus. Noch heute könnte ich dieses Bild malen! Genauso war sie drei Tage später im Hause ihrer Mutter auf dem Lande in Steppenitz im schönsten Zimmer drei Tage aufgebahrt, wie es üblich war.

In der Nacht von Sonntag auf Montag ist meine Mutter gestorben. Es wurde mir gesagt: «Deine Mutter ist tot, die siehst du nie wieder.» Niemand hat mich in den Arm genommen! Von dem Augenblick an habe ich alle Leute gefragt: «Was ist Tod?» Niemand konnte mir und wollte mir eine Antwort geben. …

Dann begann das nächste Drama! Ich konnte keine Träne weinen, ich war wie versteinert. Ich gab nicht einmal mehr Kot ab, man holte ihn mir mit Gewalt mittels einer Haarnadel aus dem After.

Nach Tagen war ich verschwunden. Nach langer Suche und viel Geschimpfe auf das «unartige Kind» fand man mich im Garten, festgeklammert unter einem großen Johannisbeerbusch. Ich war immer klein und zierlich. Mit Gewalt zerrte man mich hervor. Ich gab nicht eher Ruhe, bis eine meiner «ungeliebten» Tanten mit mir zu meinem Vater (Kapitän) aufs Schiff nach Stettin fuhr. Er kümmerte sich natürlich nicht um mich. Ich saß still auf dem Sofa in seinem Schiffssalon. Am selben Tag fuhren wir wieder zurück nach Steppenitz. Dieses wiederholte sich drei- oder viermal.

Der Hass meiner Verwandten auf mich wurde immer größer.

Als ich das letzte Mal auf dieser Fahrt bestand, muss ein «guter Engel» meinem Vater einen großartigen Gedanken eingegeben haben. Der, der nichts für mich übrig hatte und außerdem noch sehr geizig war, kaufte mir eine große Puppe. Ich weiß es noch genau, sie kostete 12 Mark. Das war damals viel Geld. Ich hatte die Wahl zwischen einer Puppe mit schwarzen oder blonden Haaren. Ich nahm die blonde Puppe. Als ich damit zu meiner Großmutter zurückkam, versuchte sie, mir die Puppe zu entreißen. Sie wollte sie mir zum Weihnachtsfest aufheben. Ich hielt die Puppe ganz fest. Ich war die Stärkere, sie unterlag. Ich hatte von dem Zeitpunkt etwas zum Liebhaben, was mir allein gehörte. Die Fahrten nach Stettin zu meinem Vater erübrigten sich damit. …

Ich habe gewagt, ihn als Achtjährige zum ersten Mal zu kritisieren. Ich glaube, er hätte mich umgebracht, wenn meine Stiefmutter mich nicht in die Küche gezogen und sich mit dem Rücken gegen die Tür gestemmt hätte.

Mein Vater hat es bis zu seinem Tode nicht geschafft, mich ein einziges Mal zu loben. Er starb 1969 mit 73 Jahren. Heute habe ich mich mit ihm geistig vollkommen versöhnt.

Noch nach sieben Jahrzehnten kann Vera kleinste Details aus ihrer traurigen Kindheit rekonstruieren, doch dank ihrer Resilienz ist es ihr gelungen, sich mit der Vergangenheit auszusöhnen. Auch Erika hat ihr heute glückliches Leben auf großem Kummer aufbauen müssen, doch klingt in ihren Schilderungen keine Silbe von Zorn oder Rachegefühlen:

«Meine Albträume dauerten, bis ich etwa 40 Jahre alt war»

ERIKA, 63, REISENDE IM AUSSENDIENST

Meine Schwester war fünf und ich noch kein Jahr, als unsere Mutter uns verließ. Sie ging mit Bekannten zum Feiern und traute sich, da sie die Zeit für schickliches Ausgehen überschritten hatte, wahrscheinlich auch stark alkoholisiert, nicht mehr heim. Da sie das war, was man damals «ein gefallenes Mädchen» nannte, wurden ihre Schritte sorgfältig überwacht. … Sie wohnte mit ihren beiden Töchtern und mit ihrer Großmutter zusammen in deren Wohnung. Der dazugehörige Familienvater kämpfte an der Front für Führer und Vaterland.

«Mama geht noch aus, aber wenn der große Zeiger da und der kleine dort ist, dann kommt Oma wieder. Du bist ja schon groß, und ihr schlaft lieb?!», hatte sie zu ihrer Ältesten gesagt. Ich lag satt, trocken und sauber in meinem Bett und schlief. Meine Schwester hatte ernsthaft mit dem Kopf genickt, und Mama war ausgegangen und nicht zurückgekommen. Hätte man ihr die Männergeschichten und den Alkohol verziehen, das Verlassen ihrer Kinder war unentschuldbar. … Die Oma erschien auch nicht, als die Uhrzeiger die betreffende Position erreichten. Drei Tage und drei Nächte waren wir alleine. Meine Schwester fütterte mich durch die Stäbe des Bettes mit in Honig und Milch getauchtem Weizenbrot und goss in die Babyflasche kalte Milch für mich.

Irgendwann bei einem der Bombenangriffe fiel anderen Hausbewohnern auf, dass wir bei den letzten Angriffen nicht im Luftschutzkeller gesehen worden waren. «Sie müssen aber da sein, das Baby schreit unaufhörlich.»

Ja, ich schrie unaufhörlich, weil ich von Hacken bis Nacken wund war. Und meine Schwester … hatte jedes Mal, wenn die Sirenen heulten und die Mitbewohner in den Luftschutzkeller hasteten, mit ihren kleinen Fäusten an die abgeschlossene Wohnungstür getrommelt und geschrien, dass man uns doch aufmachen und mit in den Keller nehmen sollte. …

Dann, nach drei unendlich langen Tagen, holte jemand die Polizei, die die Jugendbehörde, diese wiederum unsere Großmutter, und so brachte man uns zu Oma und Opa. …

«*Die* treibt sich mit den Kerls auf St. Pauli rum», hörten wir von da an, wenn jemand nach uns und unserer Mutter fragte. Und: «Was wär aus *denen* geworden, wenn wir sie nicht genommen hätten?! Ins Waisenhaus wären sie gekommen!» Mit diesen Aussagen wuchs ich auf, und als ich das alles begreifen konnte, hatte ich mich längst daran gewöhnt.

Das Waisenhaus musste etwas sein, wo man den Kindern mindestens einmal am Tage die Haut abzog und sie auch sonst entsetzlich drangsalierte.

Kamen ehemalige Arbeitskolleginnen von Oma zu Besuch, wurde erzählt, was Mutti alles tat. Und das war nichts Gutes. Und dann wurde ausgebreitet, was sie bereits alles getan hatte. Das war ebenfalls nichts Gutes. Und was sie noch tun würde, war immer noch nichts Gutes.

Anschließend kam die Sprache auf die vermaledeite zu erwartende Dankbarkeit, und die Schuldgefühle und der abzuleistende Dank wuchsen sich zu einem Berg aus, den man niemals würde abtragen können. … Unsere Kindersünden wurden vor dem Hintergrund fehlender Dankbarkeit zu großen Vergehen.

Meine Schwester brach bei jeder Gelegenheit in Tränen aus. Opa aber sagte dann: «Du brauchst gar nicht zu plärren, das hilft dir gar nichts. Damit kriegst du mich nicht weich. Dadurch habe ich kein Mitleid mit dir.» Wenn er sie schlug, war es am schlimmsten.

Nicht dass er brutal war, aber wahrscheinlich glaubte er, dass das zur Erziehung dazugehörte. Da biss ich meine Zähne zusammen, wenn auch der Mund zitterte. Nur nicht weinen, keine Schwäche zeigen. Nicht weinen, nicht weinen, und wenn der Hals von unterdrückten Tränen schmerzte.

Noch heute kann ich nicht weinen, um mich zu erleichtern. Ich habe es verlernt. …

Trotz all der bösen Geschichten, die wir über unsere Mutter hörten und an denen zweifellos auch etwas dran war, gingen wir gerne zu ihr.

Besonders meine Schwester, die sich von Mutti verstanden fühlte und der Mutti Locken drehte und die genauso gerne wie Mutti vor dem Spiegel stand, fühlte sich zu ihr hingezogen. Sie schmuste gerne, und Mutti tat das auch. Sie mochte sich gerne irgendwo anlehnen und Mutti auch. Meine Schwester kuschelte sich sogar bei Oma an, was ich mir selber nur mit äußerstem Widerwillen gefallen ließ. Allerdings waren körperliche Kontakte ohnehin so gut wie unbekannt zwischen uns. Ich hielt mich immer zurück. Nicht dass ich nicht auch gerne geschmust hätte, aber ich würde mir diejenigen, mit denen ich schmusen würde, selber aussuchen. Mutti und Oma gehörten nicht dazu. Vielleicht Opa, aber der mochte das nicht und schob mich weg. Ich schmuste mit Tieren und lernte, ansonsten zu warten.

Nachdem unser Vater 1941 gefallen war, hatte Mutti drei Jahre später wieder geheiratet. Das war Onkel Rudi. Der, der davor gewesen war, war Onkel Willi, ein Mann von fast 50.

Onkel Rudi war jung und flott. Er trug ein kesses Schnurrbärtchen und sah nett aus. Das Interessanteste an ihm aber waren für mich seine Pferde. Er besaß Pferde, und irgendwo in Hamburg St. Pauli in irgendwelchen Katakomben unter den Häusertrümmern gab es einen Pferdestall mit etlichen Pferden, von denen Onkel Rudi jedoch nur ein oder zwei gehörten. Tiere waren das Wichtigste für mich, und den Tieren allein schenkte ich meine scheue Liebe, und niemals fürchtete ich mich vor einem Tier.

1945 verbrachten wir die ganzen Sommerferien bei Mutti. … Mutti, die keinen Gemüsegarten hatte und vielleicht auch nicht so gut wirtschaften konnte, hatte nach zweieinhalb Wochen unsere Lebensmittelkarten leer gemacht. Sie schickte meine Schwester mit einem kleinen Rucksack nach Harburg zur Oma, um Kartoffeln zu erbitten. …

Meine Schwester kam mit einem Gesicht «wie ein kaputter Teller» zurück, und als ich sie kommen sah, wusste ich, der Rucksack ist leer.

Oma hatte zu ihr gesagt: «Ihr hattet eure Lebensmittelkarten, und denk dran – Mutter ist Mutter», dann hat sie meine zehnjährige Schwester mit hängendem Kopf gehen lassen.

«Die Alte hat kein Herz. Hab ich ja immer gesagt, die hat kein Herz», war Muttis Kommentar.

Zu Weihnachten bekam meine Schwester ein Paar Rollschuhe. «Nimm nicht die Rollschuhe mit nach dein Mudder», sagte Oma. Eines Wochenendes hatten wir die Rollschuhe eingepackt. Leider nahmen wir die Rollschuhe nicht wieder heim, sondern ließen sie bei Mutti. Oma empfing uns deswegen scheltend. Warum wir die Rollschuhe nicht mit zu Mutti nehmen sollten, verstanden wir nicht. Aber Oma wusste schon, warum. Als wir zwei Wochen später wieder zu Mutti kamen, waren sie fort. Onkel Rudi hatte sie auf dem Schwarzmarkt verscherbelt.

Onkel Rudi aber hatte noch etwas getan, was ich die ersten Jahre niemand erzählte, was mich aber stark beschäftigte.

Eines Morgens, Mutti und meine Schwester waren zum Einkaufen gegangen und ich noch in dem Bett, das Mutti uns im Wohnzimmer provisorisch eingerichtet hatte, als sich die Schlafzimmertür öffnete. Heraus kam Onkel Rudi, splitternackt. Er blieb in der Tür stehen und sah mich lange an. Ich rührte mich nicht, nur meine Augen suchten rechts an der Wand einen Punkt, an dem sie sich festhalten konnten. Trotzdem sah ich immer wieder kurz zu ihm hinüber, auf sein großes Glied, das frech von ihm wegragte. Schnell schaute ich wieder anderswo hin. … Ich war sechs Jahre alt, wusste, dass es Mann und Frau gibt und dass Kinder nicht vom Storch kommen. Aber viel mehr ahnte ich noch nicht. Dennoch fühlte ich instinktiv, dass das, was Onkel Rudi getan hatte, nicht recht war. Ich fühlte mich beleidigt. Sprach mit niemandem darüber. …

Die Ehe mit Onkel Rudi hielt nicht lange. Eines Tages wurde er wegen seiner Schwarzmarktgeschäfte eingesperrt. Unsere Mutter war untröstlich, aber bald fand sie jemand anderen. Für uns Kinder war das eine schwierige Zeit. Wir konnten doch bei Oma und Opa nicht sagen, was da los war. Wir fuhren tapfer weiterhin an den Wochenenden zu Mutti, obwohl die uns gar nicht gebrauchen konnte. …

Ich begann unter Albträumen zu leiden und meine Schwester unter Bauchschmerzen. … Meine Albträume dauerten, bis ich etwa vierzig Jahre alt war. Allerdings durfte ich auch dann nur auf der Seite liegend schlafen, auf dem Rücken kamen sie noch immer. Hin und wieder auch heute noch, obwohl ich gelernt habe, mich aus diesen Träumen selber zu befreien.

Es waren nicht nur die Probleme, die wir mit unserer Mutter hatten. Es kam so vieles zusammen. Meine Großeltern zankten sich unaufhörlich. Ich hörte von Oma über Opa nur hässliche Dinge. … Es gab in unserem Zuhause wochenlang kein freundliches Wort zu hören. Daran, dass wir zusammen einmal lachten, kann ich mich überhaupt nicht erinnern. … Ich zog mich von meiner Großmutter zurück. Schon als Kind hielt ich mich nicht gerne in ihrer Nähe auf. Niemals hätte ich ihr etwas von meinen Sorgen anvertraut, niemals meine Fragen oder Gedanken wissen lassen. Niemals hat sie meine Tränen gesehen, wenn Opa zu Weihnachten unsere beiden Gänse schlachtete. … Damals begann man mich für dickfellig und faul zu halten. Es muss die Zeit gewesen sein, in der ich ein «schwieriges Kind» wurde. Es gab keinen Menschen, dem ich vertraute. Jede negative Begebenheit verschloss ich fest in mir. Und ich glaube, dass es fast nur negative Begebenheiten gab.

Meine Schwester konzentrierte sich auf ihre Schule, kümmerte sich nicht um die Probleme unserer Mutter, aber ich begann, nachts einzunässen. Etwa mit neun bis elf Jahren. Ich blieb auf dem nassen Fleck in dem Bett, das ich mit meiner Schwester teilte, so lange ganz still liegen (damit meine Schwester das nicht merkte), bis er durch meine eigene Körperwärme getrocknet war. Es ist, solange ich mich daran erinnern kann, in der Familie nie ein Wort darüber verloren worden. (Vielleicht gar nicht bemerkt) …

Es waren hundert Kleinigkeiten, durch die ich immer wieder erfahren musste, ein Mensch zweiter Klasse zu sein. … Ich wusste ja, dass ich sowieso ein minderwertiger Mensch war. Man sagte mir das oft genug. …

Dann gab es noch eine junge Cousine meiner Mutter, die so alt war wie ich. Eine Zeit lang gingen wir morgens gemeinsam in die Schule, und wenn ich Elke abholte, kam ich in eine andere Welt. Ihre Mutter hatte in der Küche Feuer im Herd gemacht, und darauf summte der Kessel mit dem Waschwasser für ihre Tochter. Dann kämmte die Mutter ihr die langen Haare, und Frühstück war selbstverständlich.

Bei uns sah der Beginn des Tages anders aus. Ich musste alleine aufstehen, und es war überall kalt. Ich aß nichts, bevor ich in die Schule ging, bekam keinen warmen Gerstenkaffee und kein freundliches Wort. Ich wusch mich in der kalten Küche am Spülstein, und meine Oma rief aus dem Nebenzimmer aus ihrem Bett: «Mach das Licht aus, es ist hell genug. Wasch dich!»

Alles erschien mir kalt und dunkel, und die kommenden Schulstunden legten sich wie ein Zentnersack auf meine Schultern.

Ich wusch mir das Gesicht, mehr nicht. Meine Haare wurden alle paar Monate mit normaler Seife gewaschen, waren glanzlos und klebrig. Ich war ein ungepflegtes, unangenehmes Kind. Meine Kleider waren alt und hässlich. Niemals besaß ich einen Anorak, … niemals einen richtigen Badeanzug. Nie eine schöne Schultasche. … Von Albträumen gehetzt, fürchtete ich mich, schlafen zu gehen. Unausgeschlafen und oft ohne Hausaufgaben ging ich in die Schule.

Im Jahre 1948 traf meine Mutter Onkel Willi. Nicht der, den sie nach dem Tod meines Vaters hatte, einen anderen Willi. … Er war selbständiger Taxifahrer. … Wieder waren wir (an den Besuchswochenenden) fast eine Familie. Leider wohnten Mutti und Onkel Willi in nur einem Zimmer in einer ehemaligen großen Herrschaftswohnung, deren andere Zimmer von verschiedenen Parteien bewohnt wurden. Mit dem Zimmer wurde es schwierig, da Onkel Willi meistens nachts fuhr und am Tag schlafen musste. Sie besaßen ein sehr breites Bett, in dem wir alle vier zusammen schliefen. … Meine Schwester hatte mit ihrer Schule viel zu tun und kam nicht so oft wie ich zu Mutti, aber ich war schon sehr selbständig und fuhr mit neun Jahren alleine von Harburg nach Hamburg St. Pauli.

Dann aber erfuhr ich von meiner Schwester, dass Mutti einen neuen Freund hatte. Ich konnte das gar nicht verstehen. Wir waren doch keine richtige Familie. Alles ging kaputt. …

Eines Tages, als ich zu meiner Mutter fuhr, war die Türe zu. Ich dachte sofort, jetzt ist sie weg. Aber da ich kein Geld für die Rückfahrt hatte, musste ich Onkel Willi, der sicher mit der Taxe unterwegs war, finden. Ich konnte sowieso nicht zurück nach Harburg, denn dann würden Oma und Opa ja wissen, dass es schon wieder aus war mit Mutti und Onkel Willi.

Ich kannte einige Plätze, an denen er mit seinen Kollegen gemeinsam auf Kundschaft zu warten pflegte, und dort fand ich ihn auch bald.

Er schien nicht begeistert, mich zu sehen, aber er fragte immer die Kunden, ob ich mitfahren dürfe. Niemals sagte jemand nein, und so fuhr ich Fahrt um Fahrt mit. Onkel Willi begann zu erzählen. Ich musste mir Dinge anhören, die eigentlich nicht für Kinderohren bestimmt waren. Mir war es schrecklich peinlich, eine solche Mutter zu haben. …

Irgendwann erfuhr Oma, wahrscheinlich durch meine Schwester, dass Mutti wieder verschwunden war, und ich brauchte nicht mehr zu lügen und nach Hamburg hineinzufahren. Wie ich die letzten drei Wochenenden und die Nächte verbracht hatte, danach fragte mich niemand. … Ich hätte auch gerne eine andere Mutter gehabt, aber ich besaß halt nur diese.

Aus dem kindlichen Wunsch nach Liebe wird, wenn dieser nicht erfüllt wird, ein Ringen um Zuneigung. Kinder brauchen liebevolle Menschen, die ihnen zeigen, dass sie ihre Gefühle und Bedürfnisse wahrnehmen und wertschätzen. Wer in der Kindheit nicht erfährt, dass er liebenswert und geliebt ist, braucht oft lange, um die eigenen Bedürfnisse so zu formulieren, dass sie anerkannt und erfüllt werden. Kinder, die nicht spüren, dass sie gewollt und gewünscht sind, geraten emotional aus den Fugen und bezahlen das Fehlverhalten ihrer Eltern manchmal sogar mit Krankheit und einem langen Leidensweg.

«Ich war ein unerwünschtes Kind»

ASTRID, 45, HAUSWIRTSCHAFTSLEITERIN,
DIPLOM-ÖKOTROPHOLOGIN

Heute weiß ich, dass ich eine Eintrittskarte für meine Mutter war. Sie wollte aus dem lieblosen, auf Arbeit ausgerichteten Elternhaus raus und gebar mich mit 24 Jahren. Sie hatte einen gut situierten, zwanzig Jahre älteren Mann gefunden. Mein Vater war selbständiger Schneidermeister. Die Illusion der Verbesserung endete mit einem zu renovierenden Haus, mit einem hilflosen, saugenden Kind an ihrer Brust. Das Kind war ich.

Als meine Mutter mal sehr überfordert war, sagte sie: «Wenn du nicht gleich ruhig bist, gehe ich auf den Boden, und dann siehst du mich dort hängen.» Ich war wohl sieben Jahre.

Seelisch fühlte ich mich nie getragen. Ich fühlte mich schlecht behandelt.

Wenn sie gekocht hatte, rief sie uns in einem sehr unfreundlichen Ton. Hart und abweisend fühle ich noch heute dieses ASTRID! Wenn ich mich anlehnen wollte, schob sie mich ab. Ich erfuhr keine Zärtlichkeit. Besonders verletzend war, dass mein Vater mich nie geschützt hat. Ich erfuhr meinen Vater als liebevoll und zärtlich – jedoch wenn er es wollte, nicht wenn ich es brauchte.

Mit meinen Sorgen durch meine extrem abweisende Art in der Schule war ich allein.

Ich war wohl vier Jahre, als meine Mutter kurz ausbrach für ein paar Tage. Mein Vater verharmloste das und sagte, sie wäre eben mal weggefahren.

Meine Mutter hatte mich angelogen. Dieses Gefühl, dass ich zu belastend und der Ehrlichkeit nicht würdig bin, fühle ich noch heute.

Ich war ein unerwünschtes Kind. Meine Mutter hat immer wieder gesagt, dass sie sich meinetwegen nicht von meinem Vater trennen könne. «Wenn ich dich nicht hätte, wäre ich frei.»

Als ich zwölf war, wurde meine Schwester geboren, um die ich mich viel kümmern musste. Die Atmosphäre zu Hause blieb bedrohlich, lieblos, gleichgültig und aggressiv.

Aufgrund der lieblosen, nicht tragenden Kindheit entwickelte ich ein gestörtes Selbst. Mein Selbstwertgefühl war im Minusbereich. Meine Gefühle schwankten zwischen Wutanfällen und großer Schüchternheit. Ich lehnte meine Mitschülerinnen in den Schulen ab. Ich misshandelte meinen ersten Ehemann seelisch, indem ich seine Eifersucht mit Absicht provozierte, und machte meinen liebevollen zweiten Ehemann zur Droge (Beziehungssucht). Ich machte ihn zum Muttterersatz.

Mein Mann war sehr fürsorglich. In der Ehe habe ich Geborgenheit gefunden. Als mein Sohn auf die Welt kam, änderte sich alles. Mein Mann kümmerte sich rührend um das Kind. Ich selbst blieb auf der Strecke. Beruflich hatte ich als Hauswirtschaftsleiterin immer zwischenmenschliche Schwierigkeiten. Intellektuell und organisatorisch klappte es. Ich bin stolz auf meine zwei abgeschlossenen Ausbildungen.

In zwölf Jahren Psychotherapie konnte ich mich langsam von den Störungen befreien und habe eine Ahnung, dass da ein liebevoller Kern in mir ist. … Aus starker Negativenergie habe ich große Kraft gewonnen. Die verschiedenen Therapien und Therapeuten haben mir geholfen, meine Kindheitserlebnisse zu bewältigen.

Seit fünf Jahren lebe ich allein. Das ist sehr gut für mich. Dass ich auf mich allein gestellt war, hat mir wirklich sehr geholfen. Ich will leben und lieben.

Heute dreht sich meine berufliche Tätigkeit um Ernährung, also etwas Gutes aufnehmen; um Tanz, also frei sein, und um allgemeines Wohlfühlen.

Meine Arbeit der Beratung der Körperlichkeit, der Berührung und der Nahrungsbereitung ist meine Erfüllung. … Mein Leben fühlt sich jetzt richtig an. Es ist endlich mein Leben!

Sechs Wochen bevor ich meinen Sohn auf die Welt brachte, habe ich mich in Gedanken mit Selbstmord beschäftigt.

Meinen Sohn habe ich mit zwei Jahren verlassen. Er ist seelisch und materiell gut versorgt. Ich arbeite daran, wieder Kontakt zu ihm aufzunehmen.

Astrid hat das Borderlinesyndrom entwickelt. Borderlinepersönlichkeiten beziehen einen Teil ihrer Gefühle aus der Vergangenheit auf die Gegenwart. Sie können von einem Moment zum anderen eine harmlose Bemerkung in den falschen Hals kriegen und ihr Gegenüber mit einem Wust von unkontrollierter Wut aus der Vergangenheit konfrontieren. Ihre reale Welt ist zum Teil mit Emotionen von früher möbliert. Doch trotz dieser Belastung arbeitet sie kontinuierlich daran, Gegenwart und Zukunft glücklicher zu gestalten, als es die Vergangenheit war.

Oft ist ein wichtiger Schritt, um diesen Zustand herzustellen, eine Phase der Wut und Unversöhnlichkeit mit dem, was geschah. Aus diesem Zorn erwächst die Trauer darüber, dass die ersehnte elterliche Zuwendung nie da war und auch niemals mehr kommen wird.

Und erst dann kann ein heilsamer Prozess einsetzen, während dessen es gelingt, den Schaden zu benennen und aus einer anderen Perspektive zu betrachten.

Astrid hat sich Hilfe bei Therapeuten gesucht. Einen ähnlichen Weg ist Iris gegangen. Auch sie musste als Kind und Jugendliche eine kalte und abweisende Mutter erleben. Sie musste erfahren, dass es wenig nutzte, wenn sie der Mutter ihre Hilflosigkeit und Ängste zeigte, denn diese reagierte entweder gar nicht oder abweisend. Iris durchlitt und durchlebte harte Zeiten, bis sie die Unterstützung fand, die ihre Resilienz an die Oberfläche holte.

«Ich habe mich oft gefragt, warum sie mich überhaupt nicht lieben konnte»

IRIS, 41, SELBSTÄNDIG

Als ich geboren wurde, waren meine Eltern noch nicht verheiratet. Meine Mutter hatte damals bereits einen Sohn (sechs Jahre) von einem anderen Mann. Soweit es mir bekannt ist, lebte mein Bruder von seiner Geburt an bei meiner Oma mütterlicherseits, kam dann aber mit etwa sieben Jahren in ein Heim, wo er bis zu seiner Volljährigkeit lebte. Von meiner Oma weiß ich nur, dass dies von meiner Mutter so gewollt war. Später, nachdem mein jüngerer Bruder geboren war, hat sie Männern gegenüber immer nur von zwei Kindern gesprochen, da sie der Meinung war, mit drei Kindern keinen Mann mehr zu bekommen. …

Meine Eltern haben dann geheiratet, als ich knapp drei Jahre alt war. Kurz nach der Geburt meines jüngeren Bruders (ca. drei Jahre später) trennten sie sich wieder. Hier muss ich anmerken, dass meine Erinnerung an meine Kindheit erst hier, aber auch nur bruchstückhaft, beginnt. Wie wir gelebt haben, als mein Vater noch bei uns war, wie mein Vater war, an all das kann ich mich nicht erinnern. Zu dem Zeitpunkt, als mein Vater wegging, war ich zur Kur. Nach meiner Rückkehr teilte mir eine Freundin meiner Mutter mit, dass mein Vater weg war. Die Gründe hierfür sind mir nicht bekannt. … Mein Vater hatte nur unregelmäßigen Kontakt zu uns.

Das letzte Mal habe ich ihn gesehen, als ich zehn Jahre alt war. Da mein Vater keinen Unterhalt zahlte und wohl auch Schulden hinterlassen hatte, ich erinnere mich daran, dass ein Gerichtsvollzieher sehr häufig bei uns war und unsere Wohnung irgendwann nur noch sehr spärlich möbliert war, ging meine Mutter als Haushaltshilfe oder Putzfrau arbeiten. So kam es, dass ich damals sehr viel Verantwortung übernehmen musste. Ich versorgte meinen kleinen Bruder mit allem, was dazugehörte, und machte auch recht viel im Haushalt.

Dann lernte meine Mutter einen Mann kennen, und unser Leben veränderte sich in vielen Dingen, aber nicht nur positiv. Natürlich ging es uns finanziell dadurch viel besser. Dieser Mann war eigentlich sehr nett. Er tat sehr viel für uns, aber nur solange kein Alkohol im Spiel war. Leider kam dies aber mehrmals in der Woche vor. Er arbeitete auf dem Bau, wo ja auch schon getrunken wurde, und abends ging er meistens in seine Stammkneipe. Meine Mutter begleitete ihn fast immer. Wenn sie dann irgendwann in der Nacht nach Hause kamen, gab es fast immer lautstarken Streit, der oft damit endete, dass er meine Mutter verprügelte. Ich bin dann immer aufgestanden und habe versucht, meiner Mutter zu helfen, was mir natürlich nur selten gelang. Weinend, ängstlich und zitternd stand ich daneben, viel zu klein, um ihn davon abzuhalten. Wenn es ganz besonders schlimm wurde, lief ich im Nachthemd auf die Straße zur Telefonzelle und rief die Polizei an. Geändert hat sich dadurch aber nichts.

Am nächsten Morgen, wenn er wieder nüchtern war, tat es ihm natürlich Leid, oft konnte er sich auch nicht mehr erinnern, und er war lieb und nett wie immer. …

Aufgrund dessen, dass die Polizei so oft bei uns war, bekamen wir irgendwann die Kündigung für unsere Wohnung, da sich die Nachbarn beschwert hatten. Der Freund meiner Mutter … hatte zusammen mit seiner Mutter ein Haus. Wir zogen dann in ein Nachbardorf, wo dann aber sehr schnell beschlossen wurde, dass wir alle zu ihm in das Haus ziehen sollten. … Aber es kam dann erst einmal wieder alles ganz anders.

Es muss wieder eine sehr heftige Auseinandersetzung gegeben haben, denn meine Mutter trennte sich mal wieder von ihm. Da die Wohnung bereits gekündigt war, kam der nächste Umzug, ein Dorf weiter. Die Trennung hielt aber nicht lange, und so zogen wir ein paar Monate später doch noch zu ihm.

Das Verhältnis zu meiner Mutter war damals alles andere als gut. Sie lebte eigentlich immer nur für den Mann, mit dem sie gerade zusammen war. Wir Kinder, insbesondere ich, waren meist nur störend. Im Gegensatz zu meinem jüngeren Bruder war ich kein Wunschkind. Dies betonte und zeigte meine Mutter mir immer wieder. …

Ganz besonders schlimm empfand ich es zu Geburtstagen oder Weihnachten. Mein Bruder wurde überschüttet mit Geschenken, während ich nur ein, zwei Kleinigkeiten bekam. Ich war ca. zehn Jahre alt, als meine Mutter meinte, ich sei jetzt alt genug und könnte mir meine Weihnachtsgeschenke selber aussuchen. So begleitete ich sie bei den Weihnachtseinkäufen und suchte dabei auch meine Weihnachtsgeschenke mit aus (es waren drei Kleinigkeiten). Ich glaube, das war mein traurigstes Weihnachten.

Es muss dann im Sommer danach gewesen sein, als ich nur mit einem Badeanzug bekleidet in der Wohnung rumlief. Als meine Mutter mich sah, sagte sie mir, dass sie auch mal eine so schlanke Figur gehabt hätte. Das wäre aber vorbei, seitdem sie mich zur Welt gebracht hätte. Dieser Satz hat mich mein ganzes Leben begleitet.

In der Beziehung meiner Mutter hatte sich nichts geändert. Es gab auch weiterhin viel Streit und Schläge. Allerdings veränderte sich meine Mutter zu der Zeit. Sie hatte den Führerschein gemacht und war oft mit einer Freundin weg. Irgendwann blieb sie das erste Mal über Nacht weg, ohne uns etwas zu sagen. Wir machten uns natürlich Sorgen. Als sie am nächsten Tag nach Hause kam, tat sie so, als hätte sie uns gesagt, dass sie bei ihrer Freundin übernachten wollte. …

Als ich (von meiner Freundin) an einem Sonntagnachmittag nach Hause kam, war meine Mutter nicht da. Gegen Abend holte mich der Freund meiner Mutter ans Telefon. Es war eine Krankenschwester aus einem Krankenhaus. Ich war irritiert, und es dauerte eine Weile, bis ich begriff, was sie mir mitteilte. Meine Mutter war mit schweren Verletzungen dort eingeliefert worden. Wie ich später erfuhr, hatte es in der Nacht zuvor wieder Streit gegeben, der damit endete, dass er meine Mutter die Wendeltreppe im Treppenhaus heruntergestoßen hatte. Am nächsten Tag bin ich mit meiner Oma ins Krankenhaus gefahren. Meine Mutter sah furchtbar aus. Ich glaube, es gab an ihrem Körper keinen einzigen weißen Fleck mehr.

Da meine Mutter nun endgültig die Trennung wollte, suchte ich zusammen mit meiner Oma eine neue Wohnung für uns. Nachdem wir eine gefunden hatten, machte ich auch zusammen mit ihr den Umzug, da meine Mutter noch immer im Krankenhaus war.

Mittlerweile standen die Sommerferien vor der Tür, und ich fuhr, wie es geplant war, zu einer Tante ins Allgäu. Ich war ca. zwei Wochen dort, als meine Oma anrief. Sie teilte mir mit, dass meine Mutter, gerade aus dem Krankenhaus entlassen, mal wieder verschwunden war. Sie wollte zusammen mit einer Freundin zwei jugoslawische Männer nach Jugoslawien bringen und dann gleich wieder zurückkommen. Dieses «Gleich» dauerte dann ca. sechs Wochen. Nach vier Wochen erhielten wir das erste und einzige Lebenszeichen von ihr. Sie teilte uns auf einer Karte mit, dass sie einen Autounfall gehabt hätte und bald nach Hause käme. Irgendwann saß meine Mutter dann zu Hause, als ich von der Schule kam. Sie tat so, als wäre sie nie weg gewesen.

Das Verhältnis zu meiner Mutter wurde immer gestörter. Auch bedingt dadurch, dass ich sie nicht verstehen konnte. Ich habe auch nie verstanden, warum sie so lange bei diesem Mann geblieben ist, der sie ständig verprügelt hatte. Hinzu kam, dass sie mir gegenüber immer sehr kalt und distanziert war.

Es gab wieder einen neuen Mann in ihrem Leben. Er war Jugoslawe, gut aussehend und wesentlich jünger als meine Mutter. Ich erinnere mich noch gut daran, dass ich mich damals gefragt habe, was so ein Mann von meiner Mutter wollte. Sie passte überhaupt nicht an seine Seite. Vielleicht ist das auch der Grund, warum sich ihr ganzes Leben und Denken nur um ihn drehte. Ich muss an dieser Stelle noch anmerken, wir verstanden uns gut mit ihm, und es ging uns auch finanziell recht gut. Aber das Wichtigste war, es war eine sehr friedliche Beziehung, ohne Schläge. Eigentlich hätte es sehr schön sein können, aber meine Mutter lebte ihr Leben mit ihm überwiegend so, als gäbe es uns nicht. Er arbeitete damals beim VW-Werk und hatte Früh- und Spätschicht. Unser Alltag wurde immer seiner Schicht angepasst. … Wenn er am Nachmittag zu Hause war, war es meist so, dass meine Mutter mit ihm ungestört sein wollte. Wir mussten dann vorher anklopfen, bevor wir ins Wohnzimmer durften, und am Abend saß ich mit meinem Bruder allein in der Küche beim Abendbrot. Hatte er Spätschicht, so hatte meine Mutter geschlafen, um ausgeruht zu sein, wenn er ca. 23.30 Uhr nach Hause kam. In dieser Woche versorgte ich meinen Bruder und mich meist alleine. Ich musste mich dann auch oft um meinen Bruder kümmern, damit meine Mutter ungestört war. …

Nach unserem Umzug hatte ich aufgrund meiner schlechten Leistungen die Realschule verlassen und besuchte die Hauptschule. Im Englischunterricht war ich immer extrem schlecht gewesen, was sich aber auf der Hauptschule schnell änderte. Da ich nun auch etwas verstand, hatte ich mehr Freude daran. Dies führte sogar dazu, dass ich irgendwann die beste Klassenarbeit geschrieben hatte. Voller Stolz erzählte ich dies meiner Mutter, aber es kam keine Reaktion von ihr (diesen Moment werde ich wohl nie vergessen). Als ich sie fragte, ob es sie nicht interessiere, meinte sie nur, dass ich bei der nächsten guten Note 50 Pfennig von ihr bekommen würde. Oft habe ich mich damals gefragt, was ich ihr getan hatte, dass sie mich überhaupt nicht lieben konnte.

Ich fühlte mich zu Hause immer unwohler und war immer froh, wenn meine Mutter nicht da war. Silvester 75/76 wollte meine Mutter mit ihrem Freund alleine zu seiner Schwester fahren. Sie fragte mich, ob das okay wäre, und ich sagte natürlich ja. Später habe ich mich oft gefragt, wie sie das tun konnte. Ich war dreizehn Jahre alt, mein Bruder sieben Jahre, und sie ließ uns zu Silvester einfach allein zu Hause.

Ich war immer mehr mit meinen Freunden zusammen. Wir haben sehr viel gemeinsam unternommen. Ich war für mein Alter viel reifer und fühlte mich auch wesentlich älter. Ich ging damals mit meiner Freundin am Wochenende oft in eine Disco. Es war im Frühjahr 1976, als ich abends von der Disco nach Hause kam und mal wieder einen fürchterlichen Streit mit meiner Mutter bekam. Sie beschimpfte mich unter anderem als Hure, worauf ich entgegnete, wenn ich eine Hure sei, wäre sie die Hurenmutter. Ich hatte damals bereits jegliche Achtung vor ihr verloren. Irgendwann ging meine Mutter zu meiner Freundin, um zu erfahren, wie wir den Abend verbracht hatten.

Ich weiß heute nicht mehr, was der Auslöser war, auf jeden Fall habe ich, nachdem meine Mutter weg war, alle Tabletten, die ich finden konnte, geschluckt. Während des Streites hatte meine Mutter mir angedroht, mich in einem Heim unterzubringen, vielleicht war das der Auslöser. Sicherlich wäre ich an den Tabletten nicht gestorben, dies war mir in dem Moment aber nicht bewusst, wahrscheinlich wollte ich es auch gar nicht wirklich.

Als meine Mutter nach Hause kam und bemerkte, was ich getan hatte, wurde sie total hysterisch. Die Nachbarn standen bei uns im Wohnzimmer, irgendjemand hatte mich auf den Boden gelegt, und man versuchte, mir Milch einzuflößen. Meine Mutter weinte und schrie, wie ich ihr so etwas antun könnte. Wie scheinheilig sie doch war. Noch vor ein paar Stunden wollte sie mich ins Heim stecken. Dies sagte ich ihr dann auch, und dass es deshalb doch egal wäre, ob ich tot sei oder im Heim. Irgendwann war der Notarzt da, und man brachte mich in ein Krankenhaus, wo mir der Magen ausgepumpt wurde. Am nächsten Tag wurde ich wieder entlassen, ohne dass man die Gründe hinterfragt hatte, was mir noch heute unverständlich ist. Meine Mutter wollte mich aus dem Krankenhaus abholen, was sie dann aber aus welchen Gründen auch immer doch nicht tat. So wurde ich im Krankenwagen nach Hause gebracht, ich hatte noch nicht einmal Schuhe dabei.

Kurze Zeit später lief ich das erste Mal mit meiner Freundin von zu Hause weg. Nachdem wir uns drei Tage durchgeschlagen hatten, gingen wir wieder nach Hause, da wir nicht wussten, wohin wir sonst gehen sollten. Kurz darauf hatte meine Mutter einen Unfall. Sie konnte sich kaum bewegen, musste ständig liegen, und so musste ich neben der Schule auch noch den Haushalt versorgen. Ich war mit der ganzen Situation total überfordert.

Nach einem Discobesuch, bei dem wir wieder die Zeit vergessen hatten, liefen wir wieder weg. Diesmal waren wir bei Freunden, die wesentlich älter waren, untergekommen. Nach einer Woche … stand plötzlich die Mutter meiner Freundin vor uns. Sie nahm mich nicht mit, man holte mich dann aber am nächsten Tag mit der Polizei ab. Ein älterer Polizist brachte mich nach Hause. Meine Mutter war nicht sonderlich erfreut, mich zu sehen, es kam auch gleich zu einem Streit. Plötzlich bekam ich eine Ohrfeige von meiner Mutter, und mehr aus Reflex als bewusst schlug ich zurück. Der Polizist stand der Situation etwas hilflos gegenüber, meinte dann, dass es wohl besser wäre, wenn er mich erst mal mitnehme, da meine Mutter auch zu verstehen gegeben hatte, dass sie mich nicht wolle.

So verließen wir die Wohnung, und am Nachmittag brachte man mich dann zu meiner Oma. Von da an lebte ich bei meiner Oma in Hannover, ging dort zur Schule und hatte alle Kontakte zu meinen Freunden abgebrochen. Es gab dann noch einige unschöne Differenzen zwischen meiner Mutter und mir.

Dann, am 5. 12. 1976, holte man mich aus dem Unterricht zur Rektorin, wo meine Oma auch saß. Als ich sie sah, wusste ich sofort, dass etwas Schlimmes passiert war. Die Rektorin teilte mir dann mit, dass meine Mutter veranlasst hatte, dass ich in einem Heim untergebracht wurde. Bereits am nächsten Tag sollte ich abgeholt werden. Auch heute noch kann ich sagen, dass dies der schlimmste Tag in meinem Leben war. Es war, als hätte man mir den Boden unter den Füßen weggezogen. Diese Entscheidung veränderte nicht nur mein Leben, sondern auch mich als Menschen sehr gravierend. Ich wurde ernst und verschlossen, zog mich immer mehr in mich zurück.

Da ich mit meiner Mutter keinerlei Kontakt wollte, verbot sie meiner Oma, mich zu sehen. Nach knapp vier Monaten willigte ich dann doch ein und nahm den Kontakt wieder zu ihr auf, so durfte ich meine Oma auch in den Ferien besuchen, und sie kam an den Besuchstagen zu mir.

Im Sommer 1978 wurde ich, obwohl meine Mutter versucht hatte, es zu verhindern, entlassen.

Eigentlich sollte ich in ein Mädchenwohnheim. Da der Platz aber nicht rechtzeitig frei war, kam ich zu meiner Oma. Ich hatte mir vom Heim aus eine Lehrstelle gesucht, die ich dann am 1. August begann. Noch als ich im Heim war, wurde mir ein Schutzhelfer zugeteilt, der eigentlich für mich verantwortlich war. Erstaunlicherweise hat er sich aber nie um mich gekümmert. ... Als wir ihm vorschlugen, dass ich in eine günstige kleine möblierte Wohnung ziehen könne, genehmigte er dies sofort. ... Mit sechzehn Jahren lebte ich in meiner eigenen kleinen Wohnung, ganz auf mich allein gestellt, in einer Stadt, in der ich niemanden kannte. Aufgrund meines ruhigen, verschlossenen Wesens fiel es mir auch nicht leicht, Freunde zu finden. So war ich viel allein, aber immer auf der Suche nach etwas Wärme, Liebe und Geborgenheit. Damals glaubte ich, dass ich dies nur bei einem Mann bekommen könnte. So stürzte ich mich von einer Affäre in die andere. Auch die Angst vor dem Alleinsein trieb mich immer wieder in die Arme irgendeines Mannes.

Obwohl ich die Pille genommen hatte, wurde ich mit siebzehn Jahren schwanger. Da ich aber aufgrund einer Unterleibsentzündung starke Medikamente bekommen hatte, riet mir mein Arzt zu einer Abtreibung. Er brauchte nur einige Gespräche, um mich davon zu überzeugen, dass dies die richtige Entscheidung sei. Nun fehlte nur noch die Einwilligung meiner Mutter, die sie aber, weil ich den Kontakt zu ihr ablehnte, verweigerte.

Ein paar Tage später wurde dann bei mir eine Fehlgeburt festgestellt.

Mit achtzehn Jahren bezog ich meine erste richtige Wohnung (zwei Zimmer, Küche, Bad). Auch wenn ich wenig Möbel hatte, war ich trotzdem glücklich und auch ein wenig stolz auf mich. Ein paar Monate später folgte dann der nächste Schlag.

Ich hatte einen Mann kennen gelernt, mit dem ich am Abend essen war und anschließend eine Disco besuchte. Im Laufe des Abends spürte ich, dass sich etwas veränderte. Ich versuchte, von ihm wegzukommen, was mir allerdings nicht gelang. Er ließ sich nicht davon abbringen, mich zu einem Taxi zu bringen. Heute kann ich mich nicht mehr genau daran erinnern, wie es eskalierte, ich weiß nur, dass er mich plötzlich geschlagen hatte (ich hatte ein geplatztes Trommelfell) und mich dann in ein Taxi zog. Ich war vor Schock und Angst wie gelähmt. Er zwang mich in seine Wohnung, wo er mich dann vergewaltigte. Wie tot lag ich da, ließ alles über mich ergehen.

Überraschenderweise tat er später, als wäre alles ganz normal, und verabredete sich mit mir für den nächsten Tag. Ich muss schrecklich ausgesehen haben. Der Taxifahrer redete auf mich ein und drängte mich, zur Polizei zu gehen, was ich dann auch tat. Die Stunden danach waren eine Odyssee. Da ich den Straßennamen nicht wusste, musste ich die Polizei zur Wohnung bringen, ich hatte furchtbare Angst. Danach folgten ein Verhör und eine Untersuchung im Krankenhaus. Es kam dann später zu einer Verhandlung, die zu seinen Gunsten ausging. Da ich ihn kannte und mit ihm weggegangen war, er natürlich behauptete, ich wäre freiwillig mitgekommen, wurde er lediglich wegen Körperverletzung zu einer geringen Geldstrafe verurteilt …

Zu diesem Zeitpunkt versuchte Iris noch, die Liebe und Zärtlichkeit, die ihr in der Kindheit versagt worden war, um jeden Preis und ganz gleich, von wem, zu bekommen. Menschen können nicht ohne Zuwendung existieren, und wer keine gute Zuwendung findet, nimmt zur Not auch schlechte, um zu überleben. So wie wir auch verdorbene Speisen essen würden, bevor wir verhungern. Denn erst wenn es gelingt, eine heilsame Distanz zu den Verursachern des Leides herzustellen, können Menschen, die als Kinder abgelehnt wurden, ihre wirklichen Bedürfnisse erspüren und befriedigen.

«Ich war froh, als die Familie sich auflöste und meine Mutter wegzog»

SABRINA, 50, FREMDSPRACHENKORRESPONDENTIN

Schon als kleines Mädchen litt Sabrina unter der Willkür und den egozentrischen Ausbrüchen ihrer Mutter. Verzweifelt versuchte sie, sich zu schützen, und entzog sich, wann immer sie eine Gelegenheit fand:

«... Meine Mutter hatte die Angewohnheit, mich mitten aus dem Spiel im Garten hereinzurufen, was meinen Protest hervorrief. Ich war ca. sechs Jahre alt, als ich, wieder in dieser Situation, mich im Garten versteckte, als sie mich rief. Ihr ist es nicht gelungen, mich über Nacht hereinzuholen ...

Ich bin dann in die Schule gekommen und habe gut gelernt. Die ersten vier Jahre waren für mich ein Kinderspiel ...»

In der Schule fand Sabrina Freunde, doch das Verhalten ihrer Mutter machte es schwer, andere Kinder mit nach Hause zu bringen.

«In dieser Zeit häuften sich die peinlichen Situationen, und ich habe es dann weiter möglichst vermieden, Schulkameraden oder Freundinnen einzuladen. Ich kann mich z. B. an eine Freundin erinnern, ein Nachbarskind, mit der ich, obwohl wir sehr unterschiedlich waren, sehr gern gespielt habe ... Bis heute haben wir eine sehr tiefe emotionale Beziehung. Meine Mutter hat des Öfteren abweisende und unfreundliche Bemerkungen in ihre Richtung gemacht und diese Beziehung durch abfällige Bemerkungen heruntergespielt ... Was nun die Schulkameraden angeht, so ist mir ein Erlebnis in besonderer Erinnerung geblieben: ... Es gab einen Jungen namens René in der Klasse, der mich vergötterte, und die Lehrerin ließ uns auch – nachdem er darauf bestand – nebeneinander sitzen. Diese Kinderliebe hat dann dem Spott der Klasse standgehalten und wurde schließlich sogar akzeptiert. Da mein René ein begeisterter Fußballer war (dies war in der vierten Klasse), andererseits aber nicht auf mich verzichten wollte, ist er täglich mit dem Fußball zu uns gekommen, um mit mir zu spielen.

Ich war Feuer und Flamme, und ich glaube heute, René hat, außer meinem Vater, durch seine Treue den Grundstein für meine Beziehung zum anderen Geschlecht gelegt. Meine Mutter hingegen reagierte mit offenem Hohn und Spott (‹Haha, da steht dein kleiner Fußballer wieder›, ‹Der mit den Segelohren ist wieder da›). Ich habe zwar mit ihm spielen dürfen, wahrscheinlich hätte ich sonst auch Randale gemacht, aber den Kontakt zu meiner Mutter möglichst vermieden.»

Sabrina versuchte, den Boshaftigkeiten ihrer Mutter so gut wie möglich aus dem Weg zu gehen. Zu ihren Pflichten gehörte es, eine Stute zu versorgen. Eine Aufgabe, der sich das Mädchen mit Hingabe, Eifer, Liebe und immer größerem Einsatz widmete. Zu Hause eskalierten schlechte Stimmungen und Streit. Die inzwischen halbwüchsige Sabrina verbrachte beinahe die gesamte Freizeit bei ihrem Pferd, doch manchmal waren die häuslichen Zwänge stärker, eine «Flucht» unmöglich. So auch bei Familienfesten und an Feiertagen.

«Was nun die häusliche Situation anbetraf, so wurde diese immer schlechter, jeder ging seiner Wege, und es war bald nicht mehr möglich, auch nur gemeinsam in Frieden zu frühstücken ... Eine Situation ist mir – stellvertretend für viele Situationen – lebhaft in Erinnerung geblieben: Es war Weihnachten und Streit wie immer. Ich hatte – um Frieden zu haben – für meine Eltern Geschenke gekauft. Wir haben dann, nachdem wir einige Lieder gesungen und gegessen hatten, ‹Mensch ärgere dich nicht› gespielt, um die Leere und Kommunikationsunfähigkeit in der Familie zu überdecken. Meine Mutter hatte, da wir ‹unartig› gewesen waren, nur kleine Geschenke für meine Schwester und mich, was besonders meine Schwester sehr geärgert hat, da sie für meine Eltern teuren Wein gekauft hatte. Ich war wegen der Ironie der Situation, die schlecht für mich zu ertragen war, in eine Art alberne Stimmung geraten und habe aus Unachtsamkeit die Steine des Spiels durcheinander gebracht. Daraufhin verwies mein Vater mich des Zimmers, und meine Schwester ging aus Solidarität mit und kam in mein Zimmer. Wir haben dann beratschlagt, was wir mit dem Abend beginnen sollten, und meine (ältere) Schwester wollte gerne Wein trinken. Sie hat dann Bescheid gesagt und ist in den Keller gegangen, um Wein zu holen. Daraufhin hörte ich nur noch Gepolter und Schläge und bin in Richtung Keller gerannt. Im Flur war die schönste Familienschlägerei, im wahrsten Sinne des Wortes, im Gange. Meine Mutter hatte eine große Pflanze im Flur aus dem Topf gerissen und schlug auf meine Schwester ein. (Die beiden hatten übrigens öfters tätliche Auseinandersetzungen.) Während mein Vater an beiden zog. Meine Schwester hat sich dann befreit und ist aus dem Haus gelaufen (zu einer Freundin). Meine Mutter drängte mich in mein Zimmer und hat, während sie den Flur säuberte, schimpfend auf meinen Vater eingeredet und sich über meine Schwester und mich bei ihm beschwert. Ich bin dann durch das Fenster geflüchtet und zu einer Nachbarstochter und Freundin von mir gegangen. Nach diesem Weihnachtsfest ist Weihnachten bei uns nie wieder erwähnt oder gefeiert worden …

Von der folgenden Zeit habe ich eine rabenschwarze Erinnerung. Wenn ich damals das Pferd und meine Schule nicht gehabt hätte, dann – so meine heutige Einschätzung – wäre ich bestimmt auf die schiefe Bahn gekommen. Ich war damals sehr labil und leicht zu beeinflussen, weil ich mich auf der Suche nach Liebe befand. Dem ständigen Streit zu Hause ging ich dadurch aus dem Weg, dass ich einfach nicht zu Hause war.»

Trotz häufiger Abwesenheit spürte Sabrina natürlich, dass etwas ganz Grundsätzliches in der Ehe ihrer Eltern nicht in Ordnung war. Es manifestierte sich schließlich in Gestalt einer dritten Person.

«Man konnte dann quasi zusehen, wie unsere Familie zerbröselte. Meine Mutter machte die Bekanntschaft einer Frau und entschied sich recht schnell dafür, ganz zu ihr zu ziehen. Es gab – so meine Erinnerung – unter anderem sehr makabre und für meine Schwester und mich recht lächerliche Situationen. Während mein Vater ein Gespräch mit uns führte, war meine Mutter im Haus und ‹werkelte› im Schlafzimmer. Auf jeden Fall war ich froh, dass die Familie sich auflöste, meine Mutter wegzog und meine Schwester sich mit ihrem Lebensgefährten zusammentat. Schlussendlich war ich froh, alleine mit meinem Vater zu leben, obwohl ich sehr viel Verantwortung zu tragen hatte.»

Die meisten Stehaufmännchen unter den Krisenkindern wissen ein Lied davon zu singen, wie wichtig es ist, den eigenen Zorn zuzulassen. Es ist gleichgültig, ob Eltern es nicht besser wussten oder konnten! Wer die Schmerzen der Vergangenheit verarbeiten will, muss sich gestatten, Dinge zu denken, zu fühlen und zu sagen, die er sich als Kind verboten hat. Wer gibt schon gerne zu, dass er froh ist, wenn ein Elternteil endlich weg ist? Aber genau das ist einer der wesentlichen Schritte, die Sabrina die Verletzungen ihrer Kindheit haben überstehen lassen.

Psychisch gestörte oder suchtkranke Eltern

Eine wesentliche Voraussetzung für gesunde kindliche Entwicklung ist ein gewisses Maß an häuslicher Sicherheit und Berechenbarkeit. Suchtkranke oder psychisch kranke Eltern können das nicht bieten. Wer unter dem Einfluss von Flasche oder Droge lebt, ist außerstande, dic notwendige Stabilität zu gewährleisten, und setzt Kinder damit einem qualvollen Wechselbad von Hoffnungen, Ängsten und Enttäuschungen aus. Hinzu kommt, dass gerade in diesen Familienstrukturen die Rollen fast immer vertauscht sind und die Kinder gezwungenermaßen oft schon sehr früh den erwachsenen Part übernehmen müssen. Sie versorgen die Eltern, meist auch Geschwister, und sind häufig auch noch dafür zuständig, die verdrehte Familienkonstruktion vor den Blicken der Nachbarn und Verwandten abzuschirmen. Kinder aus Suchtfamilien entwickeln sich notgedrungen meist sehr frühreif. Sie leiden unter chronischen Ängsten, weil sie nie wissen, was sie vorfinden, wenn sie nach Hause kommen. Die Ängste und ihre Selbstzweifel bekämpfen sie häufig mit dem Drang nach Perfektion. Oft sind sie einsam und haben wenig Freunde, denn wer nicht weiß, ob ein Elternteil gerade wieder besudelt mit Erbrochenem volltrunken auf dem Wohnzimmerteppich liegt, bringt lieber keine Freunde mit nach Hause.

Wenn Sie ein Krisenkind aus einer Familie mit depressiven, psychisch kranken, alkoholkranken oder drogenabhängigen Eltern oder einem Elternteil sind, wird Ihnen einiges in den folgenden Lebensberichten bekannt vorkommen. Vermutlich hatten auch Sie eine hohe Toleranzschwelle für elterliches Verhalten, das eigentlich nicht akzeptabel war, und litten unter Nöten und Ängsten oder mussten viel Verantwortung übernehmen. Sie mussten schmerzlich erfahren, dass ein Mensch, den Sie lieben, dem Sie so gern vertraut hätten, sich als unberechenbar erwies und Ihnen sogar oft wehgetan hat. Vielleicht haben Sie versucht, den enormen emotionalen und praktischen Anforderungen mit Fleiß bis hin zur Arbeitswut und einem ausgeprägten Drang zur Perfektion zu begegnen. Vielleicht haben sich die großen Belastungen aber auch in körperlichen Symptomen geäußert. Wie bei Tina, die als kleines Mädchen auf diese Weise unbewusst ein Ventil für den häuslichen Druck fand.

«Mein Vater war wie Jekyll und Hyde»

TINA, 38, STRAFVOLLZUGSBEAMTIN

Ich arbeite seit dreizehn Jahren als Strafvollzugsbeamtin in einer deutschen Großstadt in einer der bekanntesten und berüchtigtsten Justizvollzugsanstalten für Männer, darunter Mörder, Vergewaltiger, Totschläger, Kinderschänder …

Ein Beruf, der einem viel abverlangt. Disziplin, gefestigte Persönlichkeit, psychische und körperliche Stabilität sowie eine gewisse Härte. Auch Angst ist hier nicht angebracht. Wer ängstlich ist, hat gleich verloren.

Als Kind war ich ein eher ängstlicher, vorsichtiger Typ. Aufgewachsen mit zwei älteren Schwestern in spießbürgerlichem Kleinstadtmief, irgendwo im Ruhrgebiet. Der Vater ein Malocher, fleißig und kräftig, gut zu uns Kindern, wenn er nüchtern war, Angst einflößend und grob, wenn er getrunken hatte.

Und das kam oft vor. Nie hätte ich es gewagt, mich gegen ihn aufzulehnen oder ihm zu widersprechen, wenn er Alkohol getrunken hatte. Ich war ihm körperlich ohnehin unterlegen und suchte dann nach Möglichkeit das Weite, um ihn nicht in irgendeiner Form zu reizen. Oft lag ich dann im Bett und zitterte vor Angst, wagte nicht, mich zu rühren. Das zog sich über viele Jahre hin.

Meine Mutter war immer eine sehr selbständige Frau und hatte ihren eigenen Job, war immer erfolgreicher als ihr Mann. Eine gut aussehende, beliebte, vielseitig talentierte Frau. Doch in der Ehe galten andere Regeln. Dort ließ sie sich demütigen und unterdrücken. Meine Eltern waren lange Jahre verheiratet, auch diese Ehe wurde durch eine bizarre Art von Hassliebe und gegenseitige sexuelle Anziehungskraft aufrechterhalten. Meine Mutter hätte sich nie von ihrem Mann scheiden lassen und umgekehrt ebenso wenig.

Für meinen Vater galt: «Scheidung auf Italienisch». Er hätte im Falle einer Trennung meine Mutter, wie er immer wieder betonte, erschossen.

Dazu hatte er sich schon in jungen Jahren eine 9-mm-Waffe zugelegt, ganz legal mit Waffenschein. Diese Waffe kam im Laufe der Kinderzeit und auch danach noch oft zum Einsatz, wenn auch zum Glück nicht mit tödlichen Folgen.

Die ganzen Jahre waren ein einziges Hin und Her. Es gab wunderschöne Kindergeburtstage, Weihnachten oder Ostern, viele Geschenke und schöne Kleidung, herrliche Familienausflüge.

Doch der Alkohol machte immer wieder alles kaputt. Es dauerte immer eine gewisse Zeit, bis sich unser Daddy allmählich von «Jekyll» in «Hyde» verwandelte. Doch wenn er böse war, steigerte es sich zusehends, und oftmals blieb er tagelang böse. …

Ich weiß nur, dass meine Mutter ihren eigenen Mann unter seinen Alkoholexzessen selbst nicht mehr wiedererkannte.

Tagsüber hatten wir beispielsweise bei Verwandten in aller Harmonie einen Geburtstag gefeiert, so änderte sich dies urplötzlich, als es nach Hause ging. Oft waren diese Zusammenkünfte auswärts, sodass wir mit dem Auto gekommen waren. Wenn unser Daddy es so wollte, musste meine Mutter uns alle dann nach Hause fahren, obwohl unsere Ma eine ausgesprochen unsichere Fahrerin war.

Diese Fahrten wurden, so phantastisch es klingt, mit vorgehaltener Pistole vollzogen. Papa war der Boss, und wir hatten alle Angst, und er war blau und unberechenbar, also wurde alles so gemacht, wie er es wollte. Die Fahrten unter diesem Nervenstress waren dann natürlich der blanke Horror.

So war es uns dann oftmals noch lieber, wenn er fuhr. So angetrunken, wie er war, fuhr er dennoch ausgesprochen sicher. Ich erinnere mich immer wieder, dass er dann demonstrativ eine Flasche Bier in der rechten Hand hielt und sich diese immer wieder zwischendurch an den Hals setzte, meine Mutter musste dann schalten. Damals gab es so gut wie keine Polizeikontrollen – es ist in den ganzen Jahren nie vorgekommen, dass mein Vater in diesem Zustand erwischt wurde.

Während der Fahrten hatten Mutter und Kinder still zu sein und nicht «dumm rumzulabern».

Dennoch verstand es meine Mutter immer wieder, ihren Mann zu reizen, auch wenn sie nichts sagte.

Dann wurde angehalten, und sie kriegte was «in die Fresse». Gerade ich reagierte dann völlig panisch. Ich erinnere mich, wie wir mal mitten auf einem Feldweg hielten und meine Mutter ihre Abreibung erhielt. Ich fing an zu heulen und zu schreien und lief weg, einfach nur weg, mir war egal, wohin ... Ich rannte und rannte. Im Hintergrund hörte ich meine Mutter hysterisch schreien, meine Schwestern heulen und meinen Vater aufs übelste fluchen und in die Luft schießen.

Irgendwann kriegte er mich doch, und dafür gab's dann eine ordentliche Abreibung. So absurd es klingt, ... trotz der Demütigungen und der Ängste, denen wir immer wieder ausgeliefert waren, krochen wir unserem Vater auch in dieser Situation in den Hintern – wir wollten schließlich leben und nicht umgebracht werden.

Zu Hause ging es dann weiter. Er trank weiter, anstatt schlafen zu gehen, und riss uns immer wieder aus der Ruhe. Sobald meine Mutter ihn bat, Rücksicht zu nehmen, kriegte sie wieder ihre Abreibung. Ich erinnere mich genau daran, als er sie mit einem Ledergürtel verprügelte und ihr die Kleidung am Körper zerriss. Wir drei Mädchen standen in unseren Nachthemdchen dabei, wie immer voller Angst, aber unfähig einzugreifen, winselnd und jammernd nach unserer Mutter, die er soeben wieder «schachmatt» gelegt hatte.

Ich war damals vier oder fünf, meine Schwestern drei und vier Jahre älter.

Meine Eltern hatten irgendwann erzählt, sie wollten ursprünglich sämtliche Streitereien und Handgreiflichkeiten von uns Kindern fern halten, doch das war laut Aussage unseres Daddys mit seiner Frau nicht möglich. Schließlich sollten wir genau sehen, was für ein «Miststück» unsere Mutter sei und wie man mit so etwas verfährt. Gut, wir führten somit eine Ehe zu fünft.

Alkoholexzesse, Streitereien, Handgreiflichkeiten und Psychoterror in jeder nur erdenklichen Form fanden immer wieder statt. Auch Sex spielte eine Rolle. Verstanden sich meine Eltern gut, waren sie oft miteinander intim, für uns Kinder unüberhörbar. Es gab bei uns auch viele Pornofilme. Mein Vater stand auf so was. Ab und zu wollte er, dass wir uns diese mit ansahen. Natürlich hatte er dann wieder getrunken, und wahrscheinlich machte ihn das irgendwie geil, aber wir konnten damit noch nichts Richtiges anfangen. Für mich war diese Art Sexualität abschreckend und anziehend zugleich. Denn zumindest bedeutete das nicht gleich Schläge. Wenn er mit meiner Mutter Sex hatte, dann verstanden sie sich wenigstens.

Oftmals habe ich später einzelne Streifen der Pornofilme meiner Eltern durch meinen Kinderfilmprojektor gezogen, angezogen und abgestoßen zugleich. Was es genau war, wusste ich natürlich auch nicht, ich hatte immer nur Angst, dass der Frau in diesen Filmen irgendwie wehgetan wird.

Leider wurde meine Mutter auch von ihrem Mann vergewaltigt, und wir kriegten es mit. Mein Vater sagte dann, sie brauche das. Aber warum hat sie dann so geweint und sah so geschunden und verprügelt aus?

Während meine Schwestern sich immer mehr auf sich konzentrierten, so meinte ich immer mehr, meine Mutter beschützen und verteidigen zu müssen. Mit dem Ergebnis, dass sich der Unmut meines Vaters dann auch gegen mich richtete.

Ich war damals sehr dünn und körperlich schwach – wie oft hatte ich mir gewünscht, ihn zusammenschlagen zu können, ihn abzuwehren, aber ich konnte nicht. Ich hatte einfach Angst, und das wusste er und nutzte das aus.

Aber es gab ja auch Zeiten, Tage, Wochen, in denen er nüchtern war und ein unendlich guter Papa zu mir. Dann schämte ich mich für die bösen Gedanken, die ich in anderen Situationen ihm gegenüber gehegt hatte. Die Zeiten, in denen er nicht trank, waren wir eine richtig tolle Familie. Es waren die Zeiten, in denen ich glücklich war. Glücklich, weil es harmonisch war, und ich wünschte, es wäre immer so gewesen. Aber so viel Glück konnte nicht von langer Dauer sein, denn schon in dieser Zeit hatte man wieder Angst vor dem Absturz, und der kam oft wieder ganz plötzlich und grundlos, wenn auch schon lange befürchtet.

Da mein Vater mit einem Partner eine Firma betrieb, konnte er durchaus zwischendurch aufgrund seiner Alkoholexzesse zu Hause bleiben, ohne dass das für ihn Probleme bereitete.

Wenn morgens noch alles in Ordnung war und unsere Familie sich getrennt hatte, so konnte dieses am Mittag nach der Schule schon wieder alles anders sein.

Da meine Ma berufstätig war, kam sie auch erst abends nach Hause.

Gut, ich kam dann mittags nach Hause, und er war schon wieder blau. Hatte sich in irgendeine Wut auf meine Mutter hineingesteigert. Dann saß er da mit seiner Waffe und spielte damit rum. Überall lagen Patronen. Mein Vater war sehr eifersüchtig auf meine Mutter. Kam sie nicht zu einer vorgeschriebenen Zeit nach der Arbeit nach Hause, drehte er schon durch. Oftmals sagte er dann, dass er sie und uns erschießen würde, wenn sie nicht spuren sollte. Ich hatte unendliche Angst und betete, dass sie pünktlich kam. In dieser Zeit hatte ich immer wieder das Gefühl, vor Angst Pipi machen zu müssen, obwohl ich gar nicht musste. Das war auch immer beim Einschlafen der Fall. Ständig meinte ich, auf die Toilette gehen zu müssen, aber ich konnte nicht. Das brachte mich oftmals um den Schlaf. Der Arzt sagte später, das sei psychosomatisch.

Mit fünf Jahren hatte ich meine ersten Panikattacke, ohne mir dieser bewusst zu sein.

Meine Mutter unterhielt sich mit einer Nachbarin – es war eine ganz entspannte Situation. Ich weiß bis heute nicht, warum, aber ich bekam aus irgendeinem Grund eine undefinierbare Angst. Mein Kopf schmerzte, und ich dachte: So wird man verrückt. Ich wollte nur weg, weg, weg, raus aus meinem Körper.

Meine Mutter und die Nachbarin waren unruhig geworden und wussten natürlich nicht, was mit mir los war. Dann kam ein weiterer Nachbar hinzu, der uns alle ins Auto packte, Richtung Krankenhaus. Die Fahrt dahin war die Hölle für mich, ich wollte immer wieder nur raus, raus, raus. Man musste mich mit aller Gewalt festhalten. Noch heute erinnere ich mich an diese Situation, als sei sie erst gestern gewesen. Im Krankenhaus wurden sämtliche Untersuchungen gemacht, und man behielt mich einige Tage da. Es war ein unerträglicher Zustand für mich. Später sagte meine Mutter mir, es sei nichts festgestellt worden.

Ich habe niemals erfahren, was ich genau hatte. Unterlagen darüber existieren heute nicht mehr.

Als ich wieder zu Hause war, bekam ich neuerdings täglich Beruhigungstropfen in meiner schönen Kindertasse oder auf Zucker. Das fand ich natürlich ganz schön spannend.

Je gestörter ein Zuhause, umso größer ist in der Regel das kindliche Bedürfnis nach Sicherheit. Doch genau diese ist in Familien mit alkohol- oder drogenkranken Eltern nicht gewährleistet. Besonders alkoholkranke Eltern neigen oft dazu, ihre eigene – sehr wohl als solche empfundene – Unzulänglichkeit auf perfide Weise zu rechtfertigen. Sie machen ihre Partner und Kinder zum Sündenbock und schieben ihnen unterschwellig die Schuld für das eigene Fehlverhalten in die Schuhe, indem sie signalisieren: Wenn es dich nicht gäbe/wenn du nicht immer alles falsch machen würdest, bräuchte ich nicht zu trinken.

Statt sich in einer Atmosphäre des Schutzes und der Geborgenheit gesund entwickeln zu können, müssen die Krisenkinder ständig gewahr sein, dass elterliche Aggressionen und Hilflosigkeit wie Blitze aus heiterem Himmel auf sie niedergehen. Vor lauter Angst, diese durch Fehlverhalten auch noch unnötig zu provozieren, isolieren sich die Kinder und werden manchmal sogar krank.

Oft sind die häuslichen Strukturen so beschaffen, dass die Kinder Aufgaben und Verantwortungen übernehmen müssen, die eigentlich die ihrer Eltern sind. Das führt immer dazu, dass diese Krisenkinder viel zu früh erwachsen werden und durch die Krankheit ihrer Eltern eines Teiles ihrer Kindheit beraubt werden. Vermeintlich ist diese Bürde leichter zu tragen als die Situation des Sündenbocks, doch sind in beiden Fällen Schmerz, Angst und Verzweiflung gleichermaßen ausgeprägt.

Wo ein Elternteil von psychischer Krankheit oder stoffgebundener Abhängigkeit betroffen ist, reagiert das andere oft, indem es Kind oder Kinder zum Verbündeten macht. Doch wer Kinder in dieser Form in die eigenen Probleme einbindet, überfordert sie in erheblichem Maß. Er verlangt von ihnen eine emotionale Leistung, der viele Erwachsene nicht einmal gewachsen sind. Minderjährige Kinder können und dürfen in Problemsituationen nicht die Vertrauten ihrer Eltern sein. Das führt zu schweren Loyalitätskonflikten und ist immer Ausdruck einer tiefen Störung der Familienstruktur. Um den unerträglichen Druck zu ertragen, treiben sich diese Krisenkinder selbst zu ständigen Höchstleistungen. Nur wenn sie selbst gestalten und kontrollieren, fühlen sie sich einigermaßen sicher und vor unliebsamen Überraschungen geschützt. Stets bemüht, das Unkontrollierbare unter Kontrolle zu halten, werden sie oft zu Erwachsenen mit hohen Ansprüchen an sich selbst und einem schier unbezwingbaren Drang zur Perfektion.

«Es hat mich sehr belastet, dass er mich immer ausfragte»

CECILIE, 44, DIPLOMKAUFFRAU

Als ich zehn war, verließ mein Vater die Familie. Er ertrug es nicht, länger mit seiner alkoholkranken Frau zu leben. Mein zwei Jahre jüngerer Bruder und ich mussten unsere täglich betrunkene Mutter weiter ertragen. Finanziell ging es uns gut. Mein Vater sorgte vorbildlich für uns. Er zog mit seiner Freundin in eine Wohnung, die nicht weit weg von uns war, und rief jeden Tag an, wenn er nicht vorbeikam, um nach uns zu sehen.

Ich habe mich auf der einen Seite immer gefreut, wenn er kam, auf der anderen Seite hat es mich sehr belastet, dass er mich immer ausfragte: Was hat sie getrunken, wie viel hat sie getrunken, wann hat sie getrunken? Und vor allem, dass er immer, wenn er dann wieder wegging, sagte, ich soll aufpassen, dass mein jüngerer Bruder nichts mitkriegt. Das hat mich völlig überfordert. Ich wusste nicht, wie ich das machen sollte. Also habe ich viel mit meinem Bruder unternommen, wir haben Fahrradtouren am Nachmittag gemacht oder zusammen gespielt oder zusammen Hausaufgaben gemacht. Hauptsache, wir waren zusammen, denn dann konnte ich wenigstens ein bisschen aufpassen.

Die Krankheit unserer Mutter hat dazu geführt, dass wir ein sehr enges Verhältnis zueinander hatten. Das ist auch bis heute geblieben.

Ich habe früh gewusst, dass meine Mutter zu viel trank. Ich habe auch gewusst, dass sie deswegen anders war als die Mütter meiner Freunde. Meine Mutter war überhaupt nicht berechenbar. Sie verhielt sich entsprechend ihrem Alkoholpegel. Und den frischte sie den ganzen Tag lang immer wieder auf. Wenn sie ausreichend getankt hatte, legte sie sich aufs Bett oder auf die Couch, später dann auch auf den Boden, und schlief einen Teil ihres Rausches aus. Wenn sie aufwachte, griff sie zur nächsten Flasche und füllte den Pegel wieder auf.

Wenn ich aus der Schule nach Hause kam, brauchte ich sie bloß zu sehen, um zu wissen, wie sie drauf war. Wenn sie ein bisschen was getrunken hatte, war sie gut gelaunt. Ein bisschen mehr machte sie aggressiv, und zu viel machte sie müde. Manchmal schlief sie, wenn wir kamen, dann mussten wir uns selbst etwas zu essen machen, wenn wir im Kühlschrank etwas fanden. Sie hat oft gar nicht eingekauft, dann mussten wir erst noch losziehen und uns etwas besorgen. Das war aber alles nicht so schlimm. Schlimm war, dass wir nie andere Kinder mit nach Hause bringen konnten, weil wir uns geschämt haben und nie wussten, in welchem Zustand wir sie vorfinden würden. Je weiter die Krankheit fortschritt, umso unerfreulicher wurde das alles. Manchmal lag sie verkotzt auf dem Teppich. Einmal war sie die Treppe heruntergefallen und hatte sich das halbe Ohr abgerissen. Ein anderes Mal steckte der Hausschlüssel von innen, und wir konnten bis spät in die Nacht nicht hinein. Bis sie endlich aufwachte und die Tür öffnete.

Wenn sie halbwegs nüchtern war, versprach sie immer die tollsten Sachen. Wir fahren in den Zoo, wir gehen ins Schwimmbad oder ins Kino oder Schlittschuh laufen. Aber das wurde fast nie etwas, denn bis es so weit war, hatte sie immer wieder so viel getrunken, dass sie nicht mehr Auto fahren wollte. Mein Bruder und ich wussten das zwar, aber ich war trotzdem immer wieder enttäuscht.

Als ich etwa vierzehn war, wurde es dann sehr schlimm. Meine Mutter war eigentlich immer betrunken und immer seltener gut gelaunt. Manchmal hatte sie fremde Leute mit ins Haus gebracht. Einmal sogar einen Mann, der aus dem Gefängnis geflohen war. Als ich das meinem Vater erzählte, machte er sich große Sorgen und sagte, ich solle ihn sofort anrufen, wenn wieder so etwas passiert. Ich habe meine Mutter damals richtig gehasst.

Für meinen Bruder und mich zu sorgen, machte mir nichts aus, aber mich um sie zu kümmern, wenn sie in ihrem eigenen Dreck lag, hat mich sehr geekelt. Oft lag ich abends in meinem Bett und dachte, wie einfach alles sein könnte, wenn sie tot wäre. Einmal habe ich sogar nachts mit einem Messer vor ihrem Bett gestanden. Sie hatte so laut geschnarcht, dass ich davon wach wurde, und dann lag sie da, mit ihrem aufgedunsenen Bauch und überall Flaschen und neben dem Bett ein Eimer, weil sie sich übergeben hatte. Da dachte ich einfach nur, wenn das ein Richter sieht, kriege ich mildernde Umstände und sowieso nur eine Jugendstrafe, und dann ist wenigstens alles vorbei. Aber ich habe das Messer dann zurück in die Küche gebracht und den Eimer ausgeleert, bevor ich wieder in mein Bett gegangen bin.

Im Nachhinein muss ich sagen, dass es wirklich kein Spaß war, mit meiner Mutter zu leben, aber das Einzige, was ich beiden Eltern übel nehme, ist, dass sie mich um meine Kindheit betrogen haben.

Mein Vater hat uns sicher geliebt, aber er war mit der Situation überfordert und vor allem sehr mit sich und seinem neuen Leben beschäftigt. Im Laufe der Jahre hat er mit seiner zweiten Frau drei Kinder bekommen, und in dieser heilen Welt störten mein Bruder und ich. Das hat mir oft sehr wehgetan. Er hatte das Gefühl, mit Geld und seinen Besuchen ausreichend für uns da zu sein. Aber letztendlich hat er uns nur verwaltet. Meine Mutter hat uns auch geliebt, das ist gar keine Frage, aber als Mutter war sie trotzdem einfach ein Komplettausfall. Sie hat uns nicht versorgt, sie hat uns nicht beschützt, sie hat uns nicht unterstützt. Stattdessen hat sie sich verhalten, als wäre sie das Kind. Hat unsere Unterstützung eingefordert. Und zwar auf jedem Gebiet.

Mit Grausen erinnere ich mich an laute Heultiraden, die sich ganze Nächte durchziehen konnten, wenn sie auf meinen Vater schimpfte. Er habe ihr Leben zerstört, weil er sie verlassen hat. Dass sie ihr Leben selbst zerstörte mit jedem Tag, den sie trank, wollte sie dann natürlich nicht hören.

Manchmal versuchte sie, nüchtern zu bleiben. Das gelang ihr sogar zwei- oder dreimal über ein paar Wochen. So verrückt es klingt, diese Zeiten waren beinahe genauso schwierig wie die anderen. Denn dann wollte sie plötzlich die Uhr zurückdrehen und aus meinem Bruder und mir kleine Kinder machen, die ihr gehorchen sollten. Das vertrug sich natürlich nicht mit dem, was sie uns sonst abverlangte, und so gab es in diesen Phasen viel Streit.

Als wir älter wurden, besuchten wir unseren Vater und seine neue Familie oft. Er wohnte ja nicht weit weg. Es war ein komisches Gefühl, denn wir beide aus der ersten Ehe gehörten einfach nicht richtig dazu. Im Alltag ließ sich das allerdings irgendwie kaschieren, aber an Weihnachten zum Beispiel war es wirklich schrecklich.

Meine Mutter war immer betrunken, so betrunken, dass sie oft die Geschenke, die sie für uns gekauft hatte, nicht fand, oder jedenfalls nur zum Teil, oder sie waren nicht eingepackt und hatten die Preisschilder noch dran. Einmal lag sie schon gegen acht Uhr abends neben dem Christbaum auf dem Teppich und schlief. Und mein Bruder und ich mussten uns den ganzen Abend von unserer Großmutter anhören, was für eine schreckliche Frau ihre Tochter, unsere Mutter, wäre. Als wir dann irgendwann in unsere Zimmer gingen, sagte mein Bruder: «Und bei Papa sitzen sie jetzt noch gemütlich zusammen.» Dass unsere kleinen Halbgeschwister materiell bevorzugt wurden, hat uns nicht so sehr gestört, aber dass wir nicht mal an solchen Tagen dazugehörten. Das war nicht schön. Aber mein Vater war der Meinung, dass man unsere Mutter gerade an Fest- und Feiertagen eben nicht alleine lassen konnte. Wie alleine er uns damit gelassen hat, sah er nicht.

Kinder, die sich schon in jungen Jahren um kranke Eltern kümmern müssen, entwickeln sehr oft die Gewissheit, dass es ihre Aufgabe im Leben ist, sich vor allem für andere zu engagieren, und neigen dazu, die eigenen Bedürfnisse in den Hintergrund zu stellen. Wenn Positionen und Funktionen innerhalb einer Familie durcheinander geraten und Kinder gezwungen sind, als Eltern ihrer Eltern zu fungieren, fehlt ihnen zwangsläufig – zumindest zu Hause – eine Person, an der sie sich orientieren können. Was die elterliche Unzulänglichkeit angeht, so gilt auch im Falle von Krankheit und psychischer Störung: Die Verantwortung für das Leid und die Schäden, die sie ihren Kindern zufügen, liegt immer bei den Eltern. Sie sind die Erwachsenen und haben sowohl für das gerade zu stehen, was sie taten, als auch für das, was sie nicht getan haben. Denn eine wichtige Grundlage für gesunde kindliche Entwicklungen ist, dass Kinder erleben, dass Eltern in der Lage sind, ihre Probleme und Konflikte zu lösen. Eltern, die die Verantwortung dafür – aus welchen Gründen auch immer – aus der Hand geben, machen sich schuldig an ihren Kindern.

«Ich fand kein Ventil für die Trauer und die Wut, die in mir brodelten»

FELIX, 48, LEHRER

Bis zu meinem neunten Lebensjahr hatte ich eine wunderbare Kindheit. Meine Eltern verstanden sich gut. Mein Vater war Grundschullehrer, meine Mutter arbeitete halbtags als Bibliothekarin. Wir waren das, was man eine glückliche Familie nennt. Dann kam der 6. Juni 1964. Meine Mutter hatte meinen Bruder und mich in die Schule gebracht und winkte uns zu, als sie drehte, um den Kleinsten zum Kindergarten zu fahren.

Als wir am Mittag aus der Schule kamen, war sie nicht zu Hause. Das war ungewöhnlich, denn normalerweise stand sie immer schon in der Küche und bereitete das Mittagessen vor. Wir hatten keinen eigenen Hausschlüssel und klingelten bei der Nachbarin, die für Notfälle immer einen Schlüssel für uns verwahrte. Sie ließ uns in die Wohnung. Eine Stunde später war noch immer niemand da. Auch mein Vater nicht, der sonst immer nach dem Unterricht unseren jüngsten Bruder abholte und spätestens um 14 Uhr in der Tür stand.

Wir bekamen langsam Hunger, aber Angst hatten wir nicht. Wir waren zu zweit und wurden sonst zwar nie alleine gelassen, aber der Gedanke, dass etwas passiert sein könnte, kam uns gar nicht.

Es war aber etwas passiert, und zwar etwas Schreckliches. Unsere Mutter war auf dem Weg zur Arbeit bei einem Autounfall ums Leben gekommen.

Es war schon Nachmittag, als mein Vater endlich nach Hause kam. Er sah ganz blass aus und hatte verweinte Augen. Er nahm uns an die Hand, ging mit uns ins Wohnzimmer, setzte sich auf die Couch, einen rechts, einen links, und legte seine Arme um unsere Kinderschultern. Wir wussten sofort, dass etwas Furchtbares geschehen sein musste. Entweder mit dem Kleinen oder mit unserer Mutter, denn Vater fing wieder an zu weinen. Und das tat er sonst nicht, jedenfalls nicht vor uns.

Er sagte uns, dass unsere Mutter tot sei. Er sagte es so, wie man sonst sagt, dass man einkaufen geht oder einen Kasten Wasser aus dem Keller holt. Völlig ohne Gefühl in der Stimme. Wir waren beide fassungslos, dann fingen auch wir an zu weinen.

Bevor es dunkel wurde, kam meine Tante, die Schwester meiner Mutter. Sie hatte auch vollkommen rot geweinte Augen. Ich begann mich zu wundern, dass mein kleiner Bruder nicht auftauchte, aber Vater erklärte mir, dass der bei einem Kindergartenfreund schlafen durfte. Er wusste noch nichts von dem Unglück.

Mein Vater ging die ganze Zeit auf und ab wie ein Tiger im Käfig. Er redete leise mit sich selbst, weinte zwischendurch, und dann war er wieder ganz still. Meinem Bruder und mir war das unheimlich. So kannten wir ihn nicht, und so machte er uns Angst. Meine Tante reagierte auf das komische Benehmen, indem sie einen Arzt anrief. Der kam auch und gab meinem Vater eine Spritze. Er flüsterte leise mit meiner Tante, aber ich verstand trotzdem, dass er sagte, mein Vater würde jetzt schlafen, und ob die Jungen auch etwas bräuchten. Meine Tante schüttelte den Kopf. Sie würde bei uns bleiben, sagte sie dem Arzt, und der fuhr dann wieder. Es war alles so unwirklich, und ich hatte noch überhaupt nicht verstanden, was geschehen war. Ich hatte nur gehört, dass meine Mutter tot war, begriffen hatte ich es nicht.

Ich habe es auch nach der Beerdigung nicht begriffen und Wochen später auch nicht. Mein Vater sprach nicht mit uns, oder jedenfalls nur sehr wenig. Nach der Beerdigung war meine Großmutter mit zu uns gekommen. Sie war sehr vital und versuchte, einen Zustand der Normalität herzustellen. Sie kümmerte sich rührend um uns drei Kinder, konnte uns aber nicht wirklich trösten. Meinem kleinsten Bruder schien es am leichtesten zu fallen. Er war fest davon überzeugt, dass Mama im Himmel war und uns sehen konnte. Wie bei Pippi Langstrumpf, sagte er immer wieder, das hatte unsere Mutter uns immer vorgelesen.

Ich war verzweifelt. Jeden Abend weinte ich mich in den Schlaf, wachte nachts tränenüberströmt auf und fand kein Ventil für meine Trauer und die Wut, die in mir brodelte. Wenn ich aus der Schule kam, setzte ich mich auf mein Fahrrad und fuhr stundenlang die Straße auf und ab. Immer in der Hoffnung, alles wäre ein schrecklicher Irrtum und meine Mutter könnte jeden Augenblick um die Ecke biegen.

Die Sommerferien kamen, und mein Vater war ein nervliches Wrack. Großmutter erklärte uns, dass er sich ausruhen müsste und dass wir mit ihr und Großvater an einen See nach Österreich fahren würden. Wir freuten uns auf den See und verbrachten schöne Ferien dort. Mein Vater – das sagte uns aber niemand – hatte kurz zuvor einen Zusammenbruch gehabt und war in psychiatrischer Behandlung.

Als die Schule wieder anfing, brachte meine Großmutter uns zurück nach Hause und blieb noch ein paar Tage. Meinem Vater schien es besser zu gehen, und nach ein oder zwei Wochen sagte er ihr, er wollte es jetzt mit uns alleine versuchen.

Als meine Großmutter abgereist war, rief er uns alle ins Esszimmer. Wir setzten uns feierlich um den Tisch. Der Platz, wo meine Mutter immer gesessen hatte, war leer.

Männer, sagte mein Vater und bemühte sich um eine feste Stimme, Mama hätte gewollt, dass wir das in den Griff kriegen, was meint ihr? Wir nickten ergeben. Dann erklärte er uns, wie er sich das Leben in Zukunft vorstellte. Er wollte uns morgens in den Kindergarten und zur Schule bringen, dann arbeiten, dann den Kleinen abholen, dann nach Hause kommen und mit uns essen und nachmittags einkaufen gehen und vielleicht was für den nächsten Tag vorkochen. Wir schauten ihn erstaunt an. Er hatte noch nie gekocht. Das geht aber nur, sagte er, wenn ihr mithelft. Ihr müsst eure Zimmer selber in Ordnung halten, und ihr müsst mir am Wochenende helfen, hier sauber zu machen. Wir nickten wieder. Das klang alles ganz einfach, und wir waren alle vier fest davon überzeugt, dass es auch klappen würde.

Dann kam aber alles ganz anders, denn mein Vater verkraftete den Verlust seiner Frau viel schlechter und schwerer, als er wohl auch selbst gedacht hatte. Er aß nur noch sehr wenig, wurde ganz dünn und saß fast jeden Nachmittag apathisch auf der Couch im Wohnzimmer. Wir beiden Älteren hatten uns fest vorgenommen, ihm zu helfen, und taten das, so gut es ging.

Nach der ersten rosa gefärbten Wäsche lernte ich Weiß und Bunt zu trennen. Nach den ersten Versuchen mit einem übervollen Staubsauger wusste ich, wann man den Beutel wechseln muss, und dass man die Gläser vor den fettigen Töpfen spülen musste, wusste ich sowieso.

Manchmal ging es meinem Vater besser, dann lief alles wie am Schnürchen, er kaufte ein, lernte, genießbare Sachen zu kochen, und manchmal wurde sogar wieder gelacht in der Wohnung. Aber die Zeiten, in denen er stumpf vor sich hin brütete, wurden immer häufiger, und dann übernahm ich die Verantwortung für alles, was passierte oder eben nicht passierte. Mein jüngerer Bruder war in der Schule sehr abgesackt, und es bestanden große Zweifel, ob er auf die höhere Schule würde gehen können. Wenn es ihm gut ging, übte mein Vater am Nachmittag mit ihm. Aber oft ging es ihm eben nicht gut, und dann musste ich das übernehmen. Es war jedes Mal eine Tortur für uns beide, denn ich hatte keine Lust und er noch weniger, und beide wussten wir, es musste sein. Manchmal weinten wir beide, wenn im Diktat wieder zu viele Fehler waren.

In dieser Zeit betete ich jeden Abend alleine in meinem Bett. Unsere Mutter hatte vor dem Schlafengehen immer das Vaterunser mit uns gebetet. Sie war eine gläubige Katholikin und hatte uns in diesem Sinn erzogen. Nach ihrem Tod beteten wir Kinder weiterhin und ich dann noch einmal alleine. Ich hatte längst verstanden, dass es keinen Sinn machte, den lieben Gott zu bitten, er möge Mama wieder lebendig machen, das konnte er nicht. Aber ich bat darum, dass ich alles richtig machte und dass mein Vater nicht so oft so traurig sein sollte.

Leider hat der liebe Gott mich nicht ganz gehört. Ich machte zwar vieles richtig, aber meinem Vater ging es manchmal so schlecht, dass er am Morgen nicht aufstehen konnte.

Unser Hausarzt kam immer häufiger und verschrieb ihm Tabletten, die ihn auch immer wieder so auf die Beine brachten, dass er zumindest nicht in ein Krankenhaus musste. Je weniger er tun konnte, umso mehr machten wir.

Meine beiden Brüder hatten sich völlig daran gewöhnt, dass ich das Kommando übernommen hatte. Wir verstanden uns von Jahr zu Jahr besser. Oft denke ich, dass das vielleicht ein Vermächtnis unserer Mutter ist. Ich kenne wenig Geschwister, die so ein enges Verhältnis zueinander haben.

Den Verlust unserer Mutter hatten wir inzwischen einigermaßen in unser Leben integriert. Schwieriger war es, mit den Schüben unseres Vaters umzugehen. Es überkam ihn immer wieder aus für uns nicht erkennbaren Gründen. Gestern war er noch voller Tatendrang und Lebensmut gewesen, heute konnte er nicht aus dem Haus gehen, wusch sich kaum, rasierte sich nicht und mochte nicht essen.

Wenn es ihm schlecht ging, erzählten wir das niemandem. Eisern hielten wir dicht und riefen, wenn er dazu nicht in der Lage war und nur im abgedunkelten Zimmer liegen wollte, den Arzt. Die Depressionen führten dazu, dass mein Vater seinen Beruf aufgeben musste, als ich dreizehn war. Er hatte einfach zu oft gefehlt und nicht arbeiten können. Jetzt saß er den ganzen Tag zu Hause und wartete nur darauf, dass wir einer nach dem anderen auftauchten.

Meine Brüder und ich waren inzwischen ein absolut eingespieltes Team. Einer kaufte ein, einer kochte, einer sorgte für Wäsche und Haushalt, wir besprachen, wer was zu tun hatte, wie eine super organisierte Wohngemeinschaft. Die Kehrseite der Situation war allerdings, dass wir alle wenig Zeit hatten für das, was Jungen in dem Alter normalerweise tun. Wir gingen nicht zum Fußballspiel oder in den Tischtennisverein und hingen im Sommer nicht mit Freunden vor der Eisdiele herum. Dafür war keine Zeit. Besonders wir beiden Älteren waren unserem Alter weit voraus. Die Verantwortung und die ständige Sorge um unseren Vater hatten uns zu sehr ernsthaften Jungen gemacht. Ich war oft traurig und hatte vor allem ständig diese Ängste, nicht alles unter Kontrolle behalten zu können. Das belastete mich und machte mich zu einem Eigenbrötler in der Klasse. Da ich – vermutlich aus Kummer – viel zu viel aß, war ich stark übergewichtig und wurde auch dadurch zum Außenseiter.

Mein Vater war verzweifelt darüber, dass er keine Arbeit mehr hatte, und ich weiß nicht, was passiert wäre, wenn der Arzt ihm nicht den Vorschlag gemacht hätte, Nachhilfestunden zu geben. Er gab eine Anzeige auf und konnte sich vor Schülern kaum retten. Da es ihm dank seiner Medikamente nachmittags ohnehin oft besser ging, funktionierte das ganz gut.

Wir haben alle drei unser Abitur gemacht. Keiner von uns ist je sitzen geblieben, und wir haben alle einen ordentlichen Beruf gelernt.

Mein Vater ist heute Mitte siebzig. Er hat nie wieder eine andere Frau kennen gelernt. Als wir einer nach dem anderen auszogen, ging es ihm in der großen leeren Wohnung sehr schlecht. Wir konnten ihn dann überreden, umzuziehen in unsere Nähe – wir wohnen alle in der gleichen Stadt. Dank der Medikamente und dem, was man heute über Depressionen weiß, geht es ihm relativ gut.

Wer in früher Kindheit hat lernen müssen, dass es emotional unsicher und gefährlich ist, sich in welcher Weise auch immer abhängig zu machen, wird als Erwachsener versuchen, ebendiese Abhängigkeiten zu vermeiden. Wer verinnerlicht hat, dass das eigene Leben nur funktioniert, indem man anderen hilft, wird auch als Erwachsener bemüht sein, aus der Hilfe für andere ein positives Selbstbild und Selbstbewusstsein zu ziehen. Nichts gegen Hilfsbereitschaft und einsatzfreudige Helfer! Aber gerade Krisenkinder, die diese Eigenschaft als wesentlichen Charakterzug ausgeprägt haben, tun gut daran, sich den Ursprung bewusst zu machen. Sehr oft haben sie durch ein Übermaß an Anpassungsfähigkeit und Fürsorglichkeit die eigenen Wünsche hintangestellt, um für andere da zu sein und ein wenig Ordnung in eine ungeordnete Umgebung zu bringen.

Es ist ein großer Unterschied, ob wir helfen, weil wir helfen wollen, oder ob wir helfen, weil wir damit Ängste und Kummer in Schach zu halten versuchen. Letzteres ist häufig das Motiv bei Krisenkindern, die aus Familien mit gestörten Strukturen stammen.

Es sind die Stehaufmännchen unter diesen Krisenkindern, die als Erwachsene trotzdem für sich den Schluss ziehen können: Was ich fühle und brauche, ist genauso wichtig wie die Bedürfnisse anderer! Ich bin auch liebenswert, wenn ich nicht rund um die Uhr für andere da bin und mich aufopfere!

Die Autorin

Katja Doubek, Jahrgang 1958, ist Psychotherapeutin mit den Schwerpunkten Alkohol- und Partnerschaftsprobleme. Sie ist verheiratet, hat zwei erwachsene Kinder und lebt in München und Italien.

Dank

Ich danke all denen, die den Mut hatten und sich die Zeit genommen haben, mir ihre Geschichten zu erzählen. Ohne Sie, meine Damen und Herren, wäre dieses Buch nicht möglich gewesen.

Einen ganz herzlichen Dank an meinen Lektor Bernd Gottwald: Es ist ein Vergnügen, mit Ihnen zu arbeiten.

Josef, dir kann ich gar nicht genug dafür danken, wie du mich bei diesem Projekt begleitet und mir geholfen hast.